KB211985

설교집

성령의 열매

윤기종 지음

가나북스

성령의
열매

2023년 09월 11일 초판 발행
지은이 윤기종
펴낸이 배수현
디자인 유재헌
홍 보 배성령
제 작 송재호
조 타 김승철
펴낸곳 가나북스 www.gnbooks.co.kr
출판등록 제393-2009-12호
전 화 031-959-8833(代)
팩 스 031-959-8834
ISBN 979-11-6446-075-5 03230

사람은 어떻게 사느냐에 따라 복을 받기도 하고 화를 당하기도 한다. 이 진리는 심는 대로 거두게 하시는 하나님의 말씀을 적용한 것이다. 우주 역사는 하나님의 말씀대로 진행되어 나간다. 지금도 하나님은 성경을 통해 말씀하고 계신다. 성경을 벗어난 역사는 없다. 아무리 세월이 흘러도 하나님의 말씀은 변치 않는다.

인간들에게 주어지는 모든 일들은 이미 성경에서 말씀하신대로 적용되고 있는 것이다. 따라서 성경을 모르고 세상사를 논할 수 없다. 여기 주어지는 말씀은 읽는 이들에게 큰 감동과 능력으로 임할 것이다. 아무도 기도로 은혜를 구하지 않으면 헛되이 책을 볼 수밖에 없을 것이다. 겸손한 마음으로 책을 통해 주시는 하나님의 뜻을 구하면 큰 유익을 얻을 것이다.

지금 많은 사람들이 갈급한 심령으로 영적 은혜를 사모하지만 채움을 받지 못하고 있다. 그만한 기회가 많지 않다는 이유도 있겠지만 세상이 진리를 외면하기 때문에 문제가 되고 있다는 사실을 알아야 한다. 그러나 하나님은 묵묵히 세상을 이끌어 가신다. 여기에 신자들의 역할이 있고 해야 할 일들이 있다는 것이다.

본서는 왜 하나님이 신자들에게 진리에 귀를 기울이라고 하시는지 깨닫게 해준다. 무엇보다도 성령님께서 말씀하시고 계심을 믿고 따르라고 하신다. 하나님은 아무도 모르게 생명의 말씀을 접하게 하시고 영생 가운데로 나가게 하신다.

이 책에 수록된 말씀은 신자들의 영혼을 소성케 하고 각양 은혜를 받게 할 것이다. 모쪼록 진리로 승리하시고 천국에 이르기까지 변함없는 신앙을 소유하시기를 바란다.

윤기종 목사

목차
C O N T E N S

1. 심령이 가난한 자 7

2. 수고하고 무거운 짐 12

3. 기도하라 17

4. 풍랑이 잔잔해지다 21

5. 세상의 빛과 소금 26

6. 예수 그리스도의 탄생 31

7. 겟세마네의 기도 36

8. 겨자씨의 비유 41

9. 부활하시다 46

10. 칠십 제자 파송 50

11. 독생자를 주셨으니 55

12. 길과 진리와 생명되신 예수님 60

13. 하나님의 자녀가 되는 권세 .. 65

14. 간음한 여자 70

15. 내 양을 먹이라 75

16. 가나의 혼인 잔치 80

17. 니고데모와의 대화 84

18. 영을 따르는 자 89

19. 죄의 삯은 사망 94

20. 전도의 미련한 것 99

21. 성령의 은사 104

22. 사랑 108

23. 내 은혜가 네게 족하도다 112

24. 먹든지 마시든지 117

25. 맡은 자와 충성 122

26. 수고한 것 127

27. 성령의 열매 사랑 132

28. 성령의 열매 희락 137

CONTENTS

29. 성령의 열매 화평 142

30. 성령의 열매 오래 참음 147

31. 성령의 열매 자비 152

32. 성령의 열매 양선 157

33. 성령의 열매 충성 162

34. 성령의 열매 온유 166

35. 성령의 열매 절제 170

36. 부 하려 하는 자들 175

37. 그리스도의 비밀 180

38. 세상을 이기는 믿음 185

39. 어린양 190

40. 라오디게아 교회에 보내는 말씀 195

41. 나그네로 있을 때 200

42. 심판이 있으리니 204

43. 믿음은 바라는 것들의 실상 .. 209

44. 가라지의 비유 214

45. 거짓 선지자들 219

46. 예루살렘 입성 224

47. 열두 제자의 파송 230

48. 나사로를 살리시다 234

49. 베데스다 못가의 병자 239

50. 신하의 아들을 고치시다 244

51. 영을 따르는 자 249

52. 복음 전도 254

53. 그리스도 예수 안에 있는 자 . 258

54. 셋째 하늘에 이끌려 간 사람 . 263

55. 사도 바울이 구하는 것 268

56. 너희 구원을 이루라 273

57. 일만 악의 뿌리 278

58. 재림의 때 283

1. 심령이 가난한 자

마 5:3

어떤 사람은 세상에 태어나서 보람 있게 살다가 가는 사람이 있고 어떤 사람은 질병과 고난 가운데 허덕이다가 가는 사람도 있다. 한 가지 지적하고 싶은 것이 있다면 모두가 다 죽는다는 것이다. 죽음은 아무도 거절 할 수 없다. 죽음의 문제를 해결하려고 수많은 사람들이 심혈을 기울였지만 헛수고로 끝났다는 사실을 알아야 한다.

하나님은 인간의 생사화복을 주장하신다. 따라서 인간의 모든 문제가 하나님의 손에 있다는 사실을 알아야 한다. 그래서 사도 바울은 빌4:6-7에서 "아무것도 염려하지 말고 다만 모든 일에 기도와 간구로, 너희 구할 것을 감사함으로 하나님께 아뢰라 그리하면 모든 지각에 뛰어난 하나님의 평강이 예수 그리스도 안에서 너희 마음과 생각을 지키시리라"고 증거하고 있다. 한 가지 잊지 말아야 할 것은 아무리 크고 돌파구가 보이지 않는 문제라 할지라도 하나님께 가지고 나오면 해결 될 수 있다는 사실을 알아야 한다. 문제는 사람들에게 그러한 믿음이 없다는 것이다.

어느 날 젊은 청년 하나가 하나님께 나와서 간곡히 소원을 아뢰었다. 저는 하나님께서 아시는 바와 같이 가난하고 보잘 것 없는 종입니다. 다만 어려서부터 지금까지 하나님만 믿고 살아 왔는데 저도 남들처럼 부자가 되고 싶습니다. 제가 부자가 되면 선행과 구제로 하나님께 영광을 돌리겠습니다. 이 말을 들은 하나님께서는 빙그레 웃으시면서 내가 돈이 없어서 줄 수가 없으니 돈 말고 다른 것을 구하면 어떻겠느냐. 이 말을 들은 그 청년은 힘없는 소리로 돈 말고는 별로 필요한 것이 없습니다. 이때 하나님이 그 청년을 향하여 다시 물었다. 세상에 돈만 있으면 그만이라는 생각을 가진 사람이 많은데 너는 돈을 취하겠느냐 하나님을 택하겠느냐. 그제 서야 그 청년은 깨닫고 제가 잘못 생각했습니다.

여기에서 우리가 얻을 수 있는 교훈은 신자들이 부분적으로 하나님을 알고 있다는 것이다. 하나님은 우리들이 예수 그리스도를 믿는 순간부터 우리의 아버지가 되신다. 가장 좋은 길로 인도하시고 모든 것을 책임지신다. 믿고 맡기는 자는 은혜를 받을 것이고 그렇지 못한 자는 기다려야 한다.

아무도 믿음이 없이는 은혜를 받을 수 없다. 믿음은 또한 구원을 가져다준다. 아무도 영이신 하나님을 육의 눈으로 볼 수 없다. 그런데 한 가지 중요한 사실은 믿음의 눈으로 하나님을 볼 수 있다는 것이다. 많은 사람들이 하나님과 교통하면서 은혜도 받고 살아 계신 하나님을 찬송하면서 따라가고 있다. 여기에서 우리는 한 가지 잊지 말아야 할 것이 있다. 아무도 세상을 간단히 보아서는 안된다는 것이다. 세상은 얼마든지 바뀔 수 있기 때문에 초점을 맞추기가 쉽지 않고 그런가 하면 아무도 경험해 보지 못한 일들이 전개되기 때문에 사실상 항상 새로운 미래를 개척해 나가는 신비의 삶이라는 사실을 알아야 한다.

어느 날 하나님께서 깊은 고민에 싸여있는 신자를 보고 왜 그렇게 염려가 많으냐고 물었더니 "하나님을 만나고 싶은데 어떻게 해야 할지 모르겠습니다." 하나님을 만나면 고민이 해결될 것이라고 믿고 그랬는지 모르겠지만 지금 대화 하시는 분이 하나님이신 줄은 전혀 몰랐다는 것이다. 하나님을 믿는 자는 모두 자기도 모르는 사이에 하나님을 만나고 있다는 사실을 알아야 한다. 다만 하나님은 영이시기 때문에 우리들이 눈으로 볼 수 있게 만날 수는 없지만 그러나 깨달을 수는 있다는 것이다. 하나님을 만나야 겠다는 사람이 많은데 하나님은 믿음으로 받아들이라고 하신다. 결국 그 신자는 하나님께서 염려하던 문제를 해결해 주실 줄 믿고 안심하게 되었다.

오늘 본문을 보면 "심령이 가난한 자는 복이 있나니 천국이 그들의 것임이요" 했다. 심령이 가난하다는 말은 아무것도 욕심을 부리지 않고 있는 것을 족하게 여긴다는 말인데 하나님을 전적으로 믿고 의지하는 사람은 근심 걱정이 없이 살 수 있다는 말이다. 많은 사람들이 예수님을 믿고 따르고 있지만 근심 걱정 없이 사는 사람은 그리 많지 않다. 믿음이 온전치 못하다는 말이다.

눅18:8을 보면 "내가 너희에게 이르노니 속히 그 원한을 풀어 주시리라 그러나 인자가 올 때에 세상에서 믿음을 보겠느냐 하시니라"고 증거하고 있다. 사람들이 믿음과 현실 속에서 방황하고 있다. 마14:5절 이하에 보면 예수님이 바다 위로 걸어오시는 장면이 나온다. 베드로가 예수님께 나를 명하사 물 위로 오라 하소서 하니 예수님이 오라 하셨다. "베드로가 배에서 내려 물 위로 걸어서 예수께로 가되 바람을 보고 무서워 빠져 가는지라 소리 질러 이르되 주여 나를 구원하소서 하니 예수께서 즉시 손을 내밀어 그를 붙잡으시며 이르시되 믿음이 작은 자여 왜 의심하였느냐" 하셨다. 예수님의 말씀을 전적으로 믿고 따를 때는 바다 위를 걸을 수 있었지만 바람을 보고 무서워 할 때는 물에 빠져 들어 갔다.

하나님은 베드로에게 믿음이 작다고 지적하셨다. 아무도 믿음이 없이는 하나님을 볼 수 없고 하나님을 만날 수도 없다. 성경은 줄기차게 믿음을 강조하고 있다. 그런데 사람들은 믿음보다 행함을 더 앞세운다. 세속적인 종교가 성행하는 이유가 여기에 있다. 기독교 종교는 믿음을 바탕으로 한 행함을 가르치고 있다. 하나님은 우리의 믿음을 보신다. 어떠한 믿음을 가지고 있느냐에 따라 달리 은혜가 주어진다.

성도들은 부지런히 말씀을 연구하고 기도와 헌신 등으로 믿음을 성장시켜 나가야 한다. 어느날 신자들이 모여 천국에 대해 이야기를 나누고 있었다. 아무도 천국에 가 본 사람이 없는지라 결론이 쉽게 나지를 않았다. 마침 한 사람이 본문을 언급하면서 천국은 심령이 가난한 자들이 사는 곳이다. 아무도 반박 할 수 없었다. 그러나 누구하나 천국을 정확히 이야기 하는 사람은 없었다. 여기에서 우리는 천국을 부분적으로 이야기 할 수는 있어도 다는 말할 수 없다는 사실을 알아야 한다. 왜 하나님이 천국을 구체적으로 보여 주시지 않는지 생각해 볼 필요가 있다. 우리의 미래를 감추어 두신 것처럼 천국도 베일 속에 감추어 두셨다. 그것이 인간들에게 유익하기 때문이다.

사랑하는 성도 여러분, 이 세상은 영원히 머물 수 있는 곳이 아니다. 이 세상을 알고 천국도 알아야 한다. 하나님이 성경을 통하여 천국을 가르쳐 주시는 이유는 죄악된 세상에서 낙심하지 않고 소망을 가지고 살게 하시려는 은혜이다. 아무도 천국을 볼 수 없지만 하나님을 믿고 따르는 자들은 믿음의 눈으로 하나님을 볼 수 있다. 왜 하나님이 믿는 자들에게 나타나 주셔서 의심의 여지없이 따르게 하시지 않고 하나님의 존재를 체험으로 알게 하시는지 궁금하지 않을 수 없다. 무엇보다도 하나님이 어떤 분이신지 알아야 하기 때문에 한 걸음 더 나아가 체험하게 하신다는 사실을 잊지 말아야 한다. 여러분 모두 천국 소망을 가지고 날마다 찬송을 부르며 사시기를 바란다.

2. 수고하고 무거운 짐

마 11:28-30

하나님은 인생들에게 왜 헛되이 삶을 허송하느냐고 책망하신다. 사람들은 나름대로 몸부림을 치면서 최선을 다하는 삶을 살려고 하지만 그것이 뜻대로 잘 되지 않는다는 사실을 알아야 한다. 오늘날 수많은 사람들이 성공을 꿈꾸고 있지만 뜻을 이루는 사람은 드물다. 더욱이 하나님을 믿지 않는 사람들은 성공이 무엇인지 조차 모르고 있다는 사실을 감안하면 진정으로 성공하는 사람은 얼마 되지 않는다고 할 수 있다.

신자들은 소위 모두 성공한 자들이라고 할 수 있다. 그 이유는 하나님의 뜻을 따라 사는 자는 어느 위치에 있든 성공했다고 할 수 있기 때문이다. 다시 말하면 최선의 삶을 사는 자는 성공하는 삶을 사는 것이기 때문이다. 아무도 단언할 수 없지만 하나님의 뜻을 받드는 삶보다 더 좋은 삶을 살 수는 없을 것이다. 그래서 신자들은 크게 감사하지 않을 수 없다는 것이다. 그러면 누구나 다 예수 그리스도를 믿으면 성공한 삶을 산다고 할 수 있다는 말인가, 그렇다. 신자들의 삶은 하나님께서 인도하시기 때문에 최선의 삶이라는 사실을 잊지 말아야 한다.

눈에 보이는 어떤 현상이 성공적이라고 해서 성공하는 것도 아니고 외적으로 보잘 것 없다고 실패하는 것도 아니다. 성공은 최선의 삶을 살 때 그 삶을 성공이라고 할 수 있는데 신자들은 모두 최선의 삶을 살고 있기 때문에 성공한 사람들이라고 해야 된다는 것이다. 세상 사람들은 자기 욕심대로 채워지면 그것이 성공이라고 생각을 하는데 이는 전혀 터무니없는 이야기이다. 하나님의 뜻을 따라 사는 것보다 더 행복한 삶은 없다. 따라서 하나님의 뜻을 따라 사는 사람보다 더 성공한 사람이 없다는 것이다. 이런 진리를 모르는 사람들은 자기 멋대로 기준을 세워 놓고 성공을 했다고도 하고 실패를 했다고도 한다.

본문을 보면 "수고하고 무거운 짐 진 자들아 다 내게로 오라 내가 너희를 쉬게 하리라 나는 마음이 온유하고 겸손하니 나의 멍에를 메고 내게 배우라 그러면 너희 마음이 쉼을 얻으리니 이는 내 멍에는 쉽고 내 짐은 가벼움이라 하시니라" 하였다. 여기에서 우리는 하나님의 사랑과 자비를 볼 수 있다. 수고하고 무거운 짐 진 자들이 누구인가, 하나님을 모르는 사람들을 가리킨다. 그들은 人生이 즐겁고 행복하다고 할지라도 하나님은 그들을 불쌍히 여기신다. 아무도 거들 떠 보지 않는 삶이지만 그들은 아랑곳 하지 않고 죽음의 길을 간다.

지금 수많은 사람들이 빛을 찾아 헤맨다. 그러나 아직도 어둠속을 헤매는 자들이 많다. 그런 가운데 신자들은 그들에게 복음의 밝은 빛을 비추어 마땅히 갈 길을 갈 수 있도록 해 주어야 한다. 그런데 이상한 것은 왜 사람들이 복음을 외면하는지 알 수 없다. 여기에 복음의 비밀이 있다고 할 수 있는데 복음은 아무나 받아들일 수 없다는 것이다. 복음은 성령의 역사가 있어야만 받아들일 수 있다는 것이다. 그래서 복음 전도자는 간절히 기도하고 복음을 전해야 한다. 성령의 역사가 나타나면 받아들이는 자와 거부하는 자가 극명히 드러난다. 비록 우리들의 입을 통하여 전파되는 복음이지만 듣는 자의 마음을 움직이시는 분은 성령님이시다. 만일 복음을 듣는 사람이 모두 거부한다 해도 복음 전도의 효과는 분명히 나타난다는 사실을 알아야 한다. 왜냐하면 복음전도는 대상자들을 하나님께로 인도함에만 있는 것이 아니라 그 복음을 듣고 예수 그리스도를 반대하는 자들에게 천국과 지옥이 있음을 알려 주는 효과가 있기 때문이다.

사람들이 복음을 들으면 자기도 모르는 사이에 거부감이 생기거나 받아들이거나 한다. 그 이유는 복음전도가 사람의 생각으로 되지 않고 사탄의 훼방에 따라 좌우되기 때문인데 복음을 거부하는 사람은 사탄이 가로 막기 때문이고 그렇지 않은 사람은 성령님께서 복음을 받아들이도록 역사하시기 때문이다. 성령의 역사가 없이는 아무도 예수 그리스도를 영접 할 수 없다. 비록 복음을 전한다 할지라도 복음이 복음으로 들려지지 않는다면 받아들이지 못한다. 따라서 신자들은 복음을 전할 때 반드시 성령의 도우심을 구하는 기도를 드려야 한다.

본문의 "수고하고 무거운 짐 진 자들아 다 내게로 오라 내가 너희를 쉬게 하리라" 이 말씀은 복음을 전할 때 어떻게 해야 하는지 잘 가르쳐 주고 있다. 먼저 상대가 지금 어떤 처지에 있는지 알아야 한다는 말씀이다. "수고하고 무거운 짐 진 자" 즉 헛되이 애쓰고 죄 때문에 억눌려 있다는 것이다. 그러니 불쌍히 여기지 않을 수 없다는 말씀이다. 또 "다 내게로 오라" 예수 그리스도께로 나와야 문제가 해결된다는 것이다. 예수 그리스도께 나오면 쉼을 얻는다. 다시 말하면 人生이 고달파 지지 않고 평안히 살 수 있다는 말씀이다.

아무리 힘든 일이라도 하나님께서 함께 해 주시면 기쁜 마음으로 할 수 있다. 사람들이 자기 힘으로 세상을 살 수 있는 것처럼 생각 하는데 그렇지 않다. 하나님은 인간의 생사화복을 주장하신다. 마땅히 人生은 하나님을 의지하지 않으면 안된다. 수많은 사람들이 하나님 없이도 살 수 있다고 하는데 얼마나 어리석은 생각인지 안타깝다. 하나님은 사람들이 어떻게 생각하든 책망하지 않으시고 묵묵히 인도하신다. 반드시 잊지 말아야 할 것은 하나님께서 침묵하신다고 해서 문제가 없다는 것은 아니라는 사실이다. 그러므로 신자들은 항상 겸손한 자세를 가져야 한다. 많은 사람들이 하나님의 책망을 염두에 두지 않고 두려움 없이 살고 있는데 이는 지극히 경계해야 할 일이다. 어느 누구나 온전하다고 할 수 없다.

따라서 우리는 겸손한 자세로 하나님을 섬겨야 한다. 그런데 어떤 사람은 겸손하고 어떤 사람은 그렇지 못하다. 왜 사람들이 은혜를 원하면서 겸손할 줄은 모르는지 안타깝다. 성경은 분명히 겸손한 자에게 은혜가 주어진다고 증거하고 있는데 이율배반적인 행동을 하고 있는지 알 수 없다. 수많은 사람들이 하나님을 따르고 있다. 그 중에는 겸손하여 은혜를 받는 자가 있고 그렇지 못한 자도 있다. 하나님께서는 아무 때나 은혜를 베풀어 주실 수 있지만 특별히 은혜를 구할 때 주신다. 어떤 사람은 구하지 않았는데 은혜를 받았다고 기뻐하기도 한다. 그러나 그런 은혜는 오래 지속되지 못한다. 구할 때 받는 은혜와 구하지 않고 받는 은혜는 차원이 다르다. 다시 말하면 구하여 받는 은혜는 지속성이 있고 하나님께도 영광을 돌린다. 그러나 구하지 않고 받는 은혜는 하나님을 멀리하게 만들고 하나님께 영광도 돌리지 못한다.

하나님은 신자들이 은혜를 받으며 하나님께 영광을 돌리는 삶을 살기를 원하신다. 그런데 한 가지 잊지 말아야 할 것은 신자들이 은혜를 받아야 하나님께 영광을 돌릴 수 있다는 것이다. 따라서 하나님은 신자들이 은혜를 받도록 인도하신다는 것이다. 그래서 예수 그리스도를 믿으면 복 받는다는 말이 나올 수밖에 없다. 다만 여기에서 가리키는 복은 세속적인 복과 다르다는 사실을 알아야 한다. 어떤 신자들은 예수 그리스도를 믿으면서 세속적인 복을 받으려 한다. 여기에서 신자들이 갈등을 느낀다. 다시 말하면 복이 어떤 것인지 모른다는 말이다. 복은 내 욕심을 채우는 것이 아님을 잊지 말아야 한다.

아무도 복에 대해서 한마디로 정의 할 수는 없을 것이다. 그러나 우리가 말할 수 있는 것은 어떤 경우를 막론하고 그것이 유익이 될 때 복이라고 할 수 있다는 것이다. 그런데 지금은 유익이 되지만 후에 문제가 된다면 그것을 복이라고 할 수는 없다는 것이다. 다시 말하면 궁극적으로 유익이 될 때 그것을 복이라고 할 수 있다는 것이다. 그래서 하나님은 신자들에게 복을 주실 때 궁극적으로 유익하게 하신다는 사실을 잊지 말아야 한다. 그래서 때로는 손해가 복이 될 수도 있고 유익인 것처럼 보이는 것이 손해가 될 수도 있다는 것이다. 여기에서 우리는 믿음을 필요로 한다는 사실을 잊어서는 안된다. 하나님은 반드시 合力하여 선을 이루게 하신다.

사랑하는 성도 여러분, 왜 하나님이 믿고 따르는 자들에게 은혜를 베풀어 주시는지 짐작이 가는가? 하나님께 감사와 영광을 돌리라는 것이다. 그런데 사람들은 감사할 줄을 모른다. 한없이 은혜만 구할 뿐 감사에 인색 하다는 것이다. 하나님은 감사하는 자에게 은혜를 더하신다. 여러분 모두 항상 감사하는 마음으로 은혜 위에 은혜를 더하시는 하나님의 은총을 받아 누리시기 바란다.

3. 기도하라
마 7:7-11

왜 사람들은 하나님을 섬기면서 성경은 가까이 하지 않는지 알 수 없다. 물론 다 그렇다고 할 수는 없지만 성경을 중심으로 신앙생활을 해야 함에도 불구하고 그렇지 못한 사람들이 상당히 있다. 여기에서 우리는 성경 없는 신앙생활과 성경을 중심한 신앙생활을 비교해 볼 필요가 있다. 성경은 기독교 신앙의 핵심이다. 아무리 열심히 노력을 한다 해도 성경을 빗나가게 되면 아무 소용도 없다. 따라서 신자들은 수시로 자신을 성경에 비추어 보아야 한다. 어떤 사람은 기기 문명의 발달로 성경의 필요성을 별로 느끼지 못한다고 말하고 이런 추세로 나간다면 어쩌면 성경 없는 예배를 드리게 될 것이라고 내다보기도 한다. 하나님은 신자들이 하나님을 섬길 때 성경을 근거 삼아 섬기도록 하셨다. 물론 성경이 주어지지 않았던 때도 있었다. 그러나 그때에도 비록 지금과 같은 성경이 없었다는 것이지 하나님의 말씀이 계셨기 때문에 신자들은 하나님의 말씀에 따라 하나님을 섬겨 왔던 것이다.

만일 하나님의 말씀이 계시지 않았더라면 인간이 고안해 낸 신을 하나님이라고 섬기게 되었을 것이다. 아마 하나님이 침묵하셨다면 인간의 삶은 짐승과 별다른 차이가 없었을 것이다. 그럼에도 불구하고 사람들은 성경의 고 마음을 깨닫지 못하고 심지어 교회에 나올 때 빈손으로 나오는 경우도 있다. 문명의 발달로 말미암아 편리하게 신앙생활을 할 수 있다고 할지 모르나 지나치게 되면 역효과가 날 수 있다는 사실을 알아야 한다.

지금 일반적으로 사용하고 있는 동영상이나 빔 projector(프로젝터) 등은 예배의 보조 수단으로 사용되고 있으나 한 번 짚고 넘어가야 할 일이라고 생각된다. 어떻게 신자들이 동영상 앞에 앉아 예배를 드릴 수 있다는 것인지 감히 상상조차 못했는데 지금은 공공연히 동영상 예배를 드리고 있고 오히려 확대되어 가고 있는 실정이다. 그런데 이상한 것은 아무도 이 문제에 대해 언급하지 않고 있다는 것이다. 지금 우리나라는 기독교 방송국이 있어서 각 가정에서 스윗치만 틀면 언제고 설교 말씀을 들을 수 있다. 주로 대형교회의 예배 실황이 중계되고 있는데 그렇다면 굳이 교회에 나갈 필요가 있겠는지 생각해 볼 일이다. 50보 100보이지만 교회에 나가서 동영상 앞에 앉아서 예배드리는 것이나 집에서 TV 앞에서 예배드리는 것이나 별로 다를 바가 없지 않겠는가. 하나님이 침묵하고 계시니 누가 뭐라고 할 수도 없고 안타까울 뿐이다.

우리는 신앙생활을 할 때 지나치게 민감할 필요가 없다. 어떤 문제가 돌출되어도 하나님께서 해결하시기 때문이다. 다만 때가 있다는 사실을 기억하고 인내하는 지혜가 있어야 할 것이다. 오늘 본문을 보면 "구하라 그러면 너희에게 주실 것이요 찾으라 그러면 찾을 것이요 문을 두드리라 그러면 너희에게 열릴 것이니 구하는 이마다 얻을 것이요 찾는 이가 찾을 것이요 두드리는 이에게 열릴 것이니라"(7-8절) 하셨다. 신자들에게 한 가지 특권이 있다면 기도할 수 있다는 것이다. 하나님은 우리들에게 구하면 주시겠다고 약속을 하셨다. 신자들은 그 약속을 믿고 기도하는 것이다. 어떤 사람은 기도할 때 하나님이 들어 주실 줄 믿고 기도하고 어떤 사람은 반신반의 하면서 기도한다. 기도하면 하나님이 주신다고 약속을 하셨는데 그 약속을 믿지 못한다면 기도를 할 필요가 없는 것이다.

우리들은 왜 하나님께서 구하면 주신다고 하시는지, 그냥 주시면 좋을 텐데 하고 생각하기 쉽다. 그러나 하나님은 성경을 통해 구할 때 주시겠다고 약속을 하셨다. 신자들은 하나님의 약속을 믿고 기도한다. 따라서 성경을 모르면 기도할 수 없다. 기도할 때 꼭 필요한 것들을 구하지 못하고 막연히 구하기도 한다. 그러나 하나님은 책망하지 않으시고 점점 필요한 것들을 구할 수 있도록 성령으로 걸음을 인도하신다.

기도할 때 반드시 구한대로만 주시지 않고 달리 주시기도 한다. 그 이유는 하나님은 멀리 내다 보시기 때문에 그러실 수도 있고 때로는 잘못 구하기 때문에 달리 응답하시기도 한다. 아무튼 신자들은 기도를 통해서 하나님과 교통하게 되는데 신앙의 가장 중요한 요소라고 할 수 있다. 어떤 사람은 기도를 할 줄 모른다고 주저주저 하기도 하나 어린 아이가 말을 배울 때 앞뒤가 맞지 않듯이 기도도 더듬더듬 하는데 뭐 이상할 것이 없다.

본문을 보면 "구하라 그러면 너희에게 주실 것이요 찾으라 그러면 찾을 것이요 문을 두드리라 그러면 너희 에게 열릴 것이니 구하는 이마다 얻을 것이요 찾는 이가 찾을 것이요 두드리는 이에게 열릴 것이니라 너희 중에 누가 아들이 떡을 달라 하면 돌을 주며 생선을 달라하면 뱀을 줄 사람이 있겠느냐"(7-10절) 했다. 한 마디로 말하면 힘써 기도하면 응답을 받는다는 말씀이다. 기도는 전능하신 하나님의 도우심을 구하는 것이 되기 때문에 기도처럼 유용한 것은 없다. 그럼에도 불구하고 사람들은 기도에 힘쓰지 않는다. 기도는 할수록 좋다고 할 수 있다. 하나님과 은밀한 대화를 할 수 있고 그러므로 말미암아 하나님의 뜻을 헤아릴 수 있고 또 영적인 능력을 얻을 수 있다.

기도를 할 때 잊지 말아야 할 것은 하나님께서 반드시 듣고 계시다는 사실을 알고 해야 한다는 것이다. 물론 기도하는 사람이 그것을 모를 리가 있겠느냐 할 것이다. 그렇다면 모두가 앞을 다투어 기도하지 않겠느냐고 할 것이다. 그런데 신비한 것은 많은 성도들이 기도에 힘쓰지 않는다는 사실이다. 그 이유는 신자들이 기도에 대해 잘 모르고 있기 때문이라고 할 수 있다. 신자들이 기도하면 반드시 응답이 온다. 그런데 기도 응답이 주어질 때 오묘한 방법으로 주어 지기 때문에 신자들이 바로 깨닫지를 못한다는 사실이다. 어떤 기도는 즉석에서 응답을 받고 어떤 기도는 몇년 후에 응답을 받는다. 또 물질을 구했는데 물질은 주시지 않고 건강으로 주시거나 아니면 직장을 주시거나 물질이 새지 않도록 주시거나 해서 응답을 주시기 때문에 믿음의 눈으로 보지 않으면 알 수가 없다는 것이다.

사랑하는 성도 여러분, 기도는 신자들이 힘써야 할 가장 기본적인 요소이다. 어떤 사람이 복음을 듣고 교회에 나가게 되었다. 그런데 몇 번 교회에 나가더니 저를 찾아와서 기도를 어떻게 해야 하느냐고 질문을 하였다. 제가 그래서 이렇게 가르쳐 주었다. "하나님, 제가 하나님을 알도록 은혜를 베풀어 주옵소서" 라고, 하나님의 사람들은 한결같이 기도에 힘쓴 사람들이다. 기도 없이는 아무것도 할 수 없다. 여러분들은 "기도를 항상 힘쓰고 기도에 감사함으로 깨어 있으라"(골4:2) 하신 말씀을 항상 기억하시고 기도에 힘쓰는 성도들 되시기를 기원한다.

4. 풍랑이 잔잔해지다
마 8:23-27

아무도 하나님께서 하시는 일을 다 이해하거나 알 수 있는 사람은 없다. 왜 하나님께서 신자들에게 하나님을 알도록 하시는지 궁금하기도 하다. 그래서 어떤 사람은 하나님을 아예 모르는 것이 낫겠다고 논리를 펴기도 한다. 그러나 하나님은 아랑곳 하시지 않고 묵묵히 뜻을 이루어 가신다. 여기에서 우리는 하나님의 은혜와 사랑을 깨닫지 않으면 안된다. 왜냐하면 만일 하나님이 자신을 계시하지 아니하시면 아무도 하나님을 알 수가 없고 그렇게 되면 세상은 매우 혼란스러워 질 것이다. 지금은 사람들이 하나님 없이도 살 수 있겠다고 하지만 만일 하나님께서 인류 역사에서 손을 떼신다면 세상이 뒤죽박죽 되어 한시도 편안할 수 없다는 사실을 알아야 한다. 그러므로 신자들은 하나님의 은혜로 세상이 질서 정연하게 진행되고 있음을 깨닫고 감사할 수 있어야 한다.

우리는 신앙생활을 할 때 왜 하나님이 겸손하라고 하시는지 깨달아야 한다. 한마디로 말하면 겸손한 자라야 은혜를 받을 수 있고 겸손한 자라야 하나님을 따를 수 있기 때문이라는 것이다. 왜 신자들이 이 간단한 원리를 모르고 교만을 버리지 못하는지 안타깝다. 하나님이 어떤 자는 겸손케 하시고 쓰시는가 하면 어떤 자는 내버려 두시는지 생각해 볼 필요가 있다. 택하신 백성은 하나님이 겸손케 하시고 쓰시지만 택함 받지 못한 사람은 그런 은혜를 받지 못한다. "우선 먹기는 곶감이 달다"는 말이 있다. 당장 아무 연단도 받지 않으면 편하고 좋다고 할지 모르나 이는 쓸모없는 자라는 신호탄이요 하나님을 모른다는 것밖에 안된다.

하나님은 모든 신자들이 변화 받아 하나님의 영광을 위해 헌신하도록 이끄신다. 그래서 신자들은 하나님을 더 깊이 알도록 꾸준히 노력해야 한다. 하나님을 더 깊이 알면 알수록 받는 은혜도 그만큼 커진다. 성경은 여호와를 힘써 알자고 강조한다. 믿음은 하나님을 아는 만큼 비례해서 자란다고 할 수 있다. 하나님을 모르는 사람은 믿음이 있을 수 없다. 그래서 설교는 하나님을 알게 해주는 것이어야 하고 신자들이 하나님을 알게 되면 믿음을 갖게 되기 때문에 아무리 명설교라 해도 하나님을 알게 해주지 못하면 참 설교라고 할 수 없는 것이다.

아무도 설교를 평할 수 없다고 할 수 있지만 그러나 객관적으로 볼 때 설교가 하나님을 잘 증거 했는지 말할 수 있다고 할 수 있다. 신자들은 목회자가 설교할 때 마음에 와 닿으면 "아-멘" 하고 화답한다고 할 수 있다. 그래서 어떤 목회자는 신자들이 "아-멘"을 잘 하도록 훈련도 시킨다. 아무튼 설교는 맥을 잘 짚어서 청중들이 하나님을 알도록 해 주어야 한다. 그러기 위해서는 말씀을 깊이 연구해야 되고 힘써 기도해야 한다. 왜 신자들이 은혜를 못 받는지 생각해 볼 필요가 있다. 설교 내용이 충실치 못할 때, 성령의 역사가 충만치 못할 때, 설교 기법이 어설 풀 때 등이라고 할 수 있다.

본문을 보면 예수님과 제자들이 배를 타고 바다를 건널 때 큰 놀이 일어나 배에 물이 넘치게 되자 제자들이 놀라 주무시고 계시는 예수님을 깨우면서 "주여 구원하소서 우리가 죽겠나이다" 외치는 것을 볼 수 있다. 이때 예수님은 "어찌하여 무서워하느냐 믿음이 작은 자들아" 하시면서 일어나 "바람과 바다를 꾸짖으신대 아주 잔잔하게" 되었다고 기록하고 있다. 어떻게 예수님이 꾸짖으시니 바람과 바다가 잔잔하게 되었는지 신비하지 않을 수 없다. 성경은 기록된 하나님의 말씀이다.

오늘 말씀을 통해 하나님은 우주 만물을 다스리시는 하나님이심을 증거하고 있다. 어떻게 바람과 바다가 예수님의 말씀을 알아듣고 순종할 수 있었는지 언뜻 이해가 가지 않는다. 그러나 창세기 1장을 보면 우주 만물이 하나님의 말씀으로 지어진 것을 볼 수 있다. 사람들은 하나님이 인간만 다스리고 계시는 줄로 착각할 때가 있다. 그렇다면 봄 여름 가을 겨울은 누가 만드시는가, 우리들은 우주 만물을 주관하시는 하나님의 은혜 가운데 살고 있음을 잊지 말아야 한다. 바람과 바다뿐만 아니라 모든 만물이 다 하나님의 섭리 가운데 있음을 알아야 한다.

하나님은 신자들이 하나님을 알 수 있도록 인도하신다. 그럼에도 불구하고 어떤 신자들은 구태여 하나님을 알려고 애쓸 필요가 있느냐고 태연하다. 예수님은 본문에서 하나님은 바람과 바다도 다스리시는 분이심을 가르쳐 주고 있다. 흔히 예수님을 믿고 따르는 자들도 하나님은 천지만물을 창조하시고 그대로 진행되도록 내버려 두시고 사람만 다스리시는 줄로 착각하고 있는데 사실은 끊임없이 우주 만물을 다스리고 계시다는 사실을 알아야 한다. 하나님의 이러한 다스림이 없다면 한시도 우주는 안정될 수 없다는 것을 잊어서는 안된다.

지금 많은 사람들이 예수 그리스도를 믿고 따르지만 엄밀히 살펴보면 참된 믿음을 가진 자는 그리 많다고 할 수 없다. 다시 말하면 천지를 창조하시고 그 창조하신 만물을 다스리시는 하나님을 잘 모른다는 것이다. 우상 숭배자들은 세상이야 어떻게 돌아가든 아랑곳 하지 않고 내 욕심만 채우면 그만이라는 사상이 팽배하다. 기독교 신자는 나를 통해서 하나님의 뜻이 이루어지기를 원하지만 우상숭배자들은 자신의 소원이 이루어지기를 원할 뿐 다른 사람은 안중에도 없다.

기도할 때 신자들은 다른 많은 사람을 위해 기도한다. 서로 기도함으로 같이 복을 받자는 것이다. 그런데 왜 불신자들이 세상을 활보하고 다니게 내버려 두시고 신자들은 조심스럽게 살게 하시는지 생각해 볼 필요가 있다. 나를 위해 살지 않고 하나님을 위해 살기 때문에 조심스러울 수밖에 없다. 어떤 사람은 왜 신자들이 아무 재미도 없이 세상을 사는지 모르겠다고 비아냥댄다. 그 이유는 간단하다. 신자들은 하나님의 뜻을 이루어 가면서 보람을 느끼고, 행복을 느끼지만 세상 사람들은 욕심을 채워 가면서 그것을 행복하다고 하기 때문에 서로 비교할 수 없다는 것이다. 이렇게 세상은 두 부류의 사람이 섞여서 살고 있는데 하나님은 신자들에게 이 사실을 깨닫고 세상을 살아야 된다고 가르치신다.

어느 누구도 신자들의 삶을 비판할 수 없다. 왜냐하면 하나님이 이끄시는 삶이기 때문이다. 신자들은 어떻게 살든 하나님과 교통하는 삶을 살기 때문에 함부로 이렇다 저렇다 해서는 안된다. 하나님은 신자들을 이끌어 가실 때 전혀 사람들이 이해할 수 없는 方法으로 이끌기도 하시기 때문에 속단해서는 안 된다는 것이다. 어떤 사람은 왜 하나님이 계시다고 해서 내 마음대로 살지 못하게 하느냐고 원망 섞인 불평을 한다. 그러나 하나님을 전적으로 부인하는 사람들은 아무 양심의 가책도 없이 담대하게 세상을 살아간다. 여기에서 우리는 세상이 얼마나 험난한지 깨달아야 한다.

하나님 두려운 줄 모르는 사람들은 죄를 물먹듯 마시면서 기고만장한 삶을 산다. 그래서 세상이 혼란스럽고 삭막하다는 것이다. 때로 신자들은 믿고 따르는 하나님으로부터 책망을 받기도 하고 어떤 때는 호되게 얻어맞기도 한다. 그래도 신자들은 하나님께서 바른 길로 인도하심을 믿고 시험을 달게 받는다. 그러면 불신자들과 신자들은 왜 사는 방법이 다른지 생각해 보자. 그것은 누구를 위해 사느냐에 관건이 있다. 신자들은 주 예수 그리스도를 위해 살고 불신자들은 자기를 위해 살기 때문이다.

사랑하는 성도 여러분, 오늘도 신자들은 부단히 생명길을 간다. 누가 뭐라든 성령님의 인도하심을 따라 저 높은 곳을 向하여 전진한다. 한 가지 오묘한 것은 두 부류의 사람들이 이 세상에서 만큼은 섞여 살고 있다는 것이다. 그러나 종말이 오면 각기 제 길로 갈라선다는 것이다. 이 비밀은 신자들에게만 알려지고 믿어지게 되어있다. 여러분 모두 예수님은 바람과 바다도 다스리시는 분이심을 믿고 겸손히 믿음의 길을 달려가시기 바란다.

5. 세상의 빛과 소금

마 5:13-16

하나님은 사람들이 하나님을 섬길 때 어떻게 섬겨야 하는지 가르쳐 주시고 겸손한 마음으로 따르는 자에게 은혜를 베푸신다. 사람들은 보통 예수 그리스도를 믿으면 구원도 받고 복도 받는다고 생각을 하고 있다. 물론 틀린 말은 아니다. 그러나 여기에서 우리는 한 가지 짚고 넘어가야 할 것이 있다. 즉 구원과 복을 받게 하시는 이유가 무엇이냐는 것이다. 단도직입적으로 말하면 하나님께 영광을 돌리게 하신다는 것이다.

아마 사람들이 구원과 복을 받지 않고도 하나님께 영광을 돌리는 삶을 산다면 구태여 예수 그리스도를 믿으라고 강조하지 않을 것이다. 지금 타락한 인간들은 아무리 큰 복을 받아도 하나님께 영광을 돌릴 줄 모른다. 끝없는 욕심, 가득한 이기주의로 오히려 하나님의 영광을 가릴 뿐이다. 왜 사람들이 하나님께 영광을 돌리지 못하는지 생각해 볼 필요가 있다. 한마디로 말하면 욕심 때문이라고 할 수 있다.

사람들이 욕심을 부리지 않고 공평한 생각을 품는다면 다툴 일도 없고 싸울 일도 없을 것이다. 그래서 하나님께서는 신자들이 욕심을 버리고 살라고 가르쳐 주신다. 언뜻 보면 바보같은 생각이라고 할 것이다. 그러나 자세히 생각해 보면 하나님의 말씀이 옳다는 것이다. 왜냐하면 모두가 욕심을 버리면 모든 문제가 해결될 것이기 때문이다. 여기에서 우리는 하나님의 말씀을 따르기만 하면 모두가 좋을 텐데 그렇지 못하기 때문에 누구는 좋아지고 누구는 나빠진다는 이야기가 나온다는 것이다. 그러므로 신자들은 언제나 하나님의 말씀을 겸손히 받들어 모두에게 은혜가 되게 하시는 하나님의 뜻을 앞서 펴 나가게 해야 할 것이다.

본문 16절을 보면 "이같이 너희 빛을 사람 앞에 비취게 하여 저희로 너희 착한 행실을 보고 하늘에 계신 너희 아버지께 영광을 돌리게 하라"고 했다. 무슨 말인가? 신자들이 바르게 살아 불신자들의 귀감이 되라는 것이다. 여기에서 우리는 예수 그리스도를 믿는다는 것이 논리적인 이론이 아니라 하나님의 말씀대로 순종하여 세상을 바꾸어 나가는 것이라는 사실을 알아야 한다.

신자들을 가리켜 성경은 세상의 빛과 소금이라고 지적한다. 왜 그럴까? 신자들이 빛과 소금처럼 살아서 세상의 어두움을 물리치고 또 무미건조한 세상이 살맛나는 세상이 되도록 바꾸어 나가기 때문이다. 그럼에도 불구하고 예수 그리스도를 믿으면 오히려 남보다 더 많이 소유하고 더 크게 출세해서 부귀영화를 누리려고 하기 때문에 문제가 되는 것이다. 물론 부귀영화를 누리는 것이 죄악은 아니다. 그러나 내 형제 이웃들이 힘들어 하고 있는데 이를 외면하고 "나는 걱정 없다"하고 산다면 과연 하나님께서 기뻐하시겠는가!

어떤 사람은 일부 선행을 하고 그래도 남은 것이 있어 그것을 누리고 있다고 변명할 지도 모른다. 어디까지 선행을 해야 하는 것인지 기준이 없다고도 할 것이다. 하나님은 그 기준을 이미 정하시고 지혜롭게 나타내셨다. 성경을 보면 가난한 사람을 도운 실예가 나와있다. 삭개오는 예수님을 영접할 때 자기 소유의 절반을 가난한 자들에게 주겠다고 했다. 지금 신자들이 상당히 많은데 그들이 모두 이와 같은 정신을 가진다면 세상은 많이 달라질 것이다. 그런데 신자들이 믿음이 약해서인지 빛과 소금의 직분을 제대로 감당하지 못하고 있어 안타깝다.

그러면 어떻게 해야 세상이 달라지고 하나님 영광이 나타날 수 있을까. 그것은 신자들의 믿음을 성장시켜 주는 방법밖에 없다. 그래서 교회에서는 힘써 말씀을 증거하고 기도도 하게 하고 갖가지 성령체험도 하게 한다. 한 가지 중요한 것은 신자들이 하나님을 만나도록 해주지 않으면 안된다는 것이다. 삭개오도 하나님을 만나자 마자 재산의 절반을 가난한 자들에게 주겠다고 했다는 사실을 잊지 말아야 한다. 지금 교회에 나오는 신자들이 예배를 통해서 하나님을 만나지 못하면 어디가서 하나님을 만날 수 있겠는가. 그래서 예배가 중요하고 교회마다 정성을 기울여 예배를 드리는 것을 알아야 한다.

우리들이 생각 할때에 미처 예상치 못한 일들이 예배를 통해서 나타난다는 사실을 알아야 한다. 아무도 예배를 멀리 하면서 하나님을 잘 섬길 수 없다. 예배는 신자들의 가장 기본적인 경배행위이기 때문에 예배가 소홀히 되면 신앙 전체가 흔들릴 수밖에 없다는 사실을 잊지 말아야 한다. 한 가지 잊지 말아야 할 것은 신자들과 목회자 사이에 거리감이 있어서는 안된다는 것이다. 하나님은 목회자를 통해서 은혜를 베푸시기 때문에 목회자 없는 모임이나 목회자와 신자들 사이에 거리감이 있는 모임에는 은혜를 베푸시지 않는다. 어떤 사람은 목회자가 없으면 평신도끼리 모여서 예배를 드리면 되지 않느냐고 하기도 하는데 이는 잘못된 생각이다. 주의 종은 여러 과정으로 연단을 받아 성도들을 먹일 수 있게 하셨을 뿐만 아니라 기도와 관찰등을 통해 성도들을 보호하고 붙잡아 줄 수 있게 하신 존재라는 것을 알아야 한다.

성도들은 신앙생활을 하면서 하나님께서 어떻게 걸음을 인도하시는지 알고 따라야 한다. 어떤 신자들은 교회 조직이나 목회자의 역할이 무엇인지 염두에 두지 않고 무조건 교회 성장을 기대하고 있는데 이는 잘못된 생각이다. 특히 교회 직분을 맡은 자들은 목회자를 잘 보필해야 한다. 하나님은 교회가 체계적으로 사명을 감당할 때 은혜를 베푸시고 성장 하도록 역사하신다. 아무도 개인 프레이를 해서는 안된다. 사단 마귀는 교회가 성장하지 못하도록 갖가지 수작을 부린다. 지금 내가 하고 있는 행위가 교회를 위하고 있는 것인지 살펴보아야 한다.

하나님은 심는대로 거두게 하신다. 여러분, 지금 무엇을 심고 있는가? 충정 교회가 사명을 다하고 있다고 생각 하는가? 하나님은 우리 모두의 마음을 감찰하시고 지켜보신다. 한 가지 꼭 기억해야 할 것은 우리 모두는 같은 배를 타고 있다는 사실이다. 충정호가 흔들려서는 안된다. 모두가 하나 되어서 힘차게 전진해야 한다. 기도해야 한다. 모이기를 힘써야 한다. 전도해야 한다. 나만 구원받고 이웃 형제자매들은 나 몰라라 할 것인가, 신자들을 가리켜 주님은 이 세상의 빛과 소금이라고 하셨다.

우리가 빛과 소금이면 세상을 밝게 하고 썩지 않게 해야 하지 않겠는가. 그러려면 무엇보다 교회가 생명력이 넘쳐야 할 것이다. 우리 충정 교회는 지금 상당히 어려운 실정에 놓여 있다. 우선 피아노 반주자가 없어서 안타깝다. 직분을 맡은 자들도 일사분란하게 움직이지 못하는 것 같다. 무더운 날

씨에 간식 준비도 쉽지 않다. 아무튼 여러모로 어려운 실정이지만 주님은 이를 극복하고 이겨 나가라고 하신다. 우리가 정신 바짝 차리고 담대히 도전하면 모든 문제가 아침 햇살에 안개 사라지듯 사라질 것이다. 저는 여러분들이 저와 호흡을 같이 해 주실 것을 기대한다.

사랑하는 성도 여러분, 예수믿고 구원받아 더 바랄 것이 없겠지만 그러나 우리에게도 해야할 일이 있다. 무엇 보다도 신자로서의 사명이 있다는 사실을 망각해서는 안된다. 먼저는 교회 성장이고 밖으로 나가면 빛과 소금의 직분을 잘 감당해서 하나님께 영광을 돌리는 것이다.

지금 신자들이 자신의 구원에만 신경을 쓰고 이웃은 신경을 쓰지 못하는 것 같은데 이는 아주 잘못된 생각이다. 열매를 맺지 못하는 신자는 문제가 있는 신자라고 할 수 밖에 없을 것이다. 왜냐하면 구원받으면 성령이 임하고 성령이 임하면 복음을 전하게 되어 있기 때문에 열매 없는 신자는 자신의 신앙을 신중히 검토해 보아야 한다. 아무리 열심을 품고 신앙생활을 해도 그 사람이 정말 구원받았는지 여부는 그 열매로 판별될 수밖에 없다고 할 것이다.

교회에 수많은 사람들이 발을 들여 놓지만 마당만 밟고 돌아가는 사람이 적지 않다는 사실을 알아야 한다. 저는 여러분들이 구원받을 뿐만 아니라 많은 열매를 맺어 교회를 성장시키고 또 빛과 소금의 직분을 잘 감당하여 하나님께 영광을 돌리는 성도들 되시기를 예수 그리스도의 이름으로 축원한다.

6. 예수 그리스도의 탄생
마 1:18-25

하나님이 세상에 예수 그리스도를 보내셨는데 본문은 그 과정을 간략하게 기술하고 있다. 무엇보다도 어떻게 처녀가 잉태할 수 있으며 또 "그가 자기 백성을 저희 죄에서 구원할 자" 라고 하셨는데 신비하지 않을 수 없다.

매년 X-mas가 돌아오는데 예수 그리스도의 탄생을 반기는 사람들이 성대히 성탄절을 장식하고 있지만 또 무관심하게 지내는 사람들도 있다. 그런데 예수 그리스도께서 이 세상에 오신 사건은 모든 인류에게 기쁜 소식이 아닐 수 없다. 그럼에도 불구하고 어떤 사람은 환영하고 어떤 사람은 무관심하다는 것이다. 여기에 하나님의 신비가 있다는 사실을 알아야 한다.

다시 말하면 예수님의 강림은 택하신 백성들에게는 한없는 기쁨이 되지만 택함 받지 못한 사람들에게는 큰 두려움이 아닐 수 없다. 그 이유는 한편은 구원이요 축복이 되지만 다른 한편은 심판이요 죽음이 되기 때문이다. 이런 의미에서 성탄절은 경건하게 지켜져야 한다. 아무리 성탄절이 요란해도 신자들은 성탄절의 참의미를 알고 지내야 한다. 지금 많은 사람들이 성탄절의 참 의미를 모르고 들뜬 기분으로 지내고 있는데 안타까운 일이다. 한걸음 더 나아가 성탄절을 범죄의 기회로 삼는 자도 있는데 하나님은 반드시 죄값을 물으실 것이다.

"기쁘다 구주 오셨네 만백성 맞아라" 찬송 속에 하나님의 영광이 나타나게 해야 한다. 거리 거리마다 찬송의 물결이 흐르고 오색영롱한 불빛이 반짝거리게 되어도 예수 그리스도를 따르지 않으면 아무 소용도 없다. 특히 성탄절은 예수 그리스도가 널리 전파되는 귀한 계기가 되도록 힘써야 한다. 어떤 사람은 성탄절이 예수님의 탄생을 축하하는 날이니까 즐겁게 지내야 한다고 하나 잊지 말아야 할 것은 성탄절의 의미를 알고 그에 부합되게 행동해야 한다는 것이다. 특히 하나님을 모르는 사람들의 빗나간 성탄 행사는 지극히 경계해야 한다. 금년에는 보다 뜻깊은 알찬 성탄절이 되도록 기도하면서 준비해야 되겠다. 그리고 하나님을 모르는 사람들에게 예수 그리스도를 증거하는 성탄절이 되도록 유념하여야 하겠다. 교회마다 복음전도에 대한 대비책을 세워 기회를 선용하는 지혜가 있어야 할 것이다.

최근 들어 X-mas에 대한 열기가 식어가는 경향이 있다. 어떻게 보면 다행스런 일이라고 할 수 있으나 자칫 복음전도의 기회가 멀어지는 것 아닌가 내심 우려되기도 한다. 하나님은 신자들이 때를 얻든지 못 얻든지 복음을 전하라고 말씀하신다. 그런데 신자들은 기회를 기회로 활용하는 재치가 부족하다. 하나님께서 어떤 기회에 복음이 전파되도록 역사하실지 모르기 때문에 신자들은 항상 긴장 상태에 있어야 한다. 문제는 복음전도에 대한 사명감이 가득해야 한다는 것이다. 그래야 기회가 주어질 때 포착할 수 있다. 신자들이 마음은 있어도 복음을 널리 전하지 못하는 이유는 많은 기회를 놓쳐 버리기 때문이라고 할 수 있다. 아무리 복음을 전하고 싶어도 사랑이 없으면 복음을 전할 수 없다. 복음 전도는 세상 일과 달라서 헌신을 필요로 한다. 따라서 복음을 전하고자 하는 자들은 건강이나 시간이나 물질이나 희생할 각오가 되어 있어야 한다.

성탄절을 맞이해서 우리는 과연 어떤 자세로 세상 사람들을 대해야 하겠는지 생각해 볼 필요가 있다. 먼저 예수 그리스도의 사랑을 널리 전하지 않으면 안된다. 무엇 때문에 예수 그리스도의 사랑을 전하라고 하시는지 알아야 한다. 우리가 먼저 예수 그리스도의 사랑으로 구원받았기 때문이다. 하나님을 모르는 사람들은 험난한 세상을 헤매다가 지옥불에 떨어진다. 누군가가 건져주지 않으면 돌이킬 수 없는 길로 가고 만다. 아무리 노력을 해도 인간의 힘으로는 천국에 들어갈 수 없다. 사도 바울은 이 진리를 깨닫고 전심을 다해 복음을 전하는 삶을 살았다. 우리도 삶의 목표를 분명히 해야 한다. 신자들의 삶의 목표는 복음을 전하는 것이어야 한다. 우리를 부르신 뜻은 구원받게 하시려는 것이요 나아가 복음을 전하게 하시려는 것임을 잊지 말아야 한다.

사람마다 꿈이 있고 목표가 있겠지만 신자들의 꿈과 목표는 복음 전도라는 사실을 알아야 한다. 복음 전도는 아무나 할 수 있는 것이 아니다. 먼저 성령 충만을 받아야 하고 침착하게 전도 대상자를 사랑하는 마음으로 입을 열어야 한다. 무슨 말을 해야 할지 상대와 상황에 따라 다를 수 있기 때문에 그때그때 성령의 인도하심을 받을 수 있어야 한다. 특히 하나님은 전도자가 적절한 복음을 전할 수 있도록 할 말이 머리에 떠오르도록 역사하신다. 그런데 한 가지 주의할 것은 한 번에 복음으로 굴복 시키려고 서둘지 말아야 된다는 것이다.

전3:1에 "천하에 범사가 기한이 있고 모든 목적이 이룰 때가 있나니" 했다.

상대방의 인격을 존중하면서 복음을 받아들이고 있는지 살펴가면서 상황에 맞게 복음을 전하는 지혜가 있어야 한다. 판에 박은 듯한 복음 전도는 자칫 상대방의 형편에 맞지 않아 역효과를 낼 수도 있다는 사실을 알아야 한다. 그리고 복음 전도가 상대방을 위한 것이라는 인상을 갖게 해 주어야 한다. 사람들은 복음 전도하면 교회를 위해서 하는 것인 줄 오해하기도 하지만 복음 전도는 순전히 상대방을 위한 것이라는 것도 인식 시킬 수 있어야 한다.

복음 전도에는 몇 가지 빼놓을 수 없는 사항이 있다. 첫째, 사랑하는 마음으로 복음을 전해야 되고 둘째, 상대방에 맞는 복음을 전해야 되고 셋째, 서둘지 말아야 된다는 것이다. 아무리 복음이 중요해도 그것이 받아들여지지 않으면 아무 소용이 없다. 따라서 복음 전도는 치밀한 계획과 기도가 전제되지 않으면 안된다. 주님은 말씀하시기를 한 생명이 천하보다 귀하다고 하셨다. 복음 전도야 말로 가장 고귀한 일이 아닐 수 없다. 우리에게 이런 일을 맡겨주신 하나님께 감사와 영광을 돌려야 하겠다.

머지않아 우리는 이 세상을 떠날 것이다. 후회 없는 삶을 살아야 하겠다. "전하고 기도해" 날마다 찬송하면서 복음을 전하시기 바란다. 특히 금년에는 나라가 시끄러워 어느 때 보다도 복음 전도의 필요성을 절감하지 않을 수 없다. 하나님을 모르는 사람들은 죽음을 몹시 두려워 한다. 그러나 신자들은 죽음 저 너머에 천국이 있고 부활 영생이 있음을 알기에 두려움을 극복할 수 있다. 지금 많은 사람들이 하나님을 믿고 따르지만 그 중에는 믿음이 약한 사람들도 상당히 있다. 그래서 복음은 불신자들뿐만 아니라 신자들에게도 부단히 전파되어야 한다.

롬10:17에 "그러므로 믿음은 들음에서 나며 들음은 그리스도의 말씀으로 말미암았느니라"고 증거하고 있다. 신자들은 모름지기 복음을 듣고 전하는 영적인 삶을 살아야 한다. 신자들에게 한 가지 있어야 할 것은 전도에 대한 사명감이다. 예수 그리스도를 믿고 잘살게 해 달라고 복을 비는 것은 어디까지나 복음 전도를 위함이라는 사실을 알아야 한다. 복음전도 없는 부귀나 건강 승진등은 아무 의미도 없다는 것을 잊지 말아야 한다.

사랑하는 성도 여러분, 성탄절이 성탄절 되게 하는 첫째 조건은 아기 예수가 인류의 구세주 되심을 널리 전하는 것이다. 아기 예수가 이 땅에 오심은 만백성을 죄와 사망에서 구원하시려 하심인 것이다. 신자들은 주위의 사람들에게 아기 예수의 오심을 밝히 증거 해야 한다. 예수 그리스도를 믿으면 영생구원을 얻는다. 수많은 사람들이 죄악의 홍수에 휩쓸려 가고 있다. 복음 듣기를 갈망하는 영혼들이 우리를 기다리고 있다. 금년 성탄절은 구원의 기쁨을 노래하며 담대히 복음을 전하는 성탄절이 되도록 해야 하겠다.

7. 겟세마네의 기도
막 14:32-42

   하나님은 인간들이 어떤 생각을 가지고 하나님을 따르는지 다 아신다. 그럼에도 불구하고 전혀 모르시는 척 하신다. 만일 하나님이 일일이 밝히신다면 신자들이 놀랄 것이다. 무엇보다도 잘못된 생각을 가지고 따르는 자들은 더 이상 하나님을 따르지 않게 될 것이다. 그런데 이상한 것은 하나님의 침묵으로 말미암아 오히려 교회가 활기를 띄고 아무 문제가 없는 것처럼 굴러간다는 것이다. 교회가 알곡으로 구성되어 있어야 좋을 것처럼 생각되지만 사실은 그렇지 않다는 것이 성경의 가르침이다.

   교회는 성도들을 연단시킬 때 가라지를 필요로 하시기 때문에 교회를 알곡만으로 채우시지 않는다는 사실을 알아야 한다. 가라지가 있어야 문제가 생기고 문제가 생겨야 힘써 기도하기 때문에 가라지는 필요 불가결한 존재라고 할 수 있다. 이러한 원리를 잘 모르고 교회의 문제들을 풀려고 하면 자칫 실수할 수 있다. 교회의 문제는 인내와 사랑을 가지고 풀어야 한다. 논리에 맞지 않아도 서둘거나 인간적인 생각으로 문제 해결을 시도해서는 안된다.

   하나님은 인간들이 왜 문제가 생기면 당황하고 조급해지는지 안타깝게 여기신다. 물론 서둘러야 할 문제도 있을 것이다. 그러나 신자들은 모름지기 하나님께서 함께 하신다는 사실을 기억하고 침착해야 한다. 아무리 급한 일이라도 하나님의 장중에 있음을 잊지 말아야 한다. 그런데 한 가지 잊지 말아야 할 것은 어떠한 경우든지 해답이 있다는 것이다. 사람들은 그 해답을 찾으려고 안간힘을 쓰지만 하나님께서 주시지 않으면 찾을 수 없다는 사실을 알아야 한다. 하나님의 인도하심이 없이 서두는 것은 헛수고에 불과하다. 그래서 신자들은 마음에 여유를 가지고 처신할 수 있어야 한다. 하나님은 신자들에게 은혜를 베푸실 때 먼저 마음의 여유를 갖게 하시고 은혜를 베푸시기 때문에 신자들은 이점을 잊지 말고 먼저 자신을 다스릴 수 있어야 할 것이다. 누구나 하나님의 은혜를 받고 싶어 하지만 아무에게나 은혜가 주어지는 것은 아니다. 따라서 항상 마음의 준비가 되어 있어야 할 것이다.

본문을 보면 예수님께서 겟세마네 동산에서 기도하는 장면이 묘사되고 있다. 예수님은 자신이 십자가를 지는 것이 과연 하나님의 뜻인지 알고 싶어 하셨다. 그래서 세 차례의 간절한 기도를 드렸는데 무엇 보다도 하나님의 뜻은 예수님이 십자가를 지는 것이라는 확신을 갖게 되었다는 것이다. 기도의 응답을 받은 것이다. 여기에서 우리는 기도가 어떻게 응답되든지 받들어야 된다는 사실을 알 수 있다. 기도 응답이 내게 유리할 수도 있고 때로는 불리할 수도 있다. 그러나 기도자는 그 응답이 개인적으로 불리하다고 해도 받아들여야 한다. 하나님은 선하시기 때문에 모든 기도 응답이 합력하여 선을 이루게 하신다.

우리는 단견이지만 하나님은 멀리 보신다. 신자들은 하나님이 선하신 줄 믿어야 한다. 이러한 믿음이 있는 신자는 하나님이 어떻게 인도하시든지 따라 간다. 그러나 신자들이 하나님을 전적으로 믿지 못하면 아무 일도 할 수 없다. 그래서 하나님은 신자들에게 믿음을 요구하신다. 믿음이란 하나님을 하나님 되게 하시는 매우 중요한 것이다.

하나님은 사람을 보실 때 외모나 지식이나 경험이나 그 어떠한 것도 보시지 않고 믿음을 보신다는 사실을 알아야 한다. 믿음은 하나님이 일하실 수 있도록 맡긴다는 의미가 있기 때문에 하나님은 신자들이 믿음으로 나올 때 일하시지 않을 수 없는 것이다. 어떠한 일이든지 하나님께 맡겨지면 하나님이 해결 하신다. 하나님은 신자들이 맡겨 주시는 일들을 차례차례 처리하신다. 다시 말하면 믿음으로 기도하고 의심치 아니하면 다 이루어 주신다.

하나님은 신자들이 열심을 품고 하나님을 섬길 때 결코 헛되지 않게 하신다. 게으른 자는 아무것도 얻을 수 없지만 부지런한 자는 많은 것을 얻게 된다. 심은 대로 거두게 하시는 은혜를 잊지 말아야 한다. 지금 많은 사람들이 천국을 향해 달려가고 있는데 끝까지 달리는 사람이 있고 도중에 주저앉는 사람도 있을 것이다. 여기에서 우리는 낙오자가 되지 않기 위해 하나님의 도우심을 구하여야 한다. 물론 하나님의 도우심 없이는 아무도 천국에 들어가지 못한다. 그러나 힘써 하나님의 도우심을 구하는 자는 마치 열차에 몸을 실은 것처럼 힘 안들이고 천국에 들어갈 수 있다는 사실을 알아야 한다.

우리는 자신도 모르는 사이에 한 걸음 한 걸음 천국으로 발걸음을 옮기고 있다는 사실을 잊지 말아야 한다. 그런데 또 한 가지 기억해야 할 것은 아무리 신자라 할지라도 하나님이 인도하실 때 따르지 아니하면 은혜를 받지 못한다는 것이다. 어떤 사람은 말씀에 순종해야 하나님의 은혜를 받는다는 사실을 망각하고 제멋대로 하면서 하나님의 은혜를 받으려고 한다. 하나님은 신자들에게 은혜를 베푸실 때 일정한 기준이 있다는 것을 알아야 한다. 그래서 예수 믿고 복 받는 사람이 있고 그렇지 못한 사람도 있다. 결국 예수 그리스도를 바로 믿으면 복을 받고 형식적으로 믿으면 복을 받지 못한다는 말이다.

천국 복음이 전파되려면 하나님의 말씀이 가감 없이 전파되어야 한다. 하나님의 말씀을 듣기 좋게 전하려고 변형시키면 성령님께서 역사하시지 않는다. 여기에 복음의 비밀이 있다. 복음 전도자는 철저하게 말씀을 액면 그대로 전해야 한다. 하나님께서 왜 세상에서 유식한 자들을 쓰시지 않고 부족한 자들을 쓰시는지 깊이 생각해 보아야 한다. 유식한 자들은 자칫 자기를 나타내기 쉽기 때문에 하나님의 영광을 가리지만 부족한 자들은 나타낼 것이 없으므로 하나님의 영광을 가리지 않는다.

예수님이 제자를 선택하실 때 대부분 어부들을 선택하신 이유를 알아야 한다. 하나님 앞에 쓰임을 받는 사람들을 보면 겸손한 자들임을 알 수 있다. 하나님은 항상 겸손한 자들을 찾으신다. 사람은 하나님께 쓰임 받을 때 가장 아름답다. 세상에서는 쓰임을 받지 못해도 하나님께 쓰임을 받는 자가 있고 세상에서 쓰임을 받는 자가 하나님께는 쓰임을 받지 못하는 자가 있다. 이는 세상과 하늘나라는 그만큼 차이가 있다는 말이다.

어떤 사람은 세상에서도 쓰임을 받고 하늘나라에서도 쓰임을 받는다고 말하기 쉽다. 예를 들면 신자들이 고위층에 있게 되면 세상일도 하고 하나님의 일도 할 수 있다고 할 것이다. 그러나 엄밀히 분석해 보면 그렇지 않다는 것이다. 고위층에 있던 하위 층에 있던 하늘나라 일을 하는 사람은 하고 하지 않는 사람은 하지 않는다는 것이다. 다시 말하면 하나님의 일을 하느냐 하지 않느냐에 달려 있지 직위에 달려 있지 않다는 것이다.

물론 직위에 따라 복음전도 대상자는 달라질 수 있을 것이다. 그런 의미에서 신자들의 직위가 다양할 필요가 있는 것은 사실이다. 여기에서 우리는 이왕이면 고위직에 있으면서 복음을 전하는 편이 낫겠다고 생각할 수 있다. 이것을 가리켜 세상에서도 쓰임을 받고 하나님께도 쓰임을 받는다고 표현할수가 있겠지만 그러나 고위층으로 갈수록 하나님의 일을 하기가 힘들어 진다는 사실을 잊지 말아야 한다. 세상에 크게 쓰임을 받을수록 하나님의 일은 멀어 진다는 것을 알아야 한다. 예수님을 바라보라! 사도 바울을 바라보라! 전혀 세상에 쓰임을 받지 못했지만 하나님께 크게 쓰임을 받지 않았는가!

사랑하는 성도 여러분, 인류 역사에 크게 쓰임을 받은 사람이 많지만 다 잊혀 져 가지 않습니까. 그러나 하나님께 쓰임을 받은 사람들은 날로 새로워 지고 있다. 여러분들은 어느 편을 택하시겠는가? 예수님은 겟세마네 동산에서 간절한 기도로 인류를 구원하는 대업을 이루셨다. 우리 모두 힘써 기도하여 많은 영혼들을 하나님께로 인도하는 삶을 살아야 하겠다.

8. 겨자씨의 비유
막 4:30-32

    왜 하나님이 인간들에게 예수 그리스도를 믿으라고 하시는지 우리는 다시 한 번 생각 해 보지 않을 수 없다. 하나님은 자신의 형상을 닮게 창조된 인간들이 구원받지 못하고 지옥에 떨어지는 것을 몹시 안타깝게 여기신다. 그래서 인간들이 구원받는 길을 열어 놓으시고 그리로 들어가라고 외치신다. 여기에서 우리는 하나님의 그 지극한 사랑을 깨닫지 않으면 안 된다. 어느 누가 우리를 이끌어 주며 어느 누가 우리를 생각해서 구원의 비밀을 알게 해 주겠는가. 아마 하나님께서 손을 쓰시지 않았다면 아무도 구원받지 못하고 비참한 신세가 되었을 것이다.

    천국과 지옥은 오래 전부터 인간들의 입에 오르내렸지만 아무도 정확한 실체를 밝히지 못하고 있다. 그 이유는 하나님께서 베일에 가려 두시고 밝히시지 않으시기 때문이다. 인간들은 하나님의 존재조차 희미하게 알 뿐 그 분의 하시는 일에 대해서는 더 더욱 모른다고 할 수 밖에 없다. 물론 성경을 보면 하나님이 어떤 분이신지 알 수 있다고 하지만 그러나 구체적으로 하나님을 알 수는 없다. 그분의 하시는 일도 지금 인간에게 꼭 필요한 부분만 나타날 뿐 베일에 싸여 있다. 그만큼 하나님은 신비한 분이시다. 하나님은 재림

하실 때까지 지금처럼 인류의 역사를 통치하실 것이다. 만일 사람들이 하나님의 이러한 섭리를 무시하고 제멋대로 행한다면 하나님의 책망을 면치 못할 것이다.

본문을 보면 하나님의 나라가 어떻게 성장하는지 잘 나타내주고 있다. 하나님의 나라는 아무리 작게 시작되어도 그 결국은 창대하게 될 것이라는 것이다. 따라서 지금 소형 교회들도 낙심할 필요가 없다. 어떤 신자들은 왜 이렇게 개척교회가 많은지 모르겠다고 염려를 하나 조금도 염려할 것이 없다. 하나님은 시대에 따라서 대형 교회가 많게 하시기도 하고 경우에 따라서는 소형 교회들이 힘들게 존재 하도록 내버려 두시기도 한다. 그 이유는 하나님만이 아시는 비밀이라고 할 수 있다.

인간은 하나님을 아는데 한계가 있다. 그럼에도 불구하고 인간들은 하나님을 마치 잘 아는 것처럼 생각하고 또 그렇게 행동한다. 그러나 아무리 몸부림을 쳐도 하나님은 측량할 수 없는 분이시다. 그러면 어떻게 하나님의 일을 할 수 있다는 말이냐고 할 것이다. 여기에서 우리는 하나님의 일을 하려면 하나님을 알아야 하고 또 하나님과 교통할 수 있는 길이 있어야 한다고 주장 할 수 있다. 물론 틀린 말은 아니다.

다만 하나님 편에서 사람들이 하나님의 일을 할 수 있도록 역사하시지 않으면 아무것도 할 수 없다는 말이다. 따라서 하나님의 일을 하는 사람들은 철저하게 하나님의 인도하심을 받지 않으면 안 된다는 것이다. 결국 사람이 하나님의 일을 하는 것이 아니라 하나님이 사람을 움직여서 하나님의 일을 하게 만드신다는 것이다. 하나님께 쓰임을 받는 사람의 경우 지금 하나님이 무엇을 하시려고 하는구나 하고 알고 행하는 사람은 없다고 해야 할 것이다.

목회자의 경우 설교를 하도록 하시니까 하는 것이지 그 설교를 통해서 무엇이 어떻게 이루어   지는지 아는 사람은 아무도 없다. 객관적으로 주어진 일들을 하면서 그것이 마치 하나님의 일인 것처럼 생각하기도 하나 엄밀하게 분석해 보면 그것이 하나님의 일이라고 할 수 없다는 것이다. 왜냐하면 씨를 뿌리고 물을 주는 경우 자라게 하시는 분은 하나님이시라고 증거하고 있는데 씨를 뿌리고 물을 주는 일은 하나님의 일이 아니라 사람의 일이라고 해야 마땅하다는 것이다.

일반적으로 복음 전도를 하나님의 일이라고 말하고 있는데 따지고 보면 복음 전도를 듣고 회개하고 하나님께로 돌아오게 하시는 것이 하나님의 일이지 복음전도 자체는 사람의 일이라는 것이다. 물론 복음전도가 있어야 회개케 하시는 하나님의 일이 뒤따르기 때문에 복음 전도를 하나님의 일이라고 하기도 하지만 하나님의 일과 사람의 일은 마땅히 구분되어야 한다. 사람들이 하나님의 뜻을 알 수 있다면 더욱 잘 받들 수 있을 것이라고 생각하기 쉽다. 그러나 하나님은 그렇게 생각하지 않으신다.

예를 들면 어떤 사람이 사업을 하는데 하나님께서 그 사업을 원치 않으신다는 것을 알게 되면 겸손한 마음으로 포기해야 하는데 일반적으로 그렇지 못하고 하나님께 영광 돌릴테니 그 사업이 성공하게 해 달라고 매달린다는 것이다. 하나님은 영광 받으시려고 그 사업을 하지 말라고 하시는데 사람들은 자기 생각대로 되어야 영광을 돌리겠다는 것이다. 그래서 하나님은 일반적으로 자신의 뜻을 내 보이지 않으시고 은밀한 중에 이루어지게 하셔서 영광을 돌리게 하신다.

간혹 예언자등을 통해서 하나님의 뜻을 비춰기도 하시지만 그러나 그것은 지극히 미미한 부분에 불과하고 일반적으로는 하나님의 뜻이 은밀한 중에 이루어진다는 사실을 알아야 한다. 아무도 하나님의 뜻을 알아서 헌신한다고 할 수는 없고 하나님께서 인도하시면 자연스럽게 헌신하게 된다는 것이다. 그래서 신자들은 겸손한 마음으로 하나님을 따라야 한다. 비록 신자들이 거듭났다고는 하지만 타락한 존재이기 때문에 하나님을 온전하게 섬긴다는 것은 불가능한 일이다. 다만 하나님께서 인도하실 때 순종하기만 하면 하나님은 그것으로 흡족해 하신다는 것이다.

왜 하나님께서 신자들에게 은혜를 베푸시는지 그 이유를 생각해 볼 필요가 있다. 무엇보다 하나님은 사랑이시기 때문이다. 하나님의 사랑은 인간들이 상상할 수 없는 그런 사랑이다. 하나님의 사랑을 가장 잘 나타낸 것이 십자가의 죽음이다. 우리를 대신해서 십자가에서 죽으신 하나님이 무엇인들 못주시겠는가. 이 사랑을 깨닫기 전에는 왜 하나님이 우리에게 은혜를 베푸시는지 참으로 이해할 수 없다는 사실을 알아야 한다.

하나님이 세상을 다스리실 때 사람들이 모두 알 수 있게 다스리신다면 좋을 것 같아도 그렇게 되면 매우 심각한 문제가 발생할 것이다. 예를 들면 누구는 언제 데려가시고 누구는 병이 악화돼서 죽을 것이라는 것등이 밝혀진다면 울고불고 난리가 날 것이다. 왜 하나님이 이렇게 하시느냐고 원망 불평이 하늘을 찌를 것이다. 그래서 하나님은 사람들이 조금 답답해 할 것을 아시면서도 모르는 척 하시고 은밀하게 이끌어 가신다.

하나님은 인간들이 행복하게 살기를 원하신다. 그리고 그 방법도 아신다. 우리가 하나님을 전적으로 믿고 따르기만 한다면 행복한 삶을 살 수 있을 것이다. 어떤 사람은 비록 하나님을 알지 못해도 행복한 삶을 살았다고 기염을

토한다. 안타까운 노릇이다. 행복이 무엇인지 모르니까 그런 말을 하는데 어떻게 하나님을 모르고 행복을 논할 수가 있겠는가.

행복은 하나님의 인도와 도우심 속에서 사는 것을 말한다. 아무리 건강하고 돈이 많고 고위층으로 살았다고 해도 자기 멋대로 산 人生은 하나님의 심판을 받아야 하기 때문에 결코 행복한 삶이라고 할 수 없다. 여기에서 우리는 왜 하나님이 신자들에게 복음을 전하라고 하시는지 깨닫지 않으면 안된다. 복음을 듣고 구원받아 하나님의 심판을 면하게 해주지 않으면 누구를 막론하고 지옥불에 떨어지기 때문이다.

사랑하는 성도 여러분! 천국은 추상적인 곳이 아니다. 예수 그리스도께서 하늘나라에 대해 가르치신 것은 일점일획도 틀림없이 다 이루어질 것이다. 세상은 오묘하게 얽혀서 언뜻 보면 뭐가 뭔지 모르겠다고 할 것이다. 그러나 하나님은 한 치의 빈틈도 없이 세상을 이끌어 가신다. 조금도 염려하지 말고 오직 겸손한 마음으로 하나님을 따르면 반드시 승리하는 삶을 살게 될 것이다.

9. 부활하시다

눅 24:1-12

하나님은 사람들이 죽음을 무서워하고 있다는 사실을 잘 알고 있다. 사람이 죽음이 없다면 좋을 것 같아도 그렇지 않다는 사실을 알아야 한다. 간혹 T.V 같은 것을 보면 장수하는 사람들을 볼 수 있다. 머리는 모시 같고 이는 빠져서 합죽이가 되었는데 그래도 생에 애착이 있는지 죽고 싶다는 사람은 하나도 없다. 아무리 어렵게 살아도 살려고 몸부림치지 생을 포기 하지는 않는다. 죽음 저 너머에 천국이 있다 해도 이 세상에서 더 살겠다는 것이다. 왜 힘들고 어려운 세상인데 더 살려고 하는지 생각해 볼 필요가 있다. 아무도 이 비밀을 알 수 없다.

하나님은 사람들이 살려고 몸부림치는 것을 보시고 고개를 끄덕이신다. 특히 신자들 까지도 예외가 아니라는 것이다. 만일 신자들이 천국이 있다고 서둘러 이 세상을 떠나려고 한다면 복음이 더 잘 전파될는지 모른다. 그런데 하나님은 복음이 전파되기를 원하시면서도 그렇게 하시지 않는다. 여기에서 우리는 하나님의 지혜와 능력을 찬양하지 않을 수 없다. 하나님이 사람들에게 삶의 애착을 갖게 하셨기 때문에 아무리 천국에서 손짓해도 움직이지 않는다. 하나님이 부르시면 우리는 언제고 떠나야 한다. 그래도 떠나는 순간까지 생을 포기하지 않는다. 어쩔 수 없으니까 떠나가지 죽음을 기쁨으로 맞는 사람은 없다.

본문을 보면 막달라 마리아와 다른 여자들이 안식 후 첫날 예수님의 무덤에 갔는데 무덤 문은 열려 있고 예수님의 시체가 보이지 않았다고 증거하고 있다. 그리고 두 천사가 여자들에게 예수님이 다시 살아 나셨다고 말하면서 안심시키는 것을 볼 수 있다. 인류 역사상 죽었다가 다시 살아난 사람은 흔하지 않다. 그런데 성경은 분명 그런 사람들이 있다고 증거하고 있다. 한 가지 이상한 것은 그들이 한결같이 죽어 있을 때의 일에 대해 함구하고 있다는 사실이다. 천국을 향해 가는 사람들이라면 무엇보다 천국이 어떻게 생겼느냐고 물었어야 하지 않겠느냐는 것이다. 그런데 성경은 자연스럽게 침묵하고 있다는 것이다.

본문 5-6절을 보면 "여자들이 두려워 얼굴을 땅에 대니 두 사람이 이르되 어찌하여 산자를 죽은 자 가운데서 찾느냐 여기 계시지 않고 살아나셨느니라 갈릴리에 계실 때에 너희에게 어떻게 말씀하신 것을 기억하라"고 하셨다. 사람이 살다가 죽는 것을 모두 당연시 하고 있다. 왜냐하면 그렇게 보아 왔기 때문이다. 그럼에도 불구하고 하나님은 간혹 죽은 자를 다시 살리기도 하셨다는 것이다. 물론 거기에는 그만한 이유가 있겠지만 하여튼 신비한 일이 아닐 수 없다. 여기에서 우리는 사람이 죽고 사는 일에 대해 생각해 볼 필요가 있다.

히9:27을 보면 "한 번 죽는 것은 사람에게 정하신 것이요 그 후에는 심판이 있으리니" 하였다. 사람은 모두가 죽는다. 아마 사람이 죽지 않고 계속 산다면 큰 문제가 발생할 것이다. 다시 말하면 태어나기만 하고 죽지 않는다면 지구가 몇개 더 있어야 할 것이다. 그 밖에도 의식주 문제등 지금과는 전혀 다른 엉뚱한 문제들이 발생할 것이다. 그래서 죽음은 저주 같이 보일지 몰라도 깊이 생각해 보면 은혜인 것이다. 하나님은 인류 역사를 이끄실 때 오묘한 방법 으로 이끄시기 때문에 조금도 이상하게 생각할 것이 없다. 다만 우리들이 깨닫지 못하고 있을 따름이다. 왜 사람들이 그토록 영생을 갈망하면서도 영생의 길로 인도하면 오히려 거부하는지 안타까운 노릇이다.

본문은 예수 그리스도께서 죽으셨다가 삼일 만에 다시 살아난 장면을 묘사하고 있다. 예수님은 십자가를 지시기 전 여러 차례 대제사장과 장로들에게 잡혀 십자가에 달려 죽게 되고 제 삼일에 다시 살아날 것이라고 예언 하셨다. 그리고 그 예언대로 부활하신 것이다. 예수님의 부활은 모든 인류가 부활할 것을 예표하고 있다. 따라서 우리 신자들은 종말 때 육을 가진 몸으로 부활하게 될 것이다. 기독교 종교에 부활이 없다면 굳이 예수 그리스도를 믿을 필요가 없었을 것이다.

기독교는 부활의 종교이다. 오늘 부활절을 맞이해서 여러분들은 부활의 확신을 가지고 담대히 살아가시기 바란다. 부활을 믿는 신자는 담대해 질 수 있다. 그 이유는 죽음이 두렵지 않기 때문이다. 모든 신자들은 부활 신앙으로 무장되어야 한다. 하나님은 우리들에게 부활이 있다고 가르쳐 주심으로 우리의 삶이 눈에 보이는 현세에 그치지 않는다는 사실을 깨우쳐 주신다. 무엇보다도 신자들은 내세를 의심하지 않는다. 다만 구체적으로 알지 못할 뿐 현세와 내세가 연결되어 있다는 사실을 의심하지 않는다.

하나님은 인류 역사가 끝이 있고 그 끝에 부활이 있다고 가르쳐 주신다. 이 진리를 믿는다면 세상을 아무렇게나 살지 않는다. 신자들 중에는 부활보다도 우선 당장 건강하고 잘 살고 그랬으면 좋겠다고 생각하는 사람들이 있을 것이다. 영생을 원한다면 영생에 초점을 맞추어야 하는데 내 마음대로 살면서 영생하고 싶다고 하니 안타까울 뿐이다. 지금 많은 사람들이 천국을 향해 달려가고 있는데 거꾸로 뛴다면 갈수록 영생이 멀어 진다는 사실을 알아야 한다. 그래서 하나님은 쉬지 않고 신자들을 말씀으로 인도하신다. 물론 하나님을 모르는 사람이 어떻게 살든, 어떤 결과를 초래하든 어쩔 수 없다고 포기 할 수도 있다. 그러나 하나님은 신자들을 통하여 그들도 천국 대열에 들어서기를 원하신다.

주를 위해 사는 사람이나 자신을 위해 사는 사람이나 모두 종말을 향해 달려간다. 누구도 멈출 수 없다. 뿐만 아니라 아무도 가보지 않은 신비의 세계이기 때문에 천국은 동경의 대상이 되고 있다. 하늘나라에 대해 성경은 여러 모양으로 증거하고 있지만 그러나 구체적으로 증거하고 있지는 않다. 이 세상을 사는 성도들에게 도움이 되지 않기 때문이다.

사랑하는 성도 여러분, 영생보다 더 귀한 것이 어디 있는가. 오늘 부활을 생각하게 하시는데 부활을 소망하면서 기쁨으로 모든 어려움을 극복해 나가시기 바란다. 부활 신앙을 가진 자는 죽음까지도 극복한다. 부활 영생이 우리의 목표이다. 아무리 힘들게 이 세상을 산다고 할지라도 영생 할 수만 있다면 무엇이 문제이겠는가. 지금의 육체로는 영생 할 수가 없기 때문에 영생 할 수 있는 부활의 육체로 갈아입어야 한다. 이 시간 여러분들이 깊이 생각하시고 영생의 길로 힘 있게 전진할 수 있기를 바란다.

10. 칠십 제자 파송
눅 10:1-16

하나님은 사람들이 복음을 듣고 회개하고 돌이켜 생명길로 나가기를 바라신다. 아무리 인생을 성공적으로 살았다 해도 영생 구원을 얻지 못하고 지옥에 떨어진다면 무슨 소용이 있겠는가. 그럼에도 불구하고 사람들은 천국과 지옥은 먼 나라의 이야기로 듣고 목전의 일에 급급하다. 우리들은 여기에서 한 가지 중요한 사실을 발견할 수 있다. 사람들이 조급해져 있다는 것이다. 성령의 열매 중에 "오래 참음"이 있다. 인내하지 않으면 구원도 얻을 수 없다. 사단은 교묘한 방법으로 신자들이 인내하지 못하도록 유혹한다. 한 가지 잊지 말아야 할 것은 사단이 수작을 부릴 때 먼저 이 약점을 노린다는 사실을 알아야 한다. 조급한 마음을 품으면 넘어지기 쉽다. 그러므로 신자들은 침착해야 한다.

지피지기면 백전백승 이라는 말이 있다. 상대를 알아야 승산이 있다. 사단 마귀는 격하게 만들고 혈기를 부리게 하고 조급한 마음을 품게 한다. 그래서 스스로 넘어지게 만든다. 신자들 이 사단과의 싸움에서 이기려면 이 점을 유념해야 한다. 스스로를 다스리지 못하면 승리할 수 없다. 한 가지 중요한 사실은 혼자 싸우려고 하지 말고 얼른 성령님의 도우심을 구하여야 한다. 싸움이 시작 되면 쉽게 발을 빼지 못한다. 신자들의 힘만으로는 어림도 없다. 결국 패하거나 아니면 성령님의 도우심을 받아 승리하거나 둘 중의 하나이다.

본문 1절을 보면 "이후에 주께서 달리 칠십 인을 세우사 친히 가시려는 각 동 각처로 둘씩 앞서 보내시며" 했다. 둘씩 조를 짜서 보내신 것을 볼 수 있다. 복음 전도의 중요성이 강조되고 있다. 혼자보다는 둘이 더 효과적이라는 것이다. 아무리 전도가 좋아도 준비 없는 전도는 실패 할 수밖에 없다. 한 가지 주의해야 할 것은 철저히 성령의 인도하심을 따라야 한다는 것이다. 전도를 하면서 사정을 하는 것은 금물이다. 또 복음을 받아들이지 않을 경우 메달리지 말고 돌아 서라는 것이다.

본문 10-11을 보면 "어느 동네에 들어 가든지 너희를 영접지 아니하거든 그 거리로 나와서 말하되 너희 동네에서 우리 발에 묻은 먼지도 너희에게 떨어버리노라 그러나 하나님의 나라가 가까이 온 줄을 알라 하라" 했다. 죄인들이 복음을 듣고 회개하고 돌아 와야지 거꾸로 매달 리게 되면 성령님께서 역사하시지 않는다. 상대방을 불쌍히 여기는 마음으로 복음을 전해야 한다.

하나님은 사람들이 복음을 전할 때 마음을 열어 복음을 받아들이도록 역사하신다는 사실을 알아야 한다. 사람들끼리 복음을 주고받는 것이 아니라는 사실을 알아야 한다. 그렇다면 기도할 필요도 없을 것이다. 전도자들이 특히 주의해야 할 것은 조급한 마음을 품지 말라는 것이다. 인내 없이는 복음 전도를 기대할 수 없다. 그리고 많은 열매를 맺으려고 서둘지 말아야 한다.

잠16:9에 "사람이 마음으로 자기의 길을 계획할지라도 그 걸음을 인도하는 자는 여호와시니라"고 했다. 사람이 세우는 계획은 완전할 수 없다. 따라서 하나님은 그런 계획들이 조화를 이루도록 걸음을 인도하신다. 자기주장을 고집하는 사람은 깊이 생각해 볼 필요가 있다. 하나님은 어느 한 편만을 생각지 않으신다. 아무리 사소한 일이라 해도 하나님은 묵과하시지 않는다. 이 점을 잊지 말아야 한다. 그런데 이상한 것은 사람들이 하나님을 의식하지 않는다는 것이다.

성경을 보면 복음을 전하라고 수도 없이 강조하고 있다. 성경을 읽으면서도 음성을 듣지 못하고 있다. 그래서 성경이 신비의 책이라는 것이다. 복음 전도에 쓰임을 받는 사람은 성경을 통해서 말씀하시는 음성을 듣는다. 그리고 실천에 옮긴다.

본문을 보면 예수님이 70제자들에게 복음을 전하라고 하신다. 전도 방법까지 가르쳐 주셨다. 70 제자들은 명령대로 복음을 전했다. 예수님은 제자들이 복음을 전하도록 하시고 아무도 모르게 그들의 사역을 인도 하셨다. 여기에서 우리는 성령의 인도하심 없이는 복음사역을 감당할 수 없다는 사실을 알아야 한다. 그런데 사람들은 지식과 경험을 앞세우고 성령님의 인도하심에 순종하지 않는다. 아무리 유창한 복음 전도라 할지라도 성령의 역사가 없이는 열매를 맺지 못한다. 사도 바울은 철저히 성령님의 인도하심을 따랐다. 내 생각과 방법에 의존하게 되면 자칫 역효과를 낼 수 있다.

행16:6-10을 보면 "성령이 아시아에서 말씀을 전하지 못하게 하시거늘 브루기아와 갈라디아 땅으로 다녀가 무시아 앞에 이르러 비두니아로 가고자 애쓰되 예수의 영이 허락지 아니하시는 지라 무시아를 지나 드로아로 내려 갔는데 밤에 환상이 바울에게 보이니 마게도냐 사람 하나가 서서 그에게 청하여 가로되 마게도냐로 건너와서 우리를 도우라 하거늘 바울이 이 환상을 본 후에 우리가 곧 마게도냐로 떠나기를 힘쓰니 이는 하나님이 저 사람들에게 복음을 전하라고 우리를 부르신 줄로 인정함이러라"고 했다. 이 말씀을 보면 얼마나 철저히 성령님께서 인도하고 계신지 잘 알 수 있다. 따라서 복음을 전하는 사람들은 성령님께서 어떻게 인도하시는지 헤아릴 수 있어야 한다.

믿음이 깊지 못하거나 성령이 충만하지 못한 사람들은 담대히 복음을 전할 수 없다. 그 이유는 복음의 확신과 두려움을 없이 하는 성령의 역사가 있어야 하는데 그러한 역사가 따라 주지 않기 때문이다. 물론 구체적인 성령의 인도하심을 깨닫지 못해도 복음을 전하고 싶은 마음이 생길 때가 있다. 그럴 때는 성령님께서 복음을 전하라고 하시는구나 하고 입을 열면 된다. 한 가지 주의해야 할 것은 성령의 인도하심과 사람의 생각이 구별되지 않을 때도 있다는 것이다. 그런 경우에도 복음은 증거되어야 한다. 그리고 어떤 열매를 맺든 지나치게 구별하려고 애쓸 필요가 없다. 왜냐하면 즉석에서 열매 유무를 확인 할 수 있는 경우가 많지 않기 때문이다. 사람들은 자기가 전한 복음이 열매로 나타나기를 바란다. 그러나 하나님은 많은 사람들이 참여 하도록 역사하시는 것을 볼 수 있다.

요4:37-38을 보면 "그런즉 한 사람이 심고 다른 사람이 거둔다 하는 말이 옳도다 내가 너희로 노력하지 아니한 것을 거두러 보내었노니 다른 사람들은 노력 하였고 너희는 그들의 노력한 것에 참예하였느니라" 하였다. 따라서 신자들은 목전의 열매에 급급해서는 안된다. 어떤 사람은 복음을 전할 때 성령님께서 인도하심을 깨닫지 못하고 자신의 경험과 생각대로 하는 경우가 있는데 안타까운 일이다. 복음을 전하려면 반드시 복음 내용이 함축적으로 담겨 있어야 하는데 정곡을 찌르지 못하고 변죽만 울리는 경우가 있어 효과를 나타내지 못할 때가 많다. 복음 전도의 핵심은 죄와 사망 그리고 믿음과 죄 용서, 영생이라고 할 수 있다. 아무도 모르게 죽은 영혼이 소생되지만 근본적으로 예수 그리스도를 믿는 믿음이 없이는 구원을 받을 수 없다. 구원받으면 하나님과 교통이 시작된다.

사랑하는 성도 여러분, 하나님은 여러분들이 구원의 확신을 가지고 복음 전하기를 원하신다. 주저하지 마십시오. 수많은 사람들이 여러분들을 기다리고 있다. 사도 바울은 복음을 위하여 순교까지 한 사람이다. 그런데 그가 고전15:31 에서 "형제들아 내가 예수 그리스도 우리 주 안에서 가진 바 너희에게 대한 나의 자랑을 두고 단언하노니 나는 날마다 죽노라"고 하였다. 복음을 위해서 날마다 죽는 것을 자랑하고 있다. 여러분 모두 성령님의 인도하심을 따라 복음 전하는 삶을 사시기 바란다.

11. 독생자를 주셨으니
요 3:16-21

아무도 세상을 성공적으로 살았다고 단언할 수 없다. 그 이유는 기준이 정해져 있지 않기 때문이다. 어떤 사람은 돈을 내세우기도 하고 명예나 권세 건강 등을 내세운다. 물론 성공한 사람이든 그렇지 못한 사람이든 한 세상을 살다가 떠난다. 여기에서 우리는 과연 인생이 무엇인지 깊이 생각해 볼 필요가 있다. 그런데 안타까운 것은 사람들이 헛된 것을 주목하고 있다는 것이다. 그렇다면 하나님을 아는 우리들이 어떤 삶을 살아야 할지 답이 나온 셈이다.

본문을 보면 어떻게 하면 구원을 받는지 잘 나와 있다. 16절 하반절에 보면 "그를 믿는 자마다 멸망하지 않고 영생을 얻게 하려 하심이라"고 하였다. 다시 말하면 예수 그리스도를 믿으면 구원 받는다는 말이다. 세상 모든 사람들이 방황하는 이유는 예수 그리스도를 제대로 믿지 않기 때문이다. 믿음 위에 굳게 서게 되면 어떻게 해야 되는지 깨닫게 된다. 결국 세상의 모든 문제는 믿지 않는데서 비롯된다고 할 수 있다.

지금 세월호 사건 때문에 많은 국민들이 매우 안타까워하고 있다. 그런데 이상한 것은 시간이 지남에 따라 생각지도 못한 일들이 벌어지고 있다.

정부에서는 진상을 조사하여 시시비비를 가리겠다고 나섰는데 야당과 유가족 측은 믿지를 못하겠다는 것이다. 그래서 여·야, 유가족 측 3자가 진상조사 위원회를 구성하여 문제를 해결하자고 한다. 언뜻 보면 그럴듯해 보인다. 그러나 여기에 보이지 않는 함정이 있다는 사실을 알아야 한다. 진상조사 위원회에 수사권과 기소권이 부여 되어야 한다고 요구 하고 있는데 간단히 넘어갈 문제가 아니다. 정부에서 잘 대처 하겠지만 신자들 또한 간절히 기도해야 한다.

아무도 앞날을 예측할 수 없다. 기도로 하나님의 도우심을 구하는 것은 문제 해결의 열쇠이다. 하나님은 문제가 있을 때 기탄없이 가지고 나오라고 하신다. 개인이든 국가든 하나님을 의지하는 자는 복을 받는다. 아무도 하나님을 가까이 하지 않는 한 복을 누릴 수 없다. 많은 사람들이 후회 없는 생을 살겠다고 몸부림을 치지만 하나님 편에서 보면 헛수고가 많다는 것이다. 여기에서 우리는 스스로를 돌이켜 보는 지혜가 있어야 되겠다.

본문 18절을 보면 "믿는 자와 믿지 아니하는 자"에 대해 기록하고 있다. 믿는 자는 심판을 받지 않고 믿지 않는 자는 심판을 받는 다는 것이다. 성경 전체를 요약한 말씀이다. 그런데 문제는 모든 사람이 다 예수 그리스도를 믿지는 않는다는 것이다. 일부는 믿고 일부는 믿지 않는다.

하루는 어떤 사람이 돼지를 몰고 가는데 돼지들이 뜻대로 움직여 주지 않으니까 앞으로 가서 콩을 한 두 개씩 떨어뜨려 이끌고 가는 것이었다. 세상 사람들이 눈앞의 것에 현혹되어 따라 가고 있는데 그 종점이 어디인지 심각하게 생각해 보지 않으면 안 된다. 돼지의 종점은 도살장이요 우매한 자의 종점은 지옥이다. 그럼에도 불구하고 거침없이 그 길을 간다. 여기에서 우리는 한 가지 주목해야 할 것이 있다. 아무리 애써도 마음대로 되지 않는다는 것이다. 아마 세상이 인간이 생각하는 것처럼 돌아가면 좋을 것 같아도 그렇지 않다는 것이다. 인간은 제각기 생각이 다르고 모두 자기중심으로 생각하기 때문에 하나 될 수 없다.

기도를 자세히 살펴보면 한 가지 이상한 점을 발견할 수 있다. 기도하는 사람들은 한결같이 무엇을 달라고 한다. 기도를 계속하는 이유는 응답을 받기 때문이라고 할 수 있다. 그렇다면 한 가지 문제가 대두 되는데 왜 거저 주시지 않고 기도를 통해 주시느냐는 것이다. 그 이유는 간단하다. 기도 없이 은혜를 받게 되면 하나님과 멀어진다는 사실이다.

사람을 두 종류로 나누어 생각할 수 있다. 첫째는 믿음으로 사는 사람이 있고 또 하나는 본능적으로 살아가는 사람이 있다. 그런데 이상한 것은 어느 한 편도 잘못 살았다고 후회하거나 하지 않는다는 것이다. 여기에 하나님의 신비가 숨겨져 있다는 사실을 알아야 한다. 하나님은 사람들이 어떤 선택을 하든 그 길에서 만족하며 살도록 섭리하신다. 다만 예수 그리스도를 믿고 따르도록 권면하시지만 받아들이지 않는다 해서 강제로 믿게 하시거나 가는 길을 가로막지 않으신다.

간혹 간증하는 것을 들으면 하나님이 사업도 가로막고 하는 일마다 않되게 하셔서 결국 예수님 품안으로 돌아왔다고 하기도 하는데 이는 가로 막은 것이 아니라 그렇게 인도하셨다는 사실을 알아야 한다. 왜 하나님이 속 시원하게 자신을 나타내 보여 주시지 않고 복음을 듣고 따라 오라고 하시는지 생각해 볼 필요가 있다. 예수님이 이 땅에 계실 때 수많은 사람들이 예수님을 보고 그의 말씀도 들었다. 그러나 예수님을 믿고 따르는 자들은 그리 많지 않았다. 아무리 기적을 보고 천국 복음을 듣는다 해도 택하신 백성 외에는 움직이지 않는다는 사실을 잊지 말아야 한다. 이 비밀을 깨닫지 못하면 결국 인간적인 방법으로 헛수고를 하기 때문에 기적도 보여 주시고 복음도 들려 주셨지만 다 따르지 않는다는 사실을 보여 주셨던 것이다.

초대 교회 때나 지금이나 마찬가지이다. 변한 것이 있다면 복음전도에 대한 열정이 차이가 있다고 할 수 있을 것이다. 어떤 사람은 복음을 전할 때 상대방의 감정을 상하지 않게 하려고 애를 쓰는데 이는 잘못된 복음전도 자세이다. 불쌍히 여기는 마음으로 죄를 회개하고 예수 그리스도를 믿으면 구원받는다고 강조해야 한다. 아무도 이 진리를 떠나서는 구원받지 못한다. 신자들 가운데는 예수 그리스도를 믿으면 복 받는다는 생각을 내세우는 자가 더러 있다. 물론 틀린 말은 아니다 그러나 예수 그리스도를 믿고 받는 복은 세속적인 복과 전혀 다르다. 이 사실을 제대로 깨닫지 못하면 바른 신앙생활을 할 수 없다. 그래서 세속적인 복을 달라고 기도하다가 얻지 못하면 등을 돌리는 경우도 나온다. 세속적인 복은 이기주의적이요 하나님께 영광을 돌리지 못하는 복이다. 하나님께서 주시는 복은 성경에서 약속하신 복인데 모두 하나님께 영광을 돌리는 복이다. 물은 높은 데서 낮은 데로 흐른다. 그런데 수증기는 낮은 데서 높은 데로 올라간다. 여기에서 우리가 알아야 할 것은 하나님의 섭리가 오묘하다는 것이다.

얼마 전에 있었던 일인데 벌써 사람들의 뇌리에서 사라져 가고 있지만 다시 한 번 돌이켜 보는 것이 바람직하다고 생각되어 언급하고자 한다. 지난 일이지만 전 노무현 대통령 자살 사건은 상상 밖의 일이 아닐 수 없다. 그 사건을 통해 비리에 대한 검찰 조사가 중단되고 말았지만 국민들은 더 이상 그에게 어떤 책임도 묻지 않았다. 죽음으로 대가를 치뤘다고 생각하는 것 같았다. 그러나 엄밀히 분석해 보면 그의 죽음은 한국 역사의 심각한 후퇴를 가져왔다고 할 수 있다. 왜냐하면 그와 함께 밝혀져야 할 것들이 묻혀 버렸기 때문이다.

사랑하는 성도 여러분, 본문에서 하나님은 왜 예수 그리스도를 이 땅에 보내 셨는지 그 이유를 밝히고 있다. 구약에서 예언하신대로 오셨을 뿐만 아니라 그분을 믿어야 구원을 받는다고 강조하신다. 누구든지 예수 그리스도를 믿기만 하면 구원 받는다는 진리를 담대히 전할 수 있어야 하겠다.

12. 길과 진리와 생명되신 예수님

요 14:1-6

　우리들은 세상에 살면서 많은 것을 경험하면서 살고 있다. 우리의 지식과 능력으로는 한계를 느끼지 않을 수 없다. 우리가 알지 못하는 것들이 너무 많고 상상조차 못해 본 일들도 많다. 어쩌면 주어진 삶의 테두리 안에서 맴돌다 가는 것이 인생인 줄 모른다. 여기에서 우리는 한 번쯤 자신을 돌아보는 지혜가 있어야 하겠다. 아무리 몸부림 쳐도 역사 속에 묻혀 버리고 아무 일도 없었다는 듯이 묵묵히 세상 열차는 달려간다. 왜 하나님이 살아 계시다면 흑백을 가리지 않고 덮어 나가실까, 생각해 볼 필요가 있다. 문제는 어느 편이 더 인간에게 유익이 되고 하나님께 영광을 돌리게 될까 하는 것인데 덮어 나가시는 것이 좋다는 것이다.

　예를 들면 세상 문제를 사사건건 들추시면 속 시원 하다고 할지 모르나 그렇게 되면 당하는 사람에게는 상당한 상처가 남게 되어 하나님을 외면하거나 크게 위축된 삶을 살게 될 것이다. 하나님은 지혜로도 명철로도 모략으로도 당치 못하실 분이라고 성경은 증거하고 있다. 그런 하나님이 아무 생각 없이 세상을 덮어 나가시겠는지 생각해 보지 않을 수 없다. 하나님은 세상을 이끌어 나가실 때 계획하신 뜻이 이루어지도록 이끌어 나가신다. 그렇기 때문에 하나님의 뜻을 모르는 사람은 전혀 세상을 이해하지 못한다. 하나님을 사랑하는 자들은 하나님이 어떻게 인도하시든 믿음으로 받아들인다.

본문 6절을 보면 "예수께서 이르시되 내가 곧 길이요 진리요 생명이니 나로 말미암지 않고는 아버지께로 올 자가 없느니라"고 증거하고 있다. 길은 여러가지 의미로 나누어 생각해 볼 수 있다. 사람이 다니는 길이 있는가 하면 짐승이 다니는 길도 있다. 비행기 길이 있고 열차 길도 있다. 자동차 길도 있고 뱃길도 있다. 의미상의 길도 많다. 성공하는 길도 있고 망하는 길도 있다. 목표를 달성한 사람은 성공했다고 할 수 있고 목표에 빗나간 사람은 망했다고 할 수 있다. 그런데 가장 중요한 길은 천국 가는 길이다.

천국 길에 들어선 사람은 엄밀하게 말하면 모두 성공한 사람이라고 할 수 있다. 왜냐하면 인생의 최대 목표가 구원 받는 것이라고 할 수 있기 때문이다. 왜 예수님이 자기를 가리켜 길이요 진리요 생명이라고 하셨는지 깨닫지 않으면 안된다. 천국 가는 길은 한 길 밖에 없다. 다시 말하면 천국 가는 유일한 길은 예수 그리스도를 믿는 길 밖에 없다는 것이다. 6절 하반절 에 "나로 말미암지 않고는 아버지께로 올 자가 없느니라" 하신 말씀이 이를 증거하고 있다.   세상에는 많은 종교가 있고 나름대로 논리를 펴고 있지만 천국 가는 길을 구체적으로 제시한 종교는 없다. 어느 종교를 믿든지 성실히 믿기만 하면 모두 구원 받을 수 있다는 사상이 고개를 쳐들고 있는데 이는 사탄이 교묘한 수작을 부리고 있는데 불과하다. 구원의 길은 오직 한 길 뿐이다. 또 예수님은 자신을 진리라고 말씀하셨다. 진리는 변하지 않는다. 다시 말하면 예수 그리스도는 어제나 오늘이나 영원토록 변함이 없다.

요1:1을 보면 "태초에 말씀이 계시니라 이 말씀이 하나님과 함께 계셨으니

이 말씀은 곧 하나님이시니라"고 증거하고 있다. 하나님은 자신이 말씀이라고 증거하고 있다. 하나님이 인간에게 자신을 나타내실 때 어떻게 나타내실 수 있는지 생각해 볼 일이다.

성경은 하나님을 소개한 책이다. 이 말은 하나님이 자신을 나타낸 책이라는 것이다. 기록된 하나님의 말씀 성경은 예수님 자신이라는 사실을 알아야 한다. 하나님이 인간에게 자신을 나타내 보여 주셨는데 그게 바로 하나님의 말씀이다. 예수 그리스도를 믿는 신자들은 말씀을 믿는 자들이고 말씀을 믿는 것은 예수 그리스도를 믿는 것이다.

성령님께서는 신자들에게 예수 그리스도를 구체적으로 알게 하신다. 달리 표현하면 성경 말씀을 구체적으로 깨닫게 하신다는 말이다. 어떤 신자는 이 진리를 깨닫지 못하고 예수 그리스도는 믿되 성경은 힘써 연구하지 않는다. 예수 그리스도를 알아야 제대로 믿을 수 있는데 성경을 가까이 하지 않으면서 어떻게 예수 그리스도를 잘 믿을 수 있다는 것인지 안타깝다. 설교와 성경 공부는 모두 예수 그리스도를 알게 해주는 방편이다. 각기 특징이 있기 때문에 어느 것이 좋다고 할 수 없다. 예수 그리스도를 알아야 복음을 전하지 예수 그리스도를 모르면 아무리 마음이 있어도 복음을 전할 수 없다.

교회가 복음을 잘 전하려면 역할 분담이 필요하다. 교역자는 복음을 잘 가르치고 신자들은 잘 듣고 흩어져 복음을 전하는 유기적인 관계가 잘 되어 있어야 한다. 요3:16절을 보면 "하나님이 세상을 이처럼 사랑하사 독생자를 주셨으니 이는 그를 믿는 자마다 멸망하지 않고 영생을 얻게 하려 하심이라"고 증거하고 있다. 이 말씀은 성경을 요약한 말씀이라고 이구동성으로 이야기하고 있는데 자세히 살펴보면 믿으면 구원 받는다는 것이다. 아무도 이 진리를 깨닫지 못하고서는 구원을 받을 수 없다.

성경 말씀은 진리요 예수 그리스도는 말씀이시기 때문에 예수님께서 나는 진리라고 하신 것이다. 예수님은 또 자신을 생명이라고 하셨다. 생명은 영생을 가리키는데 영원부터 영원까지 계시는 분은 예수 그리스도 이시다. 인간들은 유한한 삶을 살지만 하나님은 영원불변하시다 는 사실을 알아야 한다. 그래서 영원불변하신 하나님이 내 안에 계시면 영생 할 수 있는 것이다. 우리는 영생을 영원히 산다는 뜻으로 해석하기 쉽다. 그러나 성경은 단순히 존재하는 것을 영생이라고 하지 않는다. 영원한 생명이신 하나님과 함께 하는 삶을 가리켜 영생이라고 한다. 예수님은 그 안에 생명이 있다고 성경은 증거하고 있다.

딤후1:1을 보면 "하나님의 뜻으로 말미암아 예수 그리스도 안에 있는 생명의 약속대로 예수 그리스도의 사도 된 바울은" 이라고 증거하고 있다. 예수 그리스도는 생명의 원천이시다. 영원불변하시는 생명의 원천이신 예수님과 영원히 사는 것이 영생이다. 영생을 얻지 못한 자는 그 안에 생명이신 예수 그리스도가 없다. 뿐만 아니라 하나님을 부인하고 스스로 복음을 외면한다. 마음 문을 닫고 있는 자에게는 아무리 복음을 외쳐도 소용이 없다. 그런데 한 가지 주의해야 할 것은 때가 이르지 않아서 복음을 받아들이지 못하는 자들도 있다는 것이다.

사랑하는 성도 여러분, 예수님께서는 "내가 곧 길이요 진리요 생명이니 나로 말미암지 않고는 아버지께로 올 자가 없느니라"고 하셨다. 예수 그리스도를 믿지 않고는 아무도 천국에 들어갈 자가 없다는 것이다. 따라서 지금 내가 천국을 향해 가고 있는지 겸손히 자신을 돌아 볼 수 있어야 하겠다. 예수 그리스도께서 내 안에 계신지 스스로 자문자답해 보시기 바란다. 여기에서 우리는 어떤 자가 영생에 들어 갈 수가 있는지 알아야 한다는 것이다.

오직 예수 그리스도만이 우리의 구세주라는 사실을 잊어서는 안된다. 모두가 예수 그리스도를 믿고 천국에 들어가시기를 기원한다.

13. 하나님의 자녀가 되는 권세
요 1:1-13

왜 인간들이 하나님을 믿지 못하고 의심 가운데 헤매고 있는지 생각해 볼 필요가 있다. 물론 하나님이 보이지 않기 때문에 쉽게 믿어지지 않을 것이다. 그러나 보이지 않아도 나타나는 현상으로 말미암아 믿을 수 있기 때문에 전혀 불가능 하다고 할 수는 없을 것이다. 예를 들면 공기는 눈에 보이지 않지만 대류 현상 등을 통해서 공기가 있음을 믿을 수 있다. 마찬가지로 하나님이 보이지는 않지만 그분의 행하시는 일들을 살펴보면 하나님이 계시다는 사실을 믿을 수 있다. 문제는 하나님의 행하시는 일들이 어떤 것이냐 하는데 있다고 할 수 있다.

우리는 주변에서 얼마든지 하나님의 행하시는 일들을 찾을 수 있다. 예를 들면 사람이 태어나는 것을 보면 하나님께서 하시는 일임을 알 수 있다. 만일 사람이 태어나는 것이 사람의 일이라면 아들딸을 마음 놓고 구별해서 낳게 할 것이다. 그런데 하나님의 일이기 때문에 내 마음대로 할 수 없다는 것이다. 뿐만 아니라 자녀들을 내 마음대로 키울 수 없다는 것이다. 어느 정도 부모의 생각대로 되는 것 같아도 기대하는 대로 되지 않는다. 그래서 하나님께 기도하고 자녀들을 양육해야 하는 것이다.

오늘날 많은 사람들이 하나님을 섬기고 있지만 하나님의 뜻을 제대로 알고 받드는 사람은 그리 많지 않다. 그럼에도 불구하고 하나님의 뜻대로 세상이 진행된다는 것이다. 하나님은 사람들이 하나님의 뜻을 따르든 거부하든 合力하여 선을 이루도록 역사하신다. 어떤 사람은 신자들이 헌신하는 만큼 하나님의 뜻이 이루어지는 것 아니냐고 하지만 그렇지 않다. 신자들의 헌신이 하나님의 뜻을 이루는 것은 사실 이지만 신자들의 헌신만으로는 우주 만물을 다스리시는 하나님의 뜻을 다 이룰 수는 없다. 여기에서 우리는 하나님의 하시는 일이 무한하시다는 사실을 잊지 말아야 한다. 다만 인간을 통해서 하시는 일이 있고 사람을 통하지 않고 하시는 일이 있음을 알아야 한다. 그럼에도 불구하고 사람들은 하나님이 어디 계시냐고 막무가내다. 그런데 신자들은 하나님의 존재를 믿을 뿐만 아니라 그의 행하시는 일들을 의심하지 않는다.　아무도 하나님이 어떤 분이신지 다 알지 못한다. 불신자들은 막연하게 세상을 살고 있다. 그렇게 살다가 죽으면 그만이라고 생각한다. 그런데 성경은 죽음이 끝이라고 말하지 않는다. 히 9:27을 보면 "한 번 죽는 것은 사람에게 정하신 것이요 그 후에는 심판이 있으리니" 하였다. 만일 죽음으로 모든 것이 끝난다고 한다면 인간처럼 허무한 존재도 없을 것이다. 그런데 하나님은 신자들이 어떻게 생각하든 구애받지 않으시고 자신의 뜻을 이루어 가신다. 여기에서 우리는 하나님의 생각과 인간의 생각이 일치하지 않는다는 사실을 알아야 한다. 그럼에도 불구 하고 하나님은 자신의 생각대로 모든 일이 진행되도록 이끌어 가신다.

　　왜 하나님께서 인간들의 생각을 따르지 않고 자신의 생각대로 세상을 이끌어 가시는지 생각해 볼 필요가 있다. 사람들은 아무도 세상이 얼마나 잘못

되어 있는지 알지 못한다. 따라서 세상을 어떻게 이끌어 나가야 하는지 알 수 없다. 하나님이 아무것도 모르는 사람들에게 세상을 맡겨 두시겠는가. 언뜻 보면 세상이 저절로 굴러 가는 것처럼 보일지 모르나 하나님의 치밀한 계획과 인도 하에 흘러가고 있음을 잊지 말아야 한다. 사람들이 각기 제 길로 가려고 하지만 생각대로 다 되지는 않는다. 아무도 그 이유를 다 알지 못한다. 이렇게 세상은 간단하지 않다.

본문을 보면 "영접하는 자 곧 그 이름을 믿는 자들에게는 하나님의 자녀가 되는 권세를 주셨으니" 했다. 하나님의 자녀가 가지는 권세는 매우 크다. 세상에서도 대통령의 아들만 되면 엄청난 권세를 누린다. 하물며 우주 만물을 다스리시는 하나님의 아들의 권세는 상상조차 할 수 없다. 사람들은 하나님의 권세가 어떤 것인지 잘 모르는 것 같다. 그래서 막강한 권세를 가지고 있으면서도 전전긍긍한다. 하나님의 자녀들은 기도 생활을 한다. 무엇이든지 필요하면 달라고 한다. 하나님은 그 기도를 들으시고 응답해 주신다. 이보다 더 큰 권세는 없다. 전능하신 하나님의 손을 움직일 수 있다는 사실을 알아야 한다.

지금 많은 사람들이 기도 생활을 하고 있다. 하나님은 그들의 기도를 들으시고 인류 역사를 이끌어 가신다. 기도하면서 염려할 필요가 없다. 전혀 불가능해 보이는 일들도 기도로 이루어 진다. 하나님은 자녀들에게 기도의 큰 특권을 주시고 구하라고 하신다. 물론 기도해도 구하는대로 얻지 못할 때가 있다. 그러나 하나님은 생각하고 구하는 것보다 더 좋은 것으로 주시는 분이심을 잊지 말아야 한다. 때가 이르지 않았거나 구하는 것이 바람직하지 않을 경우에도 하나님은 책망하지 않으시고 귀를 기울이신다. 비록 조리있게 구하지 못해도 하나님은 중심을 감찰하시기 때문에 전혀 부담없이 기도할 수 있다. 이렇게 하나님의 자녀가 되면 큰 권세를 누릴 수 있다.

어떤 사람은 열심히 기도를 하고 은혜도 많이 받고 열매도 많이 맺지만 그렇지 못한 사람들도 있다. 그러나 하나님의 자녀가 되면 누구에게나 권세가 주어진다. 주어진 권세를 최대한 활용해서 큰 은혜를 받도록 해야 하겠다. 신자들이 이 비밀을 깨달아 힘써 기도하면 하나님의 영광을 나타낼 수 있다. 많은 사람들이 기도하면 은혜 받는다는 사실을 알면서도 힘써 기도하지 않는 것을 볼 수 있다. 그 이유는 기도의 응답이 눈에 띄게 나타나지 않기 때문이라고 할 수 있다. 그러나 자세히 살펴보면 얼마든지 기도가 응답되고 있음을 발견 할 수 있다. 다시 말하면 믿음의 눈으로 보면 하나님이 어떻게 기도에 응답하시는지 알 수 있다는 말이다. 아무튼 하나님의 자녀들은 하나님과 교통하면서 큰 권세로 하나님의 뜻을 이루어 가는 삶을 살고 있다는 사실을 알아야 한다.

하나님은 사랑하시는 자녀들이 하나님의 뜻을 받들기 위해 안간힘을 쓰고 있다는 사실을 다 아신다. 그래서 이 모양 저 모양으로 도우시며 은혜를 베풀어 주시고 열매를 맺게 하신다. 머지않아 천국에 이르게 되면 빛나는 면류관을 쓰게 하실 것이다. 내세를 모르는 사람들은 아무리 몸부림을 쳐도 한계가 있다. 잠시 그들이 신자들보다 앞서는 것 같아도 천만의 말씀이다. 서로 方向이 다르기 때문에 비교할 수도 없고 비교할 필요도 없다. 신자들은 묵묵히 하나님의 뒤를 따를 뿐이다.

그런데 최근 들어 기독교가 세속화 되어가는 경향이 있어 안타깝다. 복음을 전해야 할 시간에 복음 보다 세상적으로 유식한 이야기나 세상적인 복에 대해 이야기 하고 마치 그런 것들이 복음인 것처럼 주지시키고 있어 어처구니가 없다. 신자들은 모름지기 모든 탐심을 버려야 한다. 하나님의 자녀가 무엇이 부족해서 세속적인 복까지 바라본다는 말인가. 신자들이 세상 것을 바라보게 되면 타락할 수밖에 없다. 왜냐하면 세상 것은 하나님과 반대되는 성질을 가지고 있기 때문이다. 어떤 사람들은 세상 것과 하나님을 동시에 소유하려고 하는데 이는 잘못된 생각이다. 빛과 어두움이 어떻게 공존할 수 있단 말인가. 하나님의 자녀가 되든 마귀의 자녀가 되든 택일하지 않으면 안된다. 세상의 모든 것이 다 하나님의 것이지만 신자들은 아무것이나 취해서는 안된다. 복이 되는 것이 있고 화가 되는 것이 있다는 사실을 알아야 한다.

사랑하는 성도 여러분, 하나님이 왜 신자들이 기도할 때 눈에 띄게 응답하시지 않고 은밀하게 응답하시는지 알아야 한다. 눈에 띄게 응답 하시면 눈 가리고 아웅 하는 기도를 하는 자가 많아질 것이다. 하나님은 오묘하게 역사하셔서 은혜 받을 자에게 은혜를 베풀어 주신다는 사실을 알아야 한다. 여러분 모두 하나님의 자녀 된 권세로 승리하는 삶 사시기를 바란다.

14. 간음한 여자
요 8:1-11

왜 사람들이 다른 사람을 대할 때 긍정적으로 대하지 못하고 부정적으로 대하는지 알 수 없다. 일반적으로 의심이 많은 사람은 부정적으로 보고 의심이 적은 사람은 긍정적으로 본다고 할 수 있다. 감사를 하거나 조사를 하는 사람은 사람을 일단 의심하고 본다. 물론 다는 아니겠지만 의심하지 않고는 일을 할 수가 없기 때문에 어떻게 보면 당연한 것이라고 할 수도 있을 것이다. 여기에서 우리는 긍정과 부정을 적절히 사용할 수밖에 없다고 할 것이다. 그런데 신자들은 긍정적이고 적극적인 삶을 살라고 배운다. 비록 손해가 따를 지라도 개의치 말고 적극적으로 나가면 궁극적으로 승리를 한다는 것이 일반적인 가르침이다. 그러나 아무도 목전의 손해를 보면서 그 길을 계속 갈려고 하지 않는다. 다만 지금은 손해를 볼지라도 궁극적으로 유익을 얻게 된다는 확신을 갖게 되면 손해를 감수할 수 있다는 것이다.

오늘날 신자들은 이 진리를 잘 모르는 것 같다. 왜냐하면 신앙생활의 원리가 이와 같다고 할 수 있기 때문이다. 시간이나 돈이나 기타 건강 등 모든 것을 희생해도 결국 천국에 들어가게 된다면 최후 승리를 한다는 사실을 깨닫지 않으면 안된다. 한마디로 말하면 신자들이 천국에 대한 확신만 있다면 어떤 희생도 감수할 수 있다는 것이다. 따라서 신자들은 믿음이 있을 때 승리한다는 사실을 알아야 한다. 믿음도 다양하다고 할 수 있다. 그러나 근본적으로 살펴 보면 믿음은 몇 가지 특징이 있음을 알 수 있다.

첫째 믿음은 보이지 않는다는 것이다. 둘째 믿음은 아무도 모른다는 것이다. 셋째 믿음은 행동으로 나타난다는 것이다. 넷째 믿음은 자란다는 것이다. 그래서 신자들은 믿음의 정도에 따라 다른 삶을 산다는 사실을 알아야 한다. 아무리 큰 믿음을 가지고 있어도 나타나지 않기 때문에 신자들은 피차 겸손한 마음으로 상대를 인정할 수 있어야 할 것이다. 왜 사람들이 은혜를 받을 때 하나님께 감사하지 못하고 오히려 은혜를 받게 한 자나 환경 여건을 염두에 두는지 알 수 없다. 한마디로 말해서 눈에 보이는 것들에 감사하고 눈에 보이지 않는 하나님께는 감사할 줄 모른다는 것이다. 왜 하나님이 은혜를 베푸시면서 모르시는 척 하시는지 생각해 볼 필요가 있다. 만일 하나님이 은혜를 베푸실 때 일일이 나타나신다면 은혜가 은혜되지 못할 것이다.

하나님은 우주 만물을 통치하신다. 하나님의 손에 있지 아니한 것이 없다. 그러므로 하나님께서 일일이 밝히신다면 끝도 없을 것이다. 그래서 성경은 함축성 있게 이 사실을 표현하고 있다. 마10:29을 보면 "참새 두 마리가 한 앗사리온에 팔리는 것이 아니냐 그러나 너희 아버지께서 허락지 아니하시면 그 하나라도 땅에 떨어지지 아니하리라"고 증거하고 있다. 이 말씀을 깨닫는다면 우리의 모든 것이 하나님의 손 안에 있음을 알게 될 것이다. 하나님은 人生을 돌아보실 때 오묘한 方法으로 하시기 때문에 믿음이 있는 자 외에는 알아 볼 수 없다.

사람들은 하나님을 섬길 때 왜 하나님이 이렇게 하시나 하고 궁금히 여길 때가 많다. 그런데 하나님은 다 아시면서도 묵묵히 뜻을 이루어 가신다. 따라서 신자들은 내 뜻대로 하나님의 일을 하는 것이 아니라 자기도 모르는 사이에 하나님의 뜻을 이루어 가고 있다는 사실을 알아야 한다. 물론 어떤 때는 아 하나님께서 이것을 원하시는구나 하고 깨닫기도 한다.

하나님은 신자들을 대하실 때 다 아시고 대하신다. 그러나 신자들은 하나님을 대할 때 모르고 대한다고 할 수 있다. 그런데 신비한 것은 신자들이 하나님의 뜻을 아는 것처럼 받는다는 것이다. 하나님이 신자들의 마음을 그렇게 주장 하시기 때문이다. 그러므로 신자들의 모든 행위는 자신의 행위이면서 하나님의 행위라고 말할 수 있다.

지금 세상이 점점 악해지고 있는데 이는 하나님께서 그렇게 사람들의 마음을 내버려 두시기 때문이다. 만일 하나님께서 각 사람의 마음을 일일이 붙들어 주신다면 세상은 점점 밝아질 것이다. 그러나 하나님은 생각이 다르시다. 하나님은 모든 사람이 어떻게 행하든 막지 않으신다. 다만 필요에 따라 마음을 움직여 하나님의 뜻이 이루어지도록 하실 뿐이다. 신자들은 하나님께 쓰임을 받는 자들이다. 따라서 겸손한 마음으로 감사하는 마음으로 하나님께서 인도 하실 때 순종하여야 한다. 물론 불신자들의 마음도 하나님의 손 안에 있음은 말 할 것도 없다. 그런데 불신자와 신자는 하나님께 쓰임 받는 차원이 다르다는 사실을 알아야 한다. 불신자는 제멋대로 세상을 살면서 하나님의 제재를 받지만 신자들은 적극적으로 하나님의 뜻을 받들어 하나님의 영광을 나타내는 삶을 산다는 것이다.

본문을 보면 간음 중에 잡힌 여자가 예수님께 끌려온다. 서기관들과 바리새인들이 기세등등하여 예수님께 질문한다. "선생이며 이 여자가 간음하다가 현장에서 잡혔나이다 모세는 율법에 이러한 여자를 돌로 치라 명하였거니와 선생은 어떻게 말하겠나이까" 했다. 묘한 질문이다. 예수님이 돌로 치라 하면 사랑이 없다 할 것이요 용서해 주라하면 율법을 어긴다고 할 것이라. 이때 예수님은 "너희 중에 죄 없는 자가 먼저 돌로 치라"고 하셨다. 이 말씀에 "양심의 가책을 받아 어른으로 시작하여 젊은이까지 하나씩 하나씩 나가고 오직 예수와 그 가운데 섰는 여자만 남았더라"고 성경은 기록하고 있다.

왜 예수님께서 간음한 여자를 구해 주셨을까? 생각해 볼 필요가 있다. 예수님이 그 여자를 구해 주시지 않았다면 아마 돌에 맞아 죽었을 것이다. 그런데 예수님은 그 여자를 불쌍히 여기셨다. "가서 다시는 죄를 범치 말라"고 타이르셨다. 하나님이 왜 간음한 여인을 책망하지 않고 불쌍히 여기셨는지 궁금하다. 예수님은 인간들이 죄 가운데 허덕이는 것을 보시고 불쌍히 여기신다. 그래서 예수님은 "회개하라 천국이 가까웠느니라"(마4:17)고 외치신다.

아무도 간음한 여인을 돌로 치지 못했다. 그것은 모든 사람이 죄 아래 있다는 것을 증거 하는 것이다. 지금도 신자들 중에는 이 진리를 깨닫지 못하고 죄와는 상관없이 살고 있는 줄로 착각하고 있다. 그래서 예수님께서는 "너희 중에 죄 없는 자가 먼저 돌로 치라"고 하셨던 것이다. 다시 말하면 이 세상에 아무도 남을 정죄할 자가 없다는 말씀이다. 한 가지 우리가 명심해야 할 것은 그렇다고 해서 죄를 지어도 된다는 생각을 해서는 안된다는 것이다. 신자들은 죄를 대적하여 부단히 싸우는 삶을 살아야 된다. 그럼에도 불구하고 짓게 되는 죄는 회개해야 된다.

사랑하는 성도 여러분, 하나님은 간음한 여인을 용서해 주시고 다시는 죄를 범치 말라고 충고하셨다. 여기에서 우리는 신자들의 삶이 어떠해야 함을 알 수 있다. 즉 죄와 싸워 이기라는 것이다. 또 남을 정죄하지 말고 겸손한 마음으로 자신을 돌아보고 회개할 것이 있으면 지체 없이 회개하라는 것이다. 여러분 모두 하나님을 의지하여 승리하는 삶 사시기를 바란다.

15. 내 양을 먹이라
요 21:15-17

하나님께서 신자들에게 은혜를 베푸실 때 여러가지 방법으로 하신다. 은혜를 받는 신자들의 입장에서 보면 많이 받을수록 좋다고 할 것이다. 그러나 하나님은 그렇게 주시지 않는다. 필요한 대로만 주신다. 여기에서 우리는 한 가지 염두에 두어야 할 것이 있다. 우리가 진정 하나님을 믿는다면 구태어 한 번에 많이 받을 필요가 없다고 할 것이다. 그래서 하나님은 필요할 때 적당히 받으라고 하신다. 세상 사람들은 많이 쌓아 놓고 빼 쓰려고 한다. 신자들과 불신자들은 삶의 방식이 다르다.

오늘날 많은 사람들은 자기 나름대로 살아가는 방법이 있다. 어떤 사람은 이렇게 살았더니 성공했다고 말하고 또 어떤 사람은 저렇게 살았더니 실패 했다고 말하기도 한다. 나름대로 생을 평가하지만 성공과 실패를 누가 판단할 수 있겠는가! 자기가 자기를 평가한 그 평가가 무슨 의미가 있을지 생각해 보아야 한다. 하나님은 인간의 생사화복을 주장하신다. 따라서 하나님이 어떻게 걸음을 인도하시느냐에 따라 생이 달라질 수밖에 없다. 그런데 마치 자기가 자기의 생을 이끈 것처럼 이야기를 하니 어처구니가 없다고나 할까, 하여튼 하나님을 모르는 자들은 그렇다 치고 신자들까지도 실패 운운하는 것을 보면 안타깝기 짝이 없다.

엄밀한 의미로 보면 성공과 실패란 없다고 해야 할 것이다. 그러나 사람들은 누구는 성공했고 누구는 실패했다고 말한다. 다시 말하면 누가 뭐라고 하든 성공도 있고 실패도 있다고 한다. 그런데 성공과 실패의 기준이 무엇이냐고 물어보면 대답을 못한다. 여기에서 우리는 한 가지 중요한 사실을 발견할 수 있다. 누구도 성공과 실패를 단정 지을 수는 없지만 자타 공히 인정하고 있어 그 구분이 어렵지 않다는 것이다. 그래서 성공한 사람은 마음이 뿌듯하고 실패한 사람은 성공을 향해 계속 달려간다.

본문 말씀을 보면 예수님께서 베드로에게 질문하시는데 "네가 이 사람들보다 나를 더 사랑하느냐"고 하신다. 이때 베드로는 "주여 그러하외다 내가 주를 사랑하는 줄 주께서 아시나이다" 했다. 왜 예수님께서 베드로에게 그런 질문을 하셨는지 뒤이어 기록된 말씀을 보면 잘 알 수 있다. "내 어린양을 먹이라"는 것이다. 똑같은 질문과 대답을 세 번 반복했는데 예수님은 이 질문에서 베드로에게 "내 양을 치라, 내 양을 먹이라"고 당부하시는 것을 볼 수 있다. 아마 베드로가 예수님의 이 당부를 듣지 않았다면 마음의 각오가 그리 단단하지 못했을 것이다.

예수님은 베드로를 누구 못지않게 잘 알고 계시는 분이다. 그럼에도 불구하고 세 번이나 똑같은 질문을 하신 것은 그 나름대로 뜻이 계셨던 것이다. 특히 세 번이나 예수님을 부인한 베드로에게 "내 양을 먹이라"고 세 번이나 당부를 하신 것은 그만큼 베드로를 아끼고 사랑 하신다는 표현인 것이다. 베드로는 예수님의 수제자라고 할만큼 인정을 받은 사람이다. 그런데 그런 베드로가 예수님께로부터 당부를 받았다는 것은 모든 제자들이 당부를 받았다는 것이나 다름없다.

오늘날 예수님을 따르는 무리들이 많다. 그런데 왜 예수님을 따르는지 잘 모르는 사람들이 상당히 있다. 물론 예수 믿고 구원 받고 복 받고 천국에 들어간다는 사실을 대부분 알고 있을 것이다. 그러나 잊지 말아야 할 것은 아직도 수많은 사람들이 예수 그리스도를 모르고 방황하고 있다는 것이다. 그들을 잊어서는 안된다. 2,000년 전 예수님이 베드로에게 하신 말씀이 지금 내게 하시는 말씀인 줄을 깨달아야 한다.

이제 구원받은 우리는 밖으로 시선을 돌려야 한다. 주변에 누가, 열방 중 어느 나라가 구원 받지 못하고 있는지 관심을 가지고 살펴보아야 한다. 복음 전도에 무관심한 사람은 과연 자신이 구원 받은 사람인지 돌이켜 보아야 한다. 이 세상에 영생 구원 보다 더 좋은 것이 없을 것이다. 그런데 그 구원을 받고 침묵할 수 있다면 분명 문제가 있다는 것이다. 하나님이 우리 에게 복음을 전하라고 하실 때는 그만한 뜻이 계시다는 사실을 알아야 한다. 비록 불구자나 무식한 자라고 할지라도 복음을 듣고 구원을 받을 수 있기 때문에 신자들은 담대히 복음을 외쳐야 한다는 것이다. 복음을 부끄러워하거나 침묵하는 사람은 아직 복음을 모르는 사람이라고 할 수 밖에 없다.

하나님은 신자들이 복음을 전하는 삶을 살도록 인도하신다. 다만 신자들이 순종하지 않고 거역하면 하나님께 쓰임 받는 삶을 살 수 없을 뿐만 아니라 가지고 있는 믿음조차도 쇠퇴해 간다는 사실을 알아야 한다. 왜 신자들이 복음 전도에 소극적인지 생각해 볼 필요가 있다. 복음 전도는 사단 마귀의 강력한 저항을 받고 있기 때문에 아무나 할 수 없다. 그래서 기도하고 성령의 충만함을 받아야 하는데 이 원리를 깨닫지 못하고 복음을 전하려고 하기 때문에 실패한다는 것이다. 지금 우리들이 복음을 전하지 않으면 더 이상 하늘나라는 확장되지 못하고 멈추어 설 것이다. 그렇다면 결국 종말이 왔다는 이야기인데 아직 종말은 아니다. 그렇다면 왜 종말과 같은 현상이 나타나고 있는지 생각해 보아야 한다. 한마디로 말하면 종말이 가까왔다고 할 수 밖에 없다는 것이다.

누구는 종말이 가까왔다고 하고 누구는 아직 멀었다고 하기도 하는데 최근에 일어나는 지진 등을 보면 심상치 않다고 볼 수밖에 없을 것이다. 신자들은 종말을 대환영해야 하는데 이상하게도 꼭 그런 것만 같지는 않은 것 같다. 세상에 재미를 붙여서인지 떠날 준비를 하는 사람은 별로 눈에 띄지 않는다. 그러는 가운데 묵묵히 역사의 수레바퀴는 돌아가고 있다.

사람들은 종말을 별로 기뻐하지 않는다. 갑작스레 큰 변화가 닥치는 것을 원치 않는다는 것이다. 그러나 예수 그리스도를 믿는 신자들은 자세가 달라야 한다. 종말이야 말로 가장 바라고 바라는 것이 아닐 수 없다. 물론 불신자들은 더 이상 예수 그리스도를 영접할 기회가 없어지기 때문에 종말을 환영할 까닭이 없다. 아무튼 부활하신 예수님이 베드로에게 양들을 먹이라고 하신 것은 제자들이 해야 할 일이 무엇인지 잘 가르쳐 주고 있다. 예수님의 제자들은 비로소 할 일을 찾았고 가장 시급한 일이 양들을 먹이는 일이라는 사실을 깨닫게 되었다. 따라서 초대 교회는 말씀을 배우는 교회가 되었다.

신자들이 말씀을 배우지 않으면 신앙생활을 제대로 할 수가 없다. 오고 오는 교회가 초대 교회를 본받아 말씀을 배우고 전함으로 말미암아 교회는 든든히 서 가고 하나님의 뜻은 이루어 지게 된다는 것이다. 예수님께서 베드로에게 "내 양을 먹이라"고 하신 말씀은 제자들이 중점적으로 해야 할 일이 양을 먹이는 일이라는 것이다.

사랑하는 성도 여러분, 부활하신 예수님이 제자들에게 하시고 싶은 말씀이 얼마나 많았겠는가! 그런데 "내 양을 먹이라"고 단도직입적으로 말씀하신 것은 그만큼 양을 먹이는 일이 시급했기 때문이다. 지금도 교회에서 하는 일이 다양하지만 무엇보다 말씀을 가르치는 일이 우선되어야 한다. "내 양을 먹이라" 얼마나 정곡을 찌르는 말씀인가! 여러분 모두 하나님의 말씀을 배우고 가르치고 전하는 성도의 삶을 사시기 바란다.

16. 가나의 혼인 잔치
요 2:1-11

　예수님은 신자들에게 무엇을 가르쳐 주시기에 앞서 왜 그런지 설명을 하지 않고 가르쳐 주시는 경우가 많다. 더욱이 이해가 잘 가지 않는 특별한 경우라면 수긍이 가지만 충분히 설명할 수 있음직도 한 데 그렇지 않기 때문에 답답하기도 하고 궁금하기도 하다. 물론 하나님은 신자들이 어떻게 해주면 좋아하는지 다 아시고 계신다. 여기에서 우리는 하나님이 신자들의 비위를 맞추려 하시지 않고 하나님의 方法으로 이끌어 가신다는 사실을 잊지 말아야 한다. 따라서 신자들은 겸손한 마음으로 하나님의 인도하심을 다를 줄 알아야 한다. 만일 하나님이 신자들의 방법을 따라 주면 좋을 듯해도 그렇지 않다는 것이 하나님의 대답이다.

　본문 4절을 보면 "예수께서 가라사대 여자여 나와 무슨 상관이 있나이까 내 때가 아직 이르지 못하였나이다"라고 기록되어 있는데 왜 내 때가 아직 이르지 못하였다고 하시면서 뒤이어 물로 포도주를 만드는 기적을 행하셨는지 얼른 이해가 가지 않는다. 여기서 우리는 예수님이 내 때가 이르지 못하였다고 하신 말씀은 표적을 행할 때가 이르지 아니했다는 말씀이 아니고 먼저 표적을 행함에 필요한 순종이 있어야 한다는 말씀이다.

5절에 보면 그 어머니가 예수님이 하시는 말씀을 알아듣고 하인들에게 "무슨 말씀을 하시든지 그대로 하라"고 명하시는 것을 볼 수 있다. 결국 하인들의 순종으로 항아리에 물이 채워지고 그 물은 포도주로 변하여 혼인 잔치에 참석한 사람들이 마실 수 있게 되었던 것이다.

기독교 종교는 금주의 종교가 아니다. 잠23:31을 보면 "포도주는 붉고 잔에서 번쩍이며 순하게 내려가나니 너는 그것을 보지도 말지어다" 했다. 또 31:6에서는 "독주는 죽게 된 자에게, 포도주는 마음에 근심하는 자에게 줄지어다"라고 경고하고 있다. 성경 곳곳에서 술에 대한 말씀이 언급되고 있는데 우리는 막무가내로 술을 마시면 안 된다고 할 수 있겠는가. 술은 사람을 즐겁게 만들고 때로는 약이 되기도 한다. 그러나 술로 인한 폐단이 크기 때문에 사람들은 아예 술을 입에 대지 않는 것이 상책이라고 외면하려고 한다. 술은 일찍이 개발되어 애용되어 왔고 지금도 많은 사람들이 사랑하고 있다. 특히 성경은 술에 대해 경각심을 불어 넣어 주고 있지만 그러나 아주 술을 금하고 있지는 않다.

어떤 경우에 술을 마셔야 하는지는 본인이 알아서 해야 할 문제지만 아무튼 조심해야 할 음료이다. 엡5:18 말씀을 보면 "술 취하지 말라 이는 방탕한 것이니 오직 성령의 충만을 받으라"고 했고 딤전3:8을 보면 교회 집사들은 술에 인박이지 아니해야 한다고 말하고 있다. 또 롬13:13을 보면 "낮에와 같이 단정히 행하고 방탕과 술 취하지 말며 음란과 호색하지 말며 쟁투와 시기하지 말고"등 그 밖에도 술에 대한 경계는 상당히 많다.

지금 한국 교회는 아예 술을 금하는 쪽으로 가르치고 있지만 이는 술로 인한 폐단을 염려해서이지 전혀 술을 마시지 말라고 성경은 금하고 있지 않다. 차제에 담배에 대해서도 언급하고자 하는데 담배는 금하는 것이 바람직하다. 성경은 담배에 대해서 전혀 언급하고 있지 않지만 우리는 담배가 몸에 해롭다는 것을 여러 경로를 통해서 알고 있는 이상 끊어야 한다.

성경은 신앙과 생활에 유일한 지침서이지만 신앙과 생활에 대한 모든 것을 기록한 책은 아니다. 따라서 어떤 것은 단도직입적으로 지적하고 있지만 어떤 것은 미루어 알도록 하거나 포괄적으로 지적하고 있기 때문에 성경을 바르게 해석하면 어렵지 않게 그 답을 얻을 수 있다. 고전10:31을 보면 "그런즉 너희가 먹든지 마시든지 무엇을 하든지 다 하나님의 영광을 위하여 하라"고 했다. 이 말씀에 비추어 보면 담배를 피우는 것이 하나님께 영광을 돌리지 못한다는 것을 쉽사리 알 수 있다. 어떻게 몸을 해롭게 하는 것이 하나님께 영광을 돌릴 수 있겠는가.   사람들은 이미 타락되어 있기 때문에 매사를 부정적으로 생각하는 경향이 있다. 따라서 성경에서 붙잡아 주지 않으면 잘못 갈 수밖에 없다. 그래서 성경을 모르는 사람이 불쌍하다는 것이다. 아무리 바르게 살고 싶어도 성령님의 도우심이 없이는 바르게 살 수 없다. 그래서 우리는 쉴 새 없이 복음을 전하여 방황하는 형제자매들을 생명길로 인도하여야 한다. 복음은 죽은 사람들을 소생시켜 의의 길로 인도하신다. 시편 23:3을 보면 "내 영혼을 소생시키고 자기 이름을 위하여 의의 길로 인도하시는도다" 했다. 어느 누가 사랑하는 마음으로 복음을 전할 때 돌이키지 않겠는가! 성령님은 신자들이 전하는 복음이 "살았고 운동력이 있어 좌우에 날선 어떤 검보다도 예리하여 혼과 영과 및 관절과 골수를 찔러 쪼개기까지 하며 또 마음의 생각과 뜻을 감찰하나니" 라고 하셨다. 이와 같이 복음은 칼날보다 더 예리하지만 쓰지 않으면 아무 소용도 없다는 사실을 알아야 한다.

사랑하는 성도 여러분! 롬10:17을 보면 "그러므로 믿음은 들음에서 나며 들음은 그리스도의 말씀으로 말미암았느니라" 하셨다. 여러분들이 복음을 들을 수 있도록 하나님께서 은혜를 베푸셨는데 갈급한 심령으로 경청해야 하지 않겠는가! 세상 사람들은 먹고 마시고 즐기는 가운데 세월을 보내지만 여러분들은 말씀을 듣고 복음을 전하며 천국에 보화를 쌓고 있으니 얼마나 아름다운 삶을 살고 있는가! 지금은 알곡과 가라지가 비록 섞여 있지만 종말 심판 때가 오면 천지가 뒤바뀌는 상상조차 할 수 없는 무서운 일들이 벌어질 것이다.

예수님은 기회가 주어지는 대로 선행에 힘쓰고 복음을 전하며 하나님 나라를 위해 헌신하라고 가르쳐 주신다. 여러분 모두 믿음으로 승리하는 삶 사시기를 예수 그리스도의 이름으로 축원한다.

17. 니고데모와의 대화
요 3:1-8

하나님께서 신자들에게 은혜를 베푸실 때 각자의 믿음과 처지에 따라 은혜를 베푸신다는 사실을 알아야 한다. 그러므로 신자들은 어떤 믿음을 가지고 있든지 믿음대로 받기 때문에 아무 불평도 할 수 없다.

여기에서 우리는 믿음의 중요성을 강조하지 않을 수 없다. 믿음은 우리를 구원받게 할 뿐만 아니라 현세에서도 복을 받도록 한다는 사실을 알아야 한다. 하나님은 신자들이 큰 믿음을 가지고 큰 은혜를 받아 하나님께 감사와 영광을 돌리기를 원하신다. 그런데 많은 사람들은 큰 믿음을 갖지 못하고 있으면서 큰 은혜를 바라고 있다. 얼마나 모순인가! 그래서 하나님께서는 신자들이 먼저 큰 믿음을 갖도록 걸음을 인도하신다. 만약 믿음이 작은 사람들에게 큰 은혜를 부어 주시면 감당도 못할 뿐만 아니라 그것이 하나님의 은혜인 줄도 깨닫지 못한다는 것이다. 여기에 신자들이 주목을 하지 않으면 안 된다.

하나님이 하시는 일은 신비하고 오묘하다. 아무리 어려운 문제도 하나님 앞에는 문제가 아니다. 사람들이 문제를 안고 끙끙거리는 것은 한마디로 말하면 믿음이 부족하다는 말 밖에 안 된다. 신자들은 모름지기 모든 문제를 십자가 밑에 내려놓아야 한다. 하나님께는 능치 못할 일이 없다.

본문을 보면 니고데모가 예수님을 찾아와 대화를 나누는 장면이 나와 있다. 한 가지 중요한 것은 니고데모가 예수님을 선지자 정도로 생각하고 있다는 것이다. 물론 예수님이 하나님의 아들이란 사실을 알았다면 대화는 달라졌을 것이다.

니고데모는 예수님에게 질문을 하면서 과연 예수님이 어떤 분이신지 알고 싶어 했다. 물론 하나님께서 니고데모를 인도하실 때 그에게 은혜를 베푸시고 그로 하여금 예수님을 더욱 깊이 알도록 하시어 하나님께 영광을 돌리도록 하셨다는 것을 알아야 한다.

우리는 하나님을 섬길 때 과연 하나님이 어떤 분이신 줄 알고 섬길 수 있어야 할 것이다. 하나님은 신자들이 맹목적으로 따르는 것을 안타깝게 여기신다는 사실을 알아야 한다. 한마디로 말해서 왜 예수님을 따르는지 목적이 분명해야 한다는 것이다. 신자들은 흔히 예수님을 믿으면 구원 받고 또 복도 받는다고 생각을 하고 있다. 그런데 한가지 중요한 것은 과연 예수님을 참으로 믿느냐는 것이다. 여기에서 우리는 심각하게 생각해 볼 필요가 있다.

니고데모가 왜 예수님을 찾았는지 아십니까? 예수님에 대해서 나름대로 알고는 있었지만 궁금한 점이 있었기에 찾은 것이다. 지금 여러분들이 예수님을 의지하여 영생구원을 얻었다는 확신을 가지고 있는가. 그렇다면 왜 교회에 나오는가, 니고데모처럼 예수를 깊이 알고자 함이 아닌가 교회에 나와서 말씀을 듣고 주님을 배우지 않으면 어디에서 예수님을 배울 수 있겠는가. 예수님은 이 땅에 교회를 세우시고 택하신 백성들을 불러 구원의 은총을 누리게 하신다. 그리고 끊임없이 주님의 은혜와 주님을 아는 지식에서 자라가게 하신다.

하나님은 신자들이 교회를 통해서 어떻게 살아야 하는지 배우게 하신다. 그러므로 신자들은 교회가 어떤 곳인지 알아야 한다. 혹자는 교회에 나오지 않아도 하나님만 믿으면 되지 하는 생각을 갖기도 한다. 그러나 이는 밥을 먹지 않고도 살 수 있다고 하는 궤변과 같은 소리 이다. 왜 하나님께서 지상에 교회를 세우셨는지 생각해 보면 알 수 있을 것이다.

우리는 신앙생활을 통해 하나님을 어떻게 섬기며 천국 백성으로서 어떻게 살아가야 할지 배운다는 사실을 잊지 말아야 한다. 아무리 교회가 초라하게 보여도 하나님께서는 개의치 않으시고 묵묵히 뜻을 이루어 가신다는 것을 알아야 한다. 왜 예수님께서 니고데모에게 언뜻 이해할 수 없는 말씀을 하셨는지 깨달아야 할 것이다. 하나님은 우리들이 성경을 통해서 진리를 깨닫고 받들어 행함으로 승리하는 삶을 살기를 원하신다. 무엇 때문에 구원받은 신자들이 계속 하나님의 말씀을 들어야 하고 배워야 하는지 그 이유는 간단하다. 날마다 밥을 먹어야 살 수 있듯이 끊임없이 하나님의 말씀을 먹어야 영혼이 살 수 있기 때문이다. 그런데 이 진리를 깨닫지 못하고 마음대로 신앙생활을 하려고 한다.

인류 역사상 수많은 사람들이 예수님을 믿고 구원받아 천국에 들어갔다. 그들은 모두 천국을 간절히 사모하며 끝까지 믿음을 지킨 사람들이었다. 아무리 어려운 일을 만나도 신앙만은 저버리지 않았다. 요즘은 너무나 신앙생활 하기가 편리하다. 그러나 여기에 큰 함정이 있음을 깨달아야 한다. 하나님께서는 핍박 속에서도 믿음을 지키도록 붙들어 주실 뿐만 아니라 오히려 핍박을 헤쳐 나갈 수 있도록 힘을 주신다. 그런데 요즘처럼 핍박이 없을 때는 그 나름대로 문제가 있다는 것이다. 다시 말하면 아무 핍박이 없으니까 신자들이 게을러진다는 말이다.   본문 5절을 보면 "사람이 물과 성령으로 나지 아니하면 하나님 나라에 들어갈 수 없느니라"고 하셨다. 다시 말하면 거듭난 자만 천국에 들어갈 수 있다는 말이다. 니고데모는 지금까지 이러한 진리를 모르고 율법을 지키면 구원받는다고 생각했던 것이다. 지금도 많은 사람들이 그런 생각을 하고 있다. 그러나 본문에서 주님은 영혼이 거듭나지 아니하면 안 된다고 가르치신다. 니고데모는 예수님의 말씀을 듣고 깜짝 놀랐을 것이다. 왜냐하면 거듭남이 무엇인지 전혀 모르고 있었기 때문이다. 인간은 태어날 때 영혼이 있는 몸으로 태어나지만 그 영혼이 하나님을 모르는 상태이기 때문에 성령의 역사하심으로 말미암아 하나님을 아는 영혼으로 거듭 나야 구원을 받을 수 있다는 것을 알아야 한다.

8절을 보면 성령의 역사하심이 얼마나 오묘한지 잘 말해 주고 있다. 특히 성령을 바람과 비유해서 설명하고 있는데 바람은 사람들이 그 행적을 잘 알 수 없듯이 성령의 역사하심도 사람들이 어떻게 운행되는지 잘 알 수 없다는 것이다. 그렇다면 신자들이 성령의 인도하심을 어떻게 알고 따를 수 있느냐 하는 문제가 대두된다. 여기에 신비가 있다. 하나님은 신자들이 하나님의 뜻을 헤아려 받들고자 할 때 그 중심을 다 아시고 걸음을 인도하신다. 예를 들면 선행을 원할 경우 하나님께서는 그 사람의 마음을 움직여 선행할 마음을 주시고 여건 또한 그렇게 진행되도록 역사하신다는 것이다. 그래서 어떤 일이 성사되었다고 하면 그 일이 악행이 아닌 이상 하나님께서 인도하신 일이라고 믿어야 한다. 다만 불신자들의 경우는 그들이 임의로 행한 것이라고 밖에 볼 수 없다. 그 이유는 하나님은 불신자들이 어떻게 하든 관여치 아니하시고 스스로의 책임 하에 행하도록 섭리하시기 때문이다. 아무튼 성령님께서는 사람들이 전혀 모르는 가운데 하나님의 뜻을 이루어 가고 계신다는 사실을 잊지 말아야 한다.

우리들이 자기도 모르는 사이에 하나님의 뜻이 우리를 통해 이루어지고 한다면 어떻게 하나님 앞에 영광을 돌릴 수 있다는 말인가 하고 의아심을 갖지 않을 수 없을 것이다. 그래서 신자들은 하나님의 뜻을 헤아려 받들어야 한다. 신자들은 하나님의 뜻을 헤아려 받들기도 하고 또 자기도 모르는 사이에 하나님의 뜻을 받드는 도구가 되기도 한다는 것이다.

사랑하는 성도 여러분! 왜 하나님께서 영혼이 거듭나야 된다고 하셨는지 이제는 아실 줄 믿는다. 영혼이 거듭나야 하나님 나라에 들어갈 수 있고, 영혼이 거듭나야 하나님의 뜻을 따를 수 있다. "누구든지 주의 이름을 부르는 자는 구원을 얻으리라"(롬10:13)고 하셨다. 다시 말하면 영혼이 거듭나서 예수 그리스도를 따르는 자는 구원을 받게 된다는 말씀이다. 여러분 모두 예수 그리스도를 믿고 구원 받으시기를 바란다.

18. 영을 따르는 자
롬 8:1-6

하나님은 신자들이 성령 충만을 받으라고 하시는 말씀을 받아들여 따르는 것을 기뻐하신다. 신자들은 모름지기 성령 충만한 삶을 살아야 한다. 그래야 하나님의 뜻을 받들 수 있다는 사실을 알아야 한다. 인간적인 생각이나 방법으로는 아무도 하나님의 일을 할 수 없다. 하나님은 오묘한 방법으로 자신의 뜻을 이루어 가신다. 특히 하나님께 쓰임을 받으려면 하나님의 뜻을 알아야 하는데 성령 충만 없이는 하나님의 뜻을 알 수 없다는 것이다.

하나님의 부르심을 받은 자들은 먼저 영의 인도하심을 헤아릴 수 있어야 한다. 물론 자기도 모르는 사이에 하나님의 뜻을 이루어 가기도 한다. 그러나 아무나 하나님의 일을 할 수 있는 것은 아니다. 하나님의 일을 하려고 하면 사랑의 사람이 되어야 한다. 사랑이 없으면 하나님의 일을 할 수 없다. 사랑이 없다는 말은 내 안에 성령이 충만하지 않다는 것이다. 우리가 기도하고 성령의 충만을 받으면 사랑의 삶을 살게 된다.

어떤 사람은 성령 충만하면 사업도 잘 되고 내 소원하는 것들이 이루어진다고 생각을 한다. 물론 그렇게 말 할 수도 있을 것이다. 심령에 사랑이 충만하면 사업도 잘 경영하고 원하는 것들이 어떻게 뜻대로 되지 않아도 충분히 참고 기다릴 수 있기 때문에 문제가 되지 않을 것이다. 그러나 보다 더 근본적인 내용은 성령 충만을 받으면 내 뜻대로 되는 것이 아니라 하나님의 뜻대로 이루어진다는 것이다. 여기에서 우리는 신자들의 신앙생활이 왜 성령 충만을 받아야 하는지 잘 알 수 있다.

본문 5-6절을 보면 "육신을 따르는 자는 육신의 일을, 영을 따르는 자는 영의 일을 생각하나니 육신의 생각은 사망이요 영의 생각은 생명과 평안이니라"고 했다. 불신자들은 세속적인 삶을 살고 신자들은 영적인 삶을 산다는 것이다. 뿐만 아니라 불신자들의 결국은 사망이요 신자들의 마지막 행선지는 천국이라는 것이다. 예수를 믿고 구원받고자 하는 자들은 구원이 다른 무엇보다 소중하다는 것을 알아야 한다. 그런데 많은 사람들은 입으로는 그렇게 말하면서도 실제는 다른 것들을 구원보다 우선하는 것을 볼 수 있다. 여기에서 우리는 진정한 신자와 추상적인 신자를 분별할 수 있다. 물론 믿음이 연약한 신자도 그럴 수 있지만 아무튼 세상에 구원보다 더 귀한 것은 없다는 사실을 깨닫지 않으면 안 된다.

구원을 확신하는 자는 비로소 행복을 느낄 수 있다. 참 행복은 죽음이라고 하는 벽을 뛰어 넘을 수 있어야 한다. 죽음이 가로 놓여 있게 되면 한계가 있기 때문에 참 행복을 누릴 수 없다. 어떤 사람은 죽음을 피할 수 없다고 자인하면서도 행복하다고 한다. 유한한 행복이라고 할까. 그런데 하나님은 영원한 행복을 추구하라고 하신다. 왜냐하면 영원한 행복이 있기 때문이다. 만일 하나님이 거짓을 얘기 하신다면 역사상 그 수많은 사람들이 예수 그리스도를 믿지 않았을 것이다. 심지어 순교하는 사람들이 무엇 때문에 목숨을 내어 놓겠는가. 나름대로 예수 그리스도를 믿고 영생 구원에 대한 확신을 가졌기 때문이 아니겠는가.

하나님은 사람들이 내세를 모르고 방황 하다가 지옥에 떨어지는 것을 보시고 매우 안타깝게 여기신다. 그래서 사람들에게 영원한 천국이 있음을 가르쳐 주시려고 예수 그리스도를 이 땅에 내보내셨다. 천국이 없다면 이 세상은 약육강식의 세상이 되고 말았을 것이다. 왜 하나님을 모르는 사람들이 수단 방법을 가리지 않고 세상을 사는지 아는가, 죽으면 모든 것이 끝난다고 생각을 하니까 이 세상에 사는 동안 마음껏 누리고 살자는 것이다. 그런데 사람들은 막상 천국이 있다고 하니까 고개를 갸우뚱 한다는 것이다. 너무나 상상 밖의 일이기 때문에 믿어지지 않는다는 것이다. 그런데 신비한 것은 어떤 사람은 믿어지고 또 어떤 사람은 안 믿어진다는 것이다. 여기에 구원의 신비가 있다. 영을 따르는 자 다시 말하면 성령님께서 인도하시는 자는 믿어지고 육을 따르는 자는 믿어지지 않는다는 것이다.

한 가지 잊지 말아야 할 것은 믿고 안 믿는 것이 내 마음대로 되지 않는다는 것이다. 그래서 믿어지는 자 다시 말하면 신자들은 하나님께 감사 찬송과 영광을 돌려야 한다는 것이다. 하나님은 신자들이 신앙생활을 하면서 여러 가지 영적인 체험을 하도록 하신다. 만일 하나님이 신자들에게 보여 주시지 않으면 신자들은 확신을 가지지 못하고 우왕좌왕 할 것이다.

신자에 따라서 다르지만 많은 신자들은 나름대로 체험이 있기 때문에 하나님 곁을 떠나지 않는다고 할 수 있다. 이렇게 하나님은 자기를 따르는 자들에게 은혜를 베푸신다. 그런데 한 가지 잊지 말아야 할 것은 신자들이 그렇게 하나님을 체험하고도 계속 하나님의 말씀을 듣지 않으면 쉽게 잊어버린다는 것이다. 그만큼 세상이 하나님을 멀리하게 만들고 있다는 것이다. 하나님이 이것을 모르실리 없다. 그래서 하나님은 신자들이 열심을 품고 신앙생활을 하라고 하신다. 들쭉날쭉 신앙생활을 하게 되면 믿음이 제대로 자랄 수 없다.

하나님은 신자들의 형편과 처지를 다 아신다. 그리고 중심이 하나님을 향해 있으면 이끌어 주신다. 따라서 신자들은 하나님의 은혜를 간절히 사모해야 한다. 어떤 사람은 하나님이 이끌어 주시지 않아서 열심을 내지 못한다고 생각을 한다. 그러나 하나님은 사모하는 자를 이끌어 주신다는 사실을 알아야 한다. 많은 사람들은 하나님의 인도하심을 잘 깨닫지 못하고 환경 탓을 하고 여건이 좋지 않다고 투덜대지만 하나님은 어떤 환경이나 여건에 불문하고 하나님의 은혜를 간절히 사용하기만 하면 이끌어 주신다는 것이다.

하나님은 환경도 바꾸시고 여건도 얼마든지 변화시킬 수 있다는 사실을 알아야 한다. 하나님이 전지전능 하시다고 믿으면서 왜 환경이나 여건에 무릎을 꿇는지 안타깝다. 환경을 극복하고 나가려면 그만한 믿음이 있어야 하는데 이러한 믿음을 아무나 가질 수 있느냐고 반문할 것이다. 그러나 성경은 "믿음은 바라는 것들의 실상"이라고 말한다. 환경과 여건이 변화되도록 바라기만 하면 하나님께서 감찰 하시고 이끌어 가신다는 것이다. 신자들은 아무 염려할 것이 없다. 바라는 대로 기도할 뿐 하나님께서 이루실 것이다. 하나님은 신자들이 기도할 때 무엇을 원하고 있는지 다 아신다. 그래서 기도는 누구나 할 수 있지만 성경을 모르면 마땅히 구할 것을 구하지 못한다는 사실을 알아야 한다.

한 번은 제가 전도한 형제가 와서 어떻게 기도를 해야 하는지 가르쳐 주십시요 해서 "하나님, 제가 하나님을 알 수 있도록 은혜를 베풀어 주옵소서"라고 기도하라고 가르쳐 준 적이 있다. 먼저 하나님을 알아야 바르게 기도할 수 있지 않겠는가, 우리의 모든 기도가 하나님의 뜻을 이루는 기도가 되어야 한다.

예수님은 겟세마네 동산에서 기도하실 때 "내 뜻대로 마옵시고 아버지의 뜻대로 되기를 원하나이다" 하신 것을 볼 수 있다. 우리들은 하나님의 뜻을 이루려고 모인 자들이다. 내 욕심을 채우려고 기도해서는 안된다. 약4:3 에 "구하여도 받지 못함은 정욕으로 쓰려고 잘못 구하기 때문이라"고 증거하고 있다.

하나님은 신자들이 은혜를 구할 때 귀를 기울이신다. 그리고 기도를 도와 주신다. 그래서 하나님 뜻에 맞는 기도를 드릴 수 있도록 이끌어 주신다. 하나님과 교통하는 사람은 행복한 삶을 살 수 있다. 왜냐하면 하나님께서 가장 좋은 길로 인도하시기 때문이다.

사랑하는 성도 여러분, 영을 따르는 자는 행복한 삶을 살 수 있다. 하나님의 인도하심 보다 더 좋은 길은 없다. 많은 사람들이 돈이 많거나 높은 자리에 올라가거나 건강하거나 하면 행복할 줄로 생각한다. 그러나 심령의 평안은 그런 것들로 얻을 수 없다. 육적인 것들로 영적인 욕구를 충족시킬 수 없다. 오직 성령의 도우심을 받을 때 우리는 삶을 행복하게 누릴 수 있다. 성령의 인도하심을 따르는 자들은 돈이 많지 않아도 만족할 줄 알고, 높은 자리에 올라가지 못해도 섭섭하게 생각하지 않는다. 그 이유는 하나님이 인도하시는 길이 가장 좋은 길 임을 믿기 때문이다. 여러분 모두 영을 따르는 자가 되어 행복한 삶, 승리하는 삶 사시기를 바란다.

19. 죄의 삯은 사망
롬 6:15-23

하나님은 인생이 얼마나 비참한지를 깨닫도록 가르쳐 주고 계신다. 사람들은 왜 이렇게 살아야 하는지 알지 못한다. 왜냐하면 인생 자체를 모르기 때문에 논할 수 없다는 것이다. 또한 어느 누구도 인생을 논할 만큼 경지에 도달하지 못했기 때문에 인생은 신비에 싸여 있다고 해도 과언이 아니다.

어떤 사람은 왜 인생이 이렇게 비참 하느냐고 탄식하기도 하고 어떤 사람은 인생은 즐겁다고 노래하기도 한다. 그런데 성경을 보면 인생은 죄 가운데 빠져 비참해 졌다고 한다. 여기에서 우리는 인생을 깊이 생각해 볼 수 있는 지혜가 있어야 하겠다. 죄는 우리 인생을 죽음으로 이끌고 있다는 사실을 알아야 한다. 그럼에도 불구하고 사람들은 죄를 무서워하지 않는다. 물론 여러 가지 이유가 있겠지만 한 가지 빼어 놓을 수 없는 사실은 사람들이 좋아 하는 낚시 밥을 달고 다닌다는 것이다.

고기가 낚시 밥을 물 때 낚시에 걸리리라는 사실을 안다면 물지 않을 것이다. 마찬가지로 죄와 함께 오는 모든 것은 빠져 나갈 수 없는 낚시 바늘이 숨어 있다는 사실을 알아야 한다. 낚시 밥만 따먹고 살아 남을 수 있다고 생각하는 사람들이 많은데 이는 매우 어리석은 생각이다. 설마 하고 죄와 타협한다면 돌이킬 수 없는 함정에 빠질 수 있다는 것을 잊지 말아야 한다.

죄는 독사와 같이 물고 늘어지는 특성이 있다. 죄를 두려워하지 않는 사람은 아직 죄가 어떤 것인지 모른다고 할 수 밖에 없다. 아무리 고위층에 있어도 죄가 드러나면 살아남을 수 없다. "죄의 삯은 사망이요"라고 본문은 증거하고 있는데 사람들은 죄를 심각하게 생각할 줄 모르고 적당히 넘어 가려고 한다. 이 세상에 모든 문제가 죄로 말미암는다는 사실을 알아야 한다.

죄는 하나님과 인간 사이를 갈라놓는다. 아무리 작은 죄라도 가볍게 여겨서는 안 된다. 신자들은 죄를 대적하며 사는 자들이다. 전혀 죄를 않 짓고 살 수는 없겠지만 죄를 멀리하며 살 수 있도록 최선을 다 하여야 한다. 죄는 그 결과가 사망이기 때문에 아무도 죽음을 피할 수 없다는 것이다. 다시 말하면 모든 사람이 죄 가운데 있기 때문에 모든 사람이 죽음에 이르게 된다는 말이다. 하나님은 사람들이 이 진리를 모르고 죄 가운데 행하고 있어 무척 안타깝게 여기고 계시다는 것이다. 그러므로 신자들은 항상 성경이 뭐라고 하시는지 귀를 기울이지 않으면 안 된다.

"죄의 삯은 사망"이라고 본문은 증거하고 있는데 이 말씀을 새겨듣지 않으면 안 될 것이다. 사람들은 성경을 읽을 때 성령께서 감동 감화 하시는 말씀을 지나쳐 버리기도 한다. 하나님은 신자들이 성경을 읽을 때 말씀으로 교통할 수 있도록 은혜를 베푸신다. 그래서 날마다 성경을 봉독하면서 하나님과 대화하는 은혜를 받을 수 있어야 한다.

하나님은 신자들이 어떻게 해주면 교통할 수 있는지 다 아신다. 다시 말하면 신자들의 수준에 따라 각기 다르게 대응하신다는 것이다. 그래서 신자들이 진실한 마음으로 성경을 읽고 귀를 기울이면 하나님과 교통할 수 있다.

아무도 하나님의 은혜 없이는 하나님의 뜻을 헤아릴 수 없다. 여기에서 우리는 신자들이 하나님과 교통하려면 겸손해야 된다는 사실을 알아야 한다. 하나님과 교통함에 있어서 잊지 말아야 할 것은 교통의 목적이 분명해야 한다는 것이다. 어떤 사람은 신자들이 복 받도록 또 어떤 사람은 하나님을 바르게 섬기기 위해서라고 논리를 편다. 그러나 어느 편이든 일리가 있다고 할 것이다. 왜냐하면 하나님과의 교통으로 말미암아 양편 모두 유익을 얻게 되기 때문이다. 신앙생활의 성공 여부는 얼마나 하나님과 교통하며 살았는지의 여부로 판가름 난다고 할 수 있다. 많은 사람들이 신앙의 경주에 참여하고 있지만 하나님과 교통하면서 경주하는 사람은 많지 않다. 효과적인 신앙생활을 하려면 먼저 하나님의 뜻을 헤아릴 수 있는 지혜가 있어야 한다. 하나님을 모르면 아무리 열심을 내어도 헛수고 할 수밖에 없다.

하나님은 신자들이 어떻게 신앙생활을 해야 바람직한지 깨닫게 해 주신다. 그러므로 신자들은 항상 하나님의 말씀에 귀를 기울여야 한다. 물론 하나님만이 하실 수 있는 일이지만 사람을 연단해서 쓰시기도 하고 훈련시켜 쓰시기도 한다. 따라서 신자들은 어떤 난관이 와도 이상하게 생각할 것이 없다. 현실적으로 이해가 되지 않고 어리석게 보여도 하나님은 한 치의 착오도 없이 계획하신 뜻을 이루어 가신다.

아무리 성경을 깊이 연구해도 하나님을 다 알 수 없다. 하나님은 인생들이 필요한 만큼 자신을 계시하신다는 사실을 잊지 말아야 한다. 그러므로 신자들은 항상 겸손하지 않으면 안 된다. 최근 들어 신학자들이 성경을 연구하면서 하나님이 어떤 분이신지 구체적으로 나타내고 있지만 그러나 여전히 하나님은 신비한 분이시다. 어떻게 하나님이 인간의 몸을 입고 이 세상에 오실 수 있는지 그리고 십자가에 피 흘려 죽으심으로 인간의 죄 값을 치르실 수 있는지 신비하기만 하다. 하나님의 세계는 인간의 세계와 유사한 것 같으면서도 다르다는 사실을 알아야 한다. 그렇기 때문에 성경을 조심스럽게 다루어야 한다.

신자들은 하나님을 믿고 따르는 자들이다. 그러나 하나님을 다 알고 따르는 것은 아니다. 구원에 필요한 지식은 간단하다. 내가 죄인이라는 것이다. 죄의 삯은 사망이라는 것이다. 하나님의 아들 예수 그리스도께서 내 죄 값으로 십자가에서 피 흘려 죽으셨다는 것이다. 그래서 내가 구원받게 되었다는 것이다. 하나님은 신자들이 이 진리를 널리 전파하기를 원하신다. 복음 전도는 어려운 것이 아니다. 다만 기도 없이 복음을 전하게 되면 헛수고라는 것이다. 기도하고 복음을 전하면 성령님께서 복음을 받아들이도록 역사하신다.

신자들이 제일 주의해야 할 것은 무엇보다도 장황하게 교리를 늘어놓는 것이라고 할 수 있다. 복음 전도는 전적으로 성령의 역사하심에 달려있다. 따라서 성령님께서 역사하시도록 복음을 전해야 한다. 그런데 어떤 사람들은 복음을 전할 때 복 받는다는 이야기부터 꺼내는데 물론 틀렸다고 할 수는 없지만 그러나 죄인 됨과 죄의 삯은 사망이라는 것과 예수 그리스도를 믿으면 구원받는다는 진리를 전파하는 것이 핵심이라는 것이다. 그러면 핵심 진리만 알면 될 것 아니냐고 할지 모르지만 예수 그리스도를 깊이 알면 알수록 은혜가 풍성하다는 사실을 알아야 한다. 오늘날 많은 신자들이 예수 그리스도를 믿고 따르지만 받는 은혜는 제각기 다르다. 성경을 아는 지식과 믿음의 깊이에 따라 다르다는 것이다. 저는 여러분들이 날마다 성경을 읽고 기도하면서 하나님을 아는 지식으로 채워나가시기를 바란다.

사랑하는 성도 여러분, 하나님이 왜 우리들에게 구속의 은총을 베푸시겠는가. 여러 가지 뜻이 있겠지만 가장 중요한 것은 복음 전도이다. 우리들을 통하여 많은 사람들이 구원받게 되기를 원하신다는 것이다. 그러므로 신자들은 힘써 복음을 전해야 한다는 것이다. 복음 전도가 열매를 맺으려면 무엇보다도 성령의 역사가 있어야 하는데 그러기 위해서는 복음이 바르게 전파되어야 한다. 그리고 간절한 기도가 수반되어야 한다. 인간적인 방법으로 전도를 하게 되면 효과적일 것 같아도 성령님께서 역사하시지 않기 때문에 아무 소용이 없고 헛수고에 그치고 만다는 사실을 알아야 한다. 여러분 모두 담대히 복음을 전하여 많은 영혼들을 구원의 길로 인도하시기를 예수 그리스도의 이름으로 기원한다.

20. 전도의 미련한 것
고전 1:18-31

왜 하나님께서 인간들을 구원의 길로 이끄시는지 생각해 볼 필요가 있다. 하나님을 알지도 못하고 죄 가운데 헤매고 있는 인간들을 무엇 때문에 건지시는지 아리송하다. 많은 사람들이 가던 길을 돌이켜 예수 그리스도를 따르게 하시는 데는 그만한 이유가 있다는 사실을 알아야 한다. 무엇보다도 사람은 하나님의 형상을 닮게 창조되었다는 것이다. 하나님과 교통할 수 있는 존재는 사람뿐이라는 것이다. 그런데 그렇게 피조물 된 사람이 죄를 범하고 하나님을 떠나 방황하게 된 것이다.

여기에서 우리는 인간이 어떠한 존재인지 깨달아야 한다. 하나님은 우주 만물을 창조하실 때 사람을 영혼을 가진 존재로 창조하셨다. 그런데 그런 인간이 마귀의 유혹에 넘어가 범죄 하므로 하나님을 등지게 되었다. 아마 하나님께서 내버려 두셨다면 모두 죄 값으로 지옥에 들어갈 수밖에 없었을 것이다. 인간을 사랑하시는 하나님께서 예수 그리스도를 이 땅에 보내셔서 인간의 모든 죄를 대신 지고 십자가에서 죽게 하심으로 구원의 길을 여셨다. 다만 아무나 구원 하지 아니하시고 예수 그리스도를 믿는 자만 구원 받게 하셨다는 사실이다. 이 진리를 깨닫지 못하면 구원 받을 수 없다.

본문 말씀을 보면 "하나님의 지혜에 있어서는 이 세상이 자기 지혜로 하나님을 알지 못하므로 하나님께서 전도의 미련한 것으로 믿는 자들을 구원하시기를 기뻐하셨도다"라고 증거하고 있다. 예수 그리스도를 믿는 자는 누구나 구원을 받는다. 그런데 예수 그리스도를 믿도록 복음을 전하라는 것이다. 이것이 신자들에게 주어진 특권이요 의무다. 사람이 한 평생 살면서 해야 할 일이 많다고 할 것이다. 어떤 일은 육적인 일이고 어떤 일은 영적인 일이다. 지혜로운 사람은 열심히 하늘나라에 보화를 쌓는다.

시90:10을 보면 "우리의 연수가 칠십이요 강건하면 팔십이라도 그 연수의 자랑은 수고와 슬픔뿐이요 신속히 가니 우리가 날아가나이다"라고 했다. 물론 세월이 신속히 간다고 해도 어떤 자세로 사느냐에 따라 결과는 크게 달라질 것이다. 하늘나라를 염두에 두고 사는 사람은 나그네 길 같은 이 세상을 효과적으로 살아간다. 구원받은 성도들은 이 세상을 안주하는 곳으로 착각하지 않는다. 한 가지 잊지 말아야 할 것은 그 어떠한 경우에도 항상 하늘나라와 연관 지어서 생각해야 한다는 것이다. 병들 때도 있고 힘들 때도 있고 어려울 때도 있을 수 있다. 그러나 하나님은 그 모든 것이 합력하여 선을 이루도록 이끌어 가시기 때문에 지나치게 민감하거나 낙심하지 말아야 한다는 것이다.

하나님은 사랑하시는 자녀들이 낙오되지 않고 따라올 수 있도록 걸음을 인도하신다는 사실이다. 늘 깨어 기도하면서 한 걸음 한 걸음 나아가면 반드시 소원의 항구에 이르게 될 것이다. 세상에는 각양 사람들이 섞여 살고 있다. 부지런히 어딘가를 향해 달려가고 있지만 분명 종점은 다르다.

마6:24을 보면 "한 사람이 두 주인을 섬기지 못할 것이니 혹 이를 미워하고 저를 사랑하거나 혹 이를 중히 여기고 저를 경히 여김이라 너희가 하나님과 재물을 겸하여 섬기지 못하느니라" 하셨다. 세상에서 어떻게 사느냐에 따라 내세가 좌우 될 수 있다는 사실을 알아야 한다. 이런 사실을 모르고 재물을 좇아가게 되면 자칫 큰 문제가 될 수 있다. 신자들은 모름지기 주님 한 분으로 만족할 수 있어야 한다.

시62:10을 보면 "재물이 늘어도 거기에 마음을 두지 말지어다"라고 증거하고 있다. 또 딤전 6:8-10에서는 "우리가 먹을 것과 입을 것이 있은즉 족한 줄로 알 것이니라 부 하려 하는 자들은 시험과 올무와 여러 가지 어리석고 해로운 욕심에 떨어지나니 곧 사람으로 파멸과 멸망에 빠지게 하는 것이라 돈을 사랑함이 일만 악의 뿌리가 되나니 이것을 탐내는 자들은 미혹을 받아 믿음에서 떠나 많은 근심으로써 자기를 찔렀도다"라고 하였다. 세상에 사는 동안 돈은 절대적으로 필요하다. 그러나 필요 이상의 돈은 조심해야 한다. 어떤 사람은 수단 방법을 가리지 않고 돈을 끌어 모은다. 그런데 돈이 다가 아니라는 사실을 알아야 한다. 돈으로 해결 못하는 문제가 많다. 돈으로 믿음을 살 수 있는가, 돈으로 행복을 살 수 없고 시간도 살 수 없고 잠도 살 수 없고 영생도 살 수 없다.

여기에서 우리는 겸손히 하나님의 인도하심을 살펴 볼 줄 알아야 한다. 하나님의 하시는 일은 아무도 그 범위나 길이를 헤아릴 수 없다. 이는 사람들로 하여금 겸손케 하시려는 의도가 있음을 알아야 한다. 왜 사람들이 욕심을 부리고 자기 생각대로 살려고 하는지 안타깝다. 하나님께서는 자녀들이 두려움 없이 따라 오기를 기다리신다. 무엇보다도 영의 세계를 육의 세계처럼 생각해서는 안 된다는 것이다.

예를 들면 영적으로 형통한 사람은 육적으로도 형통하다고 믿는다든가 믿음이 깊은 사람은 아무 문제도 없이 세상을 살 수 있다고 생각하는 것 등이다. 일반적으로 사람들은 영의 세계와 육의 세계를 연관 지어 해석하려고 한다. 물론 전혀 연관이 없는 것은 아니다. 그러나 반드시 연관되는 것은 아니라는 것이다. 한 가지 잊지 말아야 할 것은 하나님은 영혼이 잘 되도록 이끌어 가신다는 것이다. 그 이유는 가장 중요한 요소가 영혼이기 때문이다. 그 밖의 요소들은 영혼이 잘 되도록 보조적인 역할을 하게 하신다는 사실을 알아야 한다.

어떤 사람은 돈이 많아야 신앙생활을 잘하고 어떤 사람은 돈이 없어야 믿음이 깊어진다는 것이다. 하나님은 각 사람의 중심을 감찰하시고 상황에 맞게 걸음을 인도하신다. 한 가지 잊지 말아야 할 것은 어느 편에 속하든 결과는 마찬가지라는 것이다. 그렇다면 부자로 살면서 신앙생활을 하는 편을 택할 것이라고 할 것이다. 그렇지만 하나님의 생각은 다르다는 사실을 알아야한다.

하나님은 궁극적으로 신자들이 주님 한분으로 만족하는 믿음 갖기를 원하신다는 것이다. 그래서 하나님은 신자들을 여러 모양으로 연단하신다. 이 진리를 모르고 신앙생활을 하게 되면 하나님의 인도하심을 제대로 따를 수 없다. 물론 모든 신자들이 다 주님 한분으로 만족하다고 할 수는 없을 것이다. 신자들의 믿음은 천차만별이다. 아무도 자기의 믿음이 어느 정도인지 정확히 아는 자는 없다. 그래서 하나님은 아무도 모르게 믿음의 분량에 따라 걸음을 인도 하신다.

본문에 하나님은 제자들을 부르실 때 지혜로운 자나 능력 있는 자나 문벌 좋은 자를 택하지 아니 하셨다고 강변하고 있다. 우리는 이 점을 중시해야 한다. 왜냐하면 세상적으로 아무리 유능하다고 해도 영의 세계에서는 그것들이 아무 쓸모도 없기 때문이다. 27-28절을 보면 "그러나 하나님께서 세상의 미련한 것들을 택하사 지혜 있는 자들을 부끄럽게 하려 하시고 세상의 약한 것들을 택하사 강한 것들을 부끄럽게 하려 하시며 하나님께서 세상의 천한 것들과 멸시 받는 것들과 없는 것들을 택하사 있는 것들을 폐하려 하시나니" 하셨다.

어느 날 하나님이 신자들의 모임을 보시고 매우 흡족하게 여기셨는데 모임의 토론 주제가 복음을 전하자 였던 것이다. 하나님은 사람을 보실 때 외모를 보시지 않는다. 다시 말하면 세상적인 것을 보지 않으신다는 것이다. 오직 믿음을 보시고 쓰신다.

사랑하는 성도 여러분, 예수님께서 말씀하시기를 "나는 전도하러 이 세상에 왔다"고 하셨다(막1:38). 예수님을 따르는 자들은 복음을 전하도록 사명을 받은 자들이다. 마지막 날에 하나님은 우리들이 복음을 위해 무엇을 하였는지를 물으실 것이다. 구원의 확신이 있는 신자는 복음을 전하지 않을 수 없다. 만일 복음을 전하지 않는 신자가 있다면 게으른 신자일 것이다. 많은 사람들이 예수 그리스도를 믿고 따르지만 힘써 복음을 전하는 사람은 그리 많지 않다. 여러분 모두 복음 전도로 많은 영혼들을 주님께로 인도하시길 기원한다.

21. 성령의 은사
고전 12:1-11

성경은 우리에게 많은 것을 가르쳐 주고 있다. 오늘은 특별히 성령의 은사에 대한 말씀을 살펴보고자 한다. 성령의 은사는 그 범위가 너무나 넓기 때문에 간단히 다룰 수 없지만 여기에서는 본문에 기록된 은사를 중심으로 다루고자 한다. 아무리 성경 지식이 해박하고 또 겸손하다 할지라도 성령의 은사 없이는 하나님의 일을 할 수 없다. 그래서 하나님은 하나님의 일을 하고자 하는 자들에게 은사를 주신다. 다시 말하면 하나님의 일을 하라고 은사를 주시기 때문에 은사를 구하는 자들은 헌신할 각오를 가지고 구해야 한다. 물론 모든 신자들이 하나님께 헌신하는 삶을 살지만 은사의 유무에 따라서 달리 쓰인다는 사실을 알아야 한다.

은사를 받게 되면 그 은사가 은사 되게 하기 위해서 끊임없이 기도해야 한다. 기도를 통해서 하나님의 뜻을 깨닫고 또 은사가 효과 있게 할 수 있도록 해야 하기 때문이다. 한 가지 주의해야 할 것은 아무리 은사를 받았다고 해도 함부로 사용해서는 안 된다는 것이다. 예를 들면 능력 행함 은사를 받았다고 해도 무조건 능력이 나타나는 것은 아니라는 사실이다. 그 이유는 하나님께서 원하는 자에게만 성령이 역사하시기 때문이다. 물론 누가 하나님의 원하시는 자인지 우리는 알 수 없다. 그러면 은사자가 어떤 자에게 은사를 적용해야 하는지 어떻게 알 수 있느냐고 할 것이다. 그래서 은사자는 하나님과 교통하는 은사가 먼저 주어지지 않으면 안된다는 것이다. 하나님과 교통하지 못하면 하나님의 뜻을 받을 수 없고 그런 사람은 은사자가 될 수 없다.

행3:6-8을 보면 "베드로가 이르되 은과 금은 내게 없거니와 내게 있는 이것을 네게 주노니 나사렛 예수 그리스도의 이름으로 일어나 걸으라 하고 오른손을 잡아 일으키니 발과 발목이 곧 힘을 얻고 뛰어 서서 걸으며 그들과 함께 성전으로 들어가면서 걷기도 하고 뛰기도 하며 하나님을 찬송하니" 했다. 이 말씀을 살펴보면 몇 가지 주목할 점이 있다. 먼저 베드로와 요한이 성전 미문의 앉은뱅이를 처음 보는 것이 아니라는 것이다. 날마다 미문이라는 성전 문에 앉아서 구걸했기 때문에 자주 보았을 것이다. 그런데 이 날 따라 그 앉은뱅이를 일으킨 것은 분명히 성령의 인도하심이 있었다는 것이다. 다시 말하면 하나님과 교통할 수 있었기에 하나님의 뜻을 깨닫고 그 앉은뱅이를 일으켜 세운 것이라는 것이다.

요즘 많은 사람들이 하나님의 섭리를 모르고 병이 들면 당연히 병원에서 치료를 받아야 한다고 하는데 의사들 또한 하나님의 손안에 있다는 사실을 알아야 한다. 약5:14을 보면 "너희 중에 병든 자가 있느냐 그는 교회의 장로들을 청할 것이요 그들은 주의 이름으로 기름을 바르며 그를 위하여 기도할지니라" 했다. 병 고침을 받을 때 치료와 기도를 병행하라는 것이다. 과학의 발달로 병원 의존도가 높아진 것은 사실이지만 하나님이 그렇게 섭리한다는 사실을 잊지 말아야 한다. 특히 불치병이라고 하던 암까지도 상당히 정복되고 있는 실정이다. 그럼에도 불구하고 암은 여전히 난치병이다. 하나님은 병을 치료하실 때 의사를 사용하시기도 하고 직접 치료하시기도 한다. 왜 병이 세상에 존재케 하시는지 궁금하다고 할 것이다.

하나님은 병을 통해 하시는 일이 많다. 어떤 일을 멈추게도 하시고 겸손케도 하시고 하나님을 찾게도 하신다. 또 세상에서 데려 가기도 하신다. 병이 나으면 하나님께 감사 찬송하며 영광을 돌리게도 하신다

본문 말씀에 병 고치는 은사가 기록되어 있다. 병 고치는 의사를 세상에 내셨으면 그들로 고치게 할 것이지 왜 병 고치는 은사를 신자들에게 주신다는 것인지 생각해 볼 필요가 있다. 병 고치는 은사를 통해 치료를 받아야 하나님의 존재를 깨달을 수 있다는 것이다. 하나님이 신자들에게 은사를 주시는 이유는 하나님의 살아 역사하고 계심을 나타내라는 것이다. 모든 은사가 성령으로 말미암아 주어지는데 한결같이 예수 그리스도를 증거하고 있다는 것이다. 예수 그리스도께서는 신자들이 여러 모양으로 택하신 백성들을 구원의 길로 인도하기를 바라신다. 은사자들이 받은 은사를 활용하여 병도 고치고 귀신을 쫓아 내기도 하면 파급 효과가 있어서 복음이 널리 전파된다는 사실을 알아야 한다. 그래서 하나님은 시대에 따라 은사자들을 내시고 하나님께 헌신하도록 은혜를 베푸신다. 다만 은사자들은 오직 하나님의 영광만을 위하여 헌신하여야 한다. 은사자들은 다음 몇 가지를 명심하여야 한다.

첫째, 하나님을 사랑하고 이웃을 사랑하는 마음이 항상 변함없어야 한다.

둘째, 욕심 없는 깨끗한 마음을 소유해야 한다.

셋째, 부단히 기도하고 오직 하나님의 영광만을 위하여야 한다.

본문에 기록된 은사들을 요약해 보면 지혜의 말씀 즉 성경 말씀을 깊이 깨닫게 하시는 은사, 지식의 말씀 즉 성경 말씀을 잘 가르치는 은사, 믿음 즉

순교를 각오하고 믿음을 지키는 은사, 병고치는 은사 즉 예수 그리스도의 이름으로 병을 고치는 은사, 능력 행함 즉 예수 그리스도의 이름으로 귀신을 내어 쫓는 은사, 예언함 즉 미리 되어 질 일들을 밝히는 은사, 영들 분별함 즉 성령의 역사와 악령의 수작을 분별하는 은사, 방언 말함 즉 하나님과 비밀리에 대화하는 은사, 방언들 통역함 즉 방언 말함을 번역하는 은사들이다. 그 밖에도 성령의 은사는 많기 때문에 다 언급할 수는 없지만 하여튼 성령님께서 그의 뜻대로 각 사람에게 은사를 나누어 주신다는 것이다.

성령의 은사는 신비하기 때문에 간혹 오해를 불러일으키기도 한다. 그만큼 영들 분별함이 쉽지 않다는 것이다. 하나님이 이 사실을 모르실리 없다. 하나님께 간절히 기도하면서 겸손히 따르면 문제가 되게 하시지 않는다. 은사를 주시는 까닭은 교회를 세워나가며 성도들에게 유익이 되게 하시려는 것이다. 은사를 두려워해야 할 이유가 없다.

사랑하는 성도 여러분, 은사는 성령님께서 하나님의 일을 하라고 주신 도구이다. 만일 은사가 불필요하다면 하나님께서 주시지 않았을 것이다. 은사를 사모하는 마음은 성령님께서 주신 마음이다. 신자들은 마땅히 은사를 사모해야 한다. 은사를 통해 교회가 부흥되고 은사를 통해 성도들이 은혜를 받는다. 은사 없는 교회는 엄밀히 말해서 성장이 멈추어 있는 교회라고 할 수 있다. 여러분 모두 성령의 은사를 받아서 하나님께 쓰임 받는 신앙생활 하시기 바란다.

22. 사랑
고전 13:1-13

    하나님을 따르는 자들은 사랑을 먹고 사는 자들이다. 끊임없이 하늘로부터 내려오는 사랑을 먹고 마신다. 그래서 신자들은 하늘을 쳐다본다. 땅에서 나는 것은 육신의 양식이지 영혼의 양식은 될 수 없다. 영혼의 양식을 얻으려면 부단히 하나님의 말씀을 들어야 한다. 인간은 육신의 양식만으로는 온전할 수 없다. 영혼과 육신을 가진 존재이기 때문에 영혼의 양식도 육신의 양식도 다 필요하다. 이 진리를 깨닫지 못하면 참 행복을 누릴 수 없다.

    세상에는 수많은 사람들이 살고 있다. 제각기 경주하듯 달려가고 있지만 반대 방향으로 가는 사람도 있다. 출발점은 같은데 종착점이 다르다. 심판장이신 하나님은 이를 보시고 매우 안타깝게 여기신다. 방향이 반대라고 외치신다. 듣고 돌이키는 사람도 있고 고집을 피우고 계속 반대 방향으로 가는 사람도 있다. 경기가 종료되면 결과에 따라 상을 받게 될 것이다. 천국이라는 상을 받는 자도 있고 지옥불에 들어가는 자도 있을 것이다. 이 비밀이 성경에 기록되어 있다. 이웃을 진정으로 사랑 한다면 이 비밀을 이야기 해주지 않을 수 없다.

    복음 전도는 사랑으로부터 시작된다. 한 가지 유념해야 할 것은 기도 없이는 복음이 전파되지 않는다는 것이다. 그래서 쉬지 말고 기도하라고 하신다. 아무리 사랑하는 마음이 간절해도 기도가 없으면 능력이 나타나지 않는다. 하나님은 사랑하시는 자녀들이 헛수고 하지 않게 걸음을 인도하신다. 그러므로 신자들은 순종 할 줄 알아야 한다. 하나님은 신자들의 영적 상태를 면밀히 감찰하고 계신다. 그리고 적당한 길로 인도하신다. 따라서 우리가 하나님 앞에 쓰임을 받으려면 하나님께서 쓰실 수 있도록 스스로를 채워 놓아야 한다. 우리가 스스로를 채워 놓기만 하면 하나님은 언제고 우리를 들어 쓰실 것이다. 왜 하나님께서 나를 쓰시지 않느냐고 섭섭해 할 것이 없다. 문제는 내게 있다. 일 할 곳도 많고 적합하기만 하면 얼마든지 부르심을 받을 수 있다.

마9:37-38을 보면 "이에 제자들에게 이르시되 추수할 것은 많되 일꾼이 적으니 그러므로 추수하는 주인에게 청하여 추수할 일꾼들을 보내 주소서 하라 하시니라" 했다. 여기에서 우리는 추수할 것이 많다는 사실을 알아야 한다. 하나님은 계속해서 일꾼을 양성하시고 파송하신다. 본문 1-2절을 보면 어떠한 능력과 믿음이 있을지라도 사랑이 없으면 아무 소용이 없다고 증거하고 있다. 다시 말하면 사랑이 없는 능력과 믿음은 성령의 역사가 아니라는 것이다. 성령의 역사는 반드시 사랑과 연결되어 있다는 것이다. 따라서 본문을 자세히 살펴보면 사랑이 무엇인지 깨닫지 못하면 아무리 능력이 있고 희생을 해도 유익되지 못하다는 사실이다.

순수한 사랑은 성령의 역사로 나타나는 사랑이다. 그러므로 성령의 내 주하심이 없는 사람은 참 사랑을 할 수 없다. 세속적인 사랑은 성령과 무관하기 때문에 하나님께 영광이 되지 못한다. 이기주의적인 사람에게서 진정한 사랑이 나올 수 있겠는가. 흰색에서 검은색이 나올 수 없는 것과 마찬가지이다. 사랑의 사람 기독 신자는 모든 역경과 고난에 대하여 보는 방법이 불신자와 다르다. 그래서 무엇이든지 결국은 자기에게 복될 줄 아는 것인 만큼 그는 그 모든 일에 참으며 믿으며 바라며 견딘다.

본문 8절을 보면 "사랑은 언제까지나 떨어지지 아니하되 예언도 폐하고 방언도 그치고 지식도 폐하리라"고 증거하고 있다. 성령의 인도하심을 따르는 사람은 사랑의 삶을 살고 있는 것이다. 성령의 역사하심은 사랑을 나타내는 것이기 때문에 성령님이 함께 하시는 한 사랑은 변함없다.

본문 4-6절을 보면 "사랑은 오래 참고 사랑은 온유하며 시기하지 아니하며 사랑은 자랑 하지 아니하며 교만하지 아니하며 무례히 행하지 아니하며 자기의 유익을 구하지 아니하며 성내지 아니하며 악한 것을 생각하지 아니하며 불의를 기뻐하지 아니하며 진리와 함께 기뻐하고" 했다. 사랑의 특징을 언급하고 있는데 귀담아 들어야 한다. 물론 사랑을 다 말했다고는 할 수 없다. 다만 고린도 교회에 필요한 말씀을 주셨을 뿐이다. 사랑의 정의는 아니라는 것이다. 사랑은 한 마디로 정의 할 수 없고 어떻게 하는 것이 사랑이라고 구체적으로 표현하려면 끝이 없을 것이다.

지금 사도 바울이 고린도 교회에 편지를 써 보내면서 사랑으로 모든 문제를 해결하라고 촉구하고 있는 것이다. 사랑이 없이는 문제가 근본적으로 해결되지 않는다는 사실을 알아야 한다. 특히 교회 지도자는 사랑의 사람이어야 한다. 모든 연단은 사랑의 사람을 만들기 위한 과정이라고 할 수 있다. 하나님은 신자들에게서 찌끼를 제거하여 사랑의 사람이 되게 하신다. 성숙한 신자는 여러가지 연단을 통하여 깨끗해진 사람이라고 할 수 있다. 대장

간의 쇳덩이는 담금질을 통하여 펴지고 늘어나고 해서 쓸모 있는 연장이 되어간다.

본문 8절에 "사랑은 언제 까지나 떨어지지 아니하되 예언도 폐하고 방언도 그치고 지식도 폐하리라" 했다. 사랑은 성령으로 비롯되기 때문에 성령님께서 내주시는 한 나타나고 예언 방언 지식 등 성령의 은사는 필요에 따라 주어지는 것이기 때문에 때가 되면 소멸된다는 것이다. 사랑은 영원하지만 성령의 은사는 기한이 있다.

우리가 지금 하나님을 믿고 따르지만 하나님은 희미하게 보일 뿐이다. 그러므로 조심스럽게 따라야 한다. 본문 13절을 보면 "그런즉 믿음, 소망, 사랑, 이 세 가지는 항상 있을 것인데 그 중의 제일은 사랑이라"고 증거하고 있다. 사랑 없는 믿음 사랑 없는 소망은 추상적인 것들이다. 그런데 여기서 말하는 사랑은 하나님의 사랑을 믿는 데서 나온 것이기 때문에 서로 분리될 수 없다는 것이다. 다시 말하면 믿음과 사랑은 동전의 양면과 같다는 것이다. 그래서 신자들에게는 믿음을 겸한 사랑이 있어야 한다.

사랑하는 성도 여러분, 믿음과 소망과 사랑은 신자들에게 반드시 있어야 할 것이라는 사실을 잊지 말아야 한다. 믿음 없는 사랑은 육적 사랑이요, 사랑 없는 믿음은 추상적인 것이기 때문에 구원을 줄 수 없다. 또 믿음 없는 소망은 희망에 불과하기 때문에 지속적으로 믿음을 유지 시켜 주지 못한다. 반면에 소망 없는 믿음은 목표 없는 믿음이기 때문에 힘차게 달려 갈 수 없다. 여러분 모두 그리스도의 사랑으로 승리하는 삶 사시기를 바란다.

23. 내 은혜가 네게 족하도다

고후 12:7-10

본문은 사도 바울이 자신의 경험을 이야기 한 것이다. 보통 간증이라고 하는데 이 말씀을 통하여 몇 가지로 나누어 은혜를 받고자 한다. 첫째, 하나님은 사도 바울에게 사단의 가시를 주셨는데 이는 몸에 병을 의미하는 것으로 전해 내려오는 바에 의하면 안질 또는 지랄병이 아닌가 생각한다. 사도 바울은 이 사단의 가시를 제거해 주시도록 세 번 주님께 간구했는데 하나님은 "내 은혜가 네게 족하도다" 하시고 대신 병을 이겨 나갈 수 있는 힘을 주셨다.

지금도 많은 사람들은 병을 고쳐 달라고 하나님께 은혜를 구한다. 그러나 모두가 병 고침을 받는 것은 아니다. 왜 누구의 기도는 들으시고 누구의 기도는 안 들으시는지 생각해 볼 필요가 있다. 병은 누구에게나 찾아온다는 사실을 알아야 한다. 다만 고치는 병이 있고 못 고치는 병이 있다고 할 것이다. 사람들은 하나님은 전지전능 하시니까 무슨 병이든 못 고칠 병이 없다고 생각하고 은혜를 구한다. 물론 맞는 말이다. 그러나 한 가지 중요한 것은 하나님은 병을 통하여 이루시는 일이 있으시다는 것이다.

본문의 사도 바울은 병을 통하여 자고하지 않게 하시려 한다고 했다. 이렇게 하나님은 아무 의미 없이 병을 주시거나 하시지 않는다는 사실을 알아야 한다. 사람은 어려움이 있을 때 하나님을 찾기 때문에 때로 하나님은 하나님을 찾게 하시는 방편으로 쓰시기도 한다. 신자들은 궁극적으로 구원을 받아야 하는데 한 눈 팔지 않고 구원의 길을 달려가려면 병이 필요할 때도 있다.

둘째, 기도의 응답은 사랑이다. 우리는 기도할 때 이렇게, 이렇게 이루어 주셔야 할 텐데 하고 미리 답을 가지고 은혜를 구한다. 그런데 하나님은 기도자가 무엇이 필요한지 다 아신다. 다시 말하면 기도하는 이유를 아신다는 말이다. 따라서 기도자는 하나님께 맡기고 겸손히 은혜를 구할 줄 알아야 한다. 그리고 응답이 예상대로 주어지지 않아도 염려할 것이 없다. 왜냐하면 하나님께서 가장 좋은 길로 걸음을 인도하시기 때문이다.

셋째, 하나님은 은혜 받을 자에게 은혜를 주신다. 하나님은 사도 바울이 은혜를 구할 때 병을 낫게 해 주시지 않고 병을 주신 이유를 깨닫게 해 주셨다. 여기에서 우리가 염두에 두어야 할 것은 우리에게 임하는 모든 것이 다 이유가 있다는 것이다. 하나님께는 우연이나 불확실한 것이 없다. 그러므로 신자들은 하나님께서 어느 길로 인도하시든 염려할 것이 없다.

오늘날 많은 사람들이 예수 그리스도를 믿는다고 하면서도 자신을 하나님께 온전히 맡기지 못하고 하나님의 도우심이나 바라는 경우가 많다. 하나님은 이것을 안타깝게 여기신다. 하나님은 신자들에게 은혜를 베푸시되 아무나 은혜 받게 하시지 않고 또 은혜를 받되 아무 은혜나 받게 하시지 않는다는 사실을 알아야 한다.

지금 많은 신자들이 은혜를 사모하는 마음으로 기도도 하고 말씀에 순종도 한다. 그런데 한 가지 잊지 말아야 할 것은 똑같이 기도하고 은혜를 사모하여도 주어지는 은혜는 다르다는 것이다. 하나님은 신자들을 이끌어 가실 때 누구에게는 무슨 은혜가 필요하고 또 누구에게는 무슨 은혜가 필요한지 다 아신다. 그래서 필요한 사람에게 필요한 은혜가 주어지도록 역사하신다. 사람들은 돈이 좋으니까 무조건 돈을 많이 달라고 은혜를 구한다. 그러나 하나님 보시기에는 돈보다 건강이나 지위나 명예나 그밖에 다른 것이 더 필요하다는 것이다.

하나님은 성경을 통해 신자들의 욕구를 충족시켜 주신다. 다만 신자들은 그때그때 주어지는 은혜를 겸손히 받아들일 수 있어야 한다. 지금도 수많은 사람들이 하나님의 은혜를 사모하지만 받지 못하는 경우가 많다. 그 이유는 사모만 할 뿐 간절히 구하지 않기 때문이다. 하나님은 신자들의 모든 기도를 들으실 뿐만 아니라 응답하신다. 어떤 경우에는 침묵일 수도 있다. 물론 침묵하실 경우 기도자가 어떻게 행할 것이라는 것을 그는 아신다. 그래서 침묵도 일종의 응답이라고 할 수 있다. 기도는 누구나 할 수 있지만 그러나 응답은 아무나 받는다고 단언할 수 없다. 왜냐하면 응답을 응답으로 깨닫는 자만 기도 응답을 받았다고 할 수 있기 때문이다. 어떤 사람은 신자들이 욕심을 부리기 때문에 문제가 있다고 빈정댄다. 그냥 주어지는 대로 살지 않고 무엇을 달라고 그렇게 날마다 매달리는지 알 수 없다는 것이다. 물론 얼핏 들으면 그럴듯해 보인다. 불신자들은 아무것도 구하지 않아도 먹고 살고 출세도 한다. 여기에서 우리는 기도에 대해 생각해 보지 않을 수 없다. 하나님은 성경을 통해 기도하라고 가르치신다. 만일 기도가 욕심을 채우는 일이라면 해서는 안 된다. 그런 기도는 하나님께서 절대 받지 않으신다. 그런데 신자들의 기도는 무엇을 달라고 하는 것 같지만 엄밀히 분석해 보면 모든 사람이 복 받고 구원받도록 은혜 베풀어 달라는 것임을 알 수 있다.

예를 들면 병 낫기를 구했다고 하자. 그 병이 나으면 건강한 몸으로 하나님께 영광을 돌리겠다는 것이 그 기도 저변에 깔려 있다는 사실을 알아야 한다. 모든 기도의 끝은 하나님의 영광과 연결되어 있다. 그래서 하나님께 영광을 돌리면 하나님께서 기도자의 구하는 대로 은혜를 베푸시고 기도를 하게 하신 뜻이 이루어지게 된다는 것이다. 우리들은 기도할 때 응답을 전제하고 기도한다. 하나님은 모든 기도를 들으신다. 그리고 반드시 응답하신다. 다만 기도자가 응답을 응답으로 깨닫지 못할 때가 있을 뿐이다. 사도 바울은 하나님과 교통하면서 하나님의 뜻을 헤아려 받들었다. 누구 못지않게 기도하면서 사명을 감당했지만 그의 기도가 항상 자기 뜻대로 응답되지는 않았다.

본문의 ˝내 은혜가 네게 족하다˝는 응답은 사도 바울의 생각과 정 반대의 것이었다. 그럼에도 불구하고 사도 바울은 하나님의 뜻이 어디 계신지 얼른 알아 차렸다. 기도할 때 하나님의 응답이 주어지지 않으면 계속해서 기도하기 힘들 것이다. 그만큼 기도 응답은 중요한 것이다. 아무도 응답 없는 기도를 계속할 수는 없을 것이다. 하나님께서는 신자들이 지치지 않고 기도할 수 있도록 여러가지로 걸음을 인도하신다.

예를 들면 생각하고 구하는 것보다 더 좋은 것으로 응답 하시어 보람을 느끼게도 하시고 전혀 불가능하게 느껴지는 것들이 이루어지게 하셔서 깜짝 놀라게 만드시기도 하신다. 여기에서 신자들은 기도의 묘미를 맛보게 되고 계속 기도할 수 있는 힘을 얻게 된다. 아무튼 기도는 신비한 것이다. 많은 사람들이 기도에 힘쓰는 이유가 있다면 응답의 신비에 있다고 할 수 있다. 하나님은 신자들에게 은혜를 베푸실 때 하나님께서 은혜 베풀어 주심을 충분히 깨닫도록 하신다. 여기에서 우리는 하나님이 은혜가 풍성하신 분이심을 깨달을 수 있다. 무슨 일이든지 하나님은 인색하지 않으심을 알아야 한다. 더욱이 은혜를 구하는 자에게는 흡족하게 주신다. 그러나 때로 신자들은 이를 깨닫지 못하고 하나님을 원망하기도 한다. 기도에 응답이 없다는 것이다. 또 내 생각대로 은혜를 주시지 않는다는 것이다. 아직도 신자들이 하나님을 잘 모르고 있다는 증거이다. 하나님은 좋은 것으로 주셨다고 하시고 신자들은 마음에 들지 않는다고 하니 안타까운 노릇이다.

사랑하는 성도 여러분, 사도 바울은 하나님께 사단의 사자를 제거해 달라고 기도를 했는데 응답은 "내 은혜가 네게 족하도다"였다. 하나님은 사도 바울이 기도 응답을 받고 오히려 기쁜 마음으로 받아들이는 것을 보고 안심하셨을 것이다. 기도의 응답은 내 뜻대로가 아니라 하나님의 뜻대로 주어져야 한다는 것을 잊지 말아야 한다. 여러분 모두 하나님께서 주시는 기도의 응답은 최선의 것임을 믿고 겸손히 받아들이는 자세 가지시기를 바란다.

24. 먹든지 마시든지
고전 10:23-33

사람은 왜 사는가? 이 문제는 아주 오래 전부터 제기 되어온 문제이다. 소요리 문답 제1문을 보면 사람의 첫째 되는 목적은 "하나님을 영화롭게 하는 것과 영원토록 그를 즐거워하는 것이니라"고 답하고 있다. 만일 이러한 목적이 주어지지 않았다면 인생은 부평초처럼 떠다니다가 사라지는 존재에 불과할 것이다.

사람들은 왜 태어나며 어떻게 살다가 어디로 가는지 알지 못하고 방황하는 존재이기도 하다. 어떤 사람은 자살하는 사람도 구원을 받습니까? 하고 묘한 질문을 던지기도 한다. 성경에 구체적으로 지적하고 있지 않으니 단도직입적으로 말씀드릴 수는 없지만 "너희가 먹든지 마시든지 무엇을 하든지 다 하나님의 영광을 위하여 하라" 하신 말씀을 보면 구원을 받지 못한다고 할 수 밖에 없을 것이다.

한 가지 예를 든다면 자살하는 사람이 나도 예수 그리스도를 믿소 하고 죽었다면 믿음으로 구원 받는다고 했으니까 구원 받아야 하는 것 아니냐고 논리를 펼 수도 있을 것이다. 그런데 본문 말씀을 보면 "먹든지 마시든지 무엇을 하든지 다 하나님의 영광을 위하여 하라"고 했다. 자살이 하나님께 영광을 돌리는 일인지 생각해 보면 알 수 있을 것이다.

아무리 입으로 예수 그리스도를 믿는다고 말해도 실제 예수 그리스도를 믿는지의 여부는 과연 그 안에 성령님께서 내주 하시는지 여부로 판별할 수밖에 없다. 아무리 예수 그리스도를 믿는다고 해도 자살을 했다면 과연 성령의 인도하심을 받았다고 할 수 없기 때문에 결국 성령의 내주 하시는 자가 아니라는 결론에 이르게 된다. 아무도 인간의 사후를 내다 볼 수 없기 때문에 정확한 것은 당해 봐야 알겠지만 성경에 나타난 대로는 자살자의 구원은 없다고 하는 것이 지금까지의 견해이다.

왜 하나님께서 신자들에게 겸손한 마음을 품으라고 하시는지 깨달아야 한다. 교만한 사람은 하나님께서 인도하실 때 순종하지 않고 제멋대로 한다. 아무리 하나님께서 은혜를 베풀려 해도 순수하게 받아들이지 않는다. 여기에서 우리는 왜 하나님께서 어떤 사람은 은혜를 많이 받게 하시고 어떤 사람은 적게 받게 하시는지 생각해 볼 필요가 있다. 하나님이 불공평해서가 아니라 똑같은 은혜를 베풀어도 많이 받기도 하고 적게 받기도 하기 때문에 은혜를 많이 받고 적게 받는 것은 각자에게 달려 있다는 것이다.

하나님의 은혜가 임하면 어떠한 문제든지 해결 될 수 있기 때문에 사람들은 문제가 생기면 하나님을 찾는다. 그런데 어떤 사람은 하나님 앞에 나오지 않고 자력으로 해결하려고 몸부림을 친다. 또 나오기는 해도 전적으로 하나님을 믿지 못하고 반신반의 한다. 하나님을 전적으로 믿고 의지하면 풀지 못할 문제가 없다. 물론 사안에 따라서 시기가 다를 수는 있지만 반드시 문제가 풀린다는 사실을 알아야 한다.

사람들은 조급하여 때가 이르기까지 기다리지 못하고 안절부절 한다. 그래서 성경은 인내를 강조한다. "천하에 범사가 기한이 있고 모든 목적이 이룰 때가 있나니"(전3:1) 했다. 서두를 필요가 없다. 하나님을 믿고 따르는 자들은 인내로 승리할 수 있어야 한다. 아무도 믿음이 없이는 구원을 받지 못하고 인내가 없이는 아무도 승리를 쟁취할 수 없다. 사람들은 성공하기를 원하지만 인내가 부족해서 기회를 놓치는 경우가 많다. 그러나 겸손한 마음으로 믿고 인내하면 반드시 성공할 수 있다.

최근 들어 사람들은 과정을 무시하고 결과만을 중요시하는 경향이 있다. 물론 결과가 중요하다. 그러나 과정 또한 못지않게 중요하다. 과정이 잘못되면 언젠가는 결과가 무너지거나 심각한 훼손을 당하게 된다. 그럼에도 불구하고 눈앞의 것만을 생각하며 멀리 보지 못하고 그릇 행하는 사람들이 있다. 신자들은 모름지기 하나님의 뜻을 헤아려 따를 수 있어야 한다. 목전의 일이 힘들어도 바른 길로 나갈 줄 아는 믿음과 지혜가 있어야 할 것이다. 하나님은 신자들이 믿음으로 승리할 수 있기를 바라신다. 아무도 알아주지 않고 인정을 받지 못해도 오직 주님만 바라보고 전진할 수 있어야 한다.

우리는 간혹 하나님보다 사람을 더 의식하는 경우가 있다. 물론 하나님께서 그것을 모르실리 없다. 다만 하나님께서 모르시는 척 넘어가 주시기도 하시지만 이런 신앙은 헛수고에 불과하다는 것을 알아야 한다. 사람들은 어떻게 하나님께서 우리들의 마음을 다 아시는지 모르겠다고 고개를 갸우뚱한다.

성령의 아홉가지 열매 중에 절제의 열매가 있다. 언행과 생각까지도 절제할 수 있도록 하는 열매인데 이 열매를 소유하면 불필요한 것을 내지 않을 수 있다. 우리가 하나님께 영광을 돌리는 삶을 살려면 하고 싶은 대로 다 해서는 안 된다. 언행심사가 절제 되어야 한다. 본문의 "너희가 먹든지 마시든지 무엇을 하든지 다 하나님의 영광을 위하여 하라" 이 말씀은 절제 있는 삶을 살아야 하나님께 영광을 돌릴 수 있다는 것이다.

하나님은 신자들이 하나님께 영광을 돌리려고 애쓰는 것을 다 아신다. 그래서 하나님은 묵묵히 걸음을 인도하신다. 혈기도 제어할 수 있도록 인도하시고 언행도 자제할 수 있도록 도와주신다. 문제는 신자들의 순종인데 하나님께서 인도하실 때 절제하기가 쉽지 않다는 것이다. 사도 바울은 고전 15:31에서 "나는 날마다 죽노라"고 고백하고 있다. 또 잠15:32절을 보면 "노하기를 더디 하는 자는 용사보다 낫고 자기의 마음을 다스리는 자는 성을 빼앗는 자보다 나으니라"고 기록하고 있다. 성경이 우리에게 주시는 교훈은 참 많다. 특히 하나님께 영광을 돌리도록 인도하고 계신다.

성경은 인간이 하나님께 영광을 돌리도록 쓰여진 책이다. 따라서 성경을 모르면 하나님께 영광을 돌릴 수 없다. "너희가 먹든지 마시든지 무엇을 하든지 다 하나님의 영광을 위하여 하라" 이 말씀은 사람의 모든 언행심사가 하나님께 영광이 되게 하라는 것이다.

사랑하는 성도 여러분, 인간의 삶이 초점을 잃으면 안 된다. 하나님은 인간의 생사화복을 주장하신다. 따라서 인간의 삶은 하나님께로 초점이 모아져야 한다. 아무리 병약해도 하나님께서는 뜻이 계시고 아무리 돈이 많고 아무리 높은 자리에 있어도 하나님의 손안에 있다. 하나님을 떠나서는 아무것도 존재할 수 없고 하나님을 떠나서는 아무것도 움직일 수 없다. 하나님은 모든 만물의 주관자이시다.

따라서 모든 피조물들은 하나님께 영광을 돌려야 한다. 하물며 하나님의 형상을 닮은 인간이 하나님께 영광을 돌려야 함은 말할 것도 없다. 그래서 본문은 "너희가 먹든지 마시든지 무엇을 하든지 다 하나님의 영광을 위하여 하라"고 지적하고 있다. 여러분 모두 하나님의 영광을 위해 사시기를 바란다.

25. 맡은 자와 충성

고전 4:1-5

우리들이 사는 세상은 어떻게 보면 찬란한 것 같고 또 어떻게 보면 어둡다고 생각할 수 있다. 왜 사람들이 아웅다웅 하면서 한평생을 사는지 안타깝다. 어떤 사람은 인생이 초로 같다고 하기도 하고 어떤 사람은 인생이 허무하다고 한다. 그러나 자세히 살펴보면 인생처럼 아름다운 것이 없다.

인생은 무엇보다도 영혼을 소유하고 있다는 것이다. 그래서 하나님과 교통 할 수 있고 땅에 것을 다스리며 살 수 있다. 비록 죄로 물든 존재이긴 하지만 죄를 용서 받을 수 있는 길이 있고 천국에 소망을 두고 살아 갈 수 있다. 하나님의 사랑을 넘치도록 받을 수 있고 풍성한 하나님의 은혜 가운데 살 수 있다. 그럼에도 불구하고 사람들은 근심과 걱정을 떨쳐 버리지 못한다. 하나님을 깊이 알지 못하기 때문이다. 눈에 보이도록 무엇이 주어지지 않으면 마음을 놓지 못한다. 하나님을 믿고 따라가면 되는데 행함이 있는 믿음이 없다.

수3:15 이하를 보면 이스라엘 민족이 요단강을 건널 때 제사장들의 발이 물가에 잠기자 위에서부터 흘러내리던 물이 끊어졌다고 증거하고 있다. 야고보 선생은 행함이 없는 믿음은 그 자체가 죽은 것이라고 강조한다. 믿음이 약한 자는 하나님의 일을 할 수 없다. 그래서 하나님은 신자들의 믿음이 자랄 때까지 기다리신다.

열 번 찍어 안 넘어가는 나무 없다는 속담이 있다. 계속 집중해서 매달리면 성공한다는 말이다. 하나님은 모든 신자들이 잘 되기를 바란다. 그래서 성경을 보면 수많은 성공 비결들이 기록되어 있다. 세상에서 말하는 성공은 진정한 의미의 성공이라고 할 수 없다. 그 이유는 하나님께 영광을 돌리지 못하기 때문이다. 여기에서 우리는 왜 신자들이 성공해야 하는지 알 수 있다. 결국 신자들은 하나님께 영광을 돌리며 사는 존재들이라는 것이다.

하나님께 영광을 돌리며 사는 존재들은 이기주의적인 삶을 살지 않는다. 어떻게 하면 하나님을 기쁘시게 할까 생각하며 산다. 사도 바울은 본문 4절에서 나를 심판하실 이는 주시니라고 고백하고 있다. 마지막 날 심판 때에 어떻게 살았는지 심판하실 것이라고 가르쳐 주고 있다. 그런데 한 가지 잊지 말아야 할 것은 아무도 모르게 심판날이 임한다는 사실이다.

여기에서 우리는 하나님의 측량할 수 없는 사랑을 짐작할 수 있다. 만일 사람이 심판날을 미리 알게 되면 엄청난 문제가 야기될 것이다. 죄로 물든 인간들은 종말을 겸손과 감사로 맞이하지 못하고 갖가지 악행 등으로 세상이 어수선해질 것이다. 그래도 사람들은 종말을 염두에 두지 않고 열심히 살아간다. 아무리 어렵고 힘들어도 종점을 향해 힘 있게 달려간다. 문제는 누구에게나 종말이 있다는 사실이다.

어떤 사람에게는 종말이 기다려지고 어떤 사람에게는 두려운 것이 되기도 한다. 아무리 성실히 살았다 해도 역시 종말은 두렵다고 해야 할 것이다. 가족 친지 친구들을 떠나 미지의 세계로 간다는 것이 간단한 일이 아니다. 피

할 수 없는 길이기에 체념하고 받아들이지만 영원한 이별은 슬픈 것이다.

성경은 천국과 지옥에 대해 말하고 있다. 구체적으로 말 할 수는 없지만 천국은 이 세상보다 좋은 곳이고 지옥은 이 세상보다 못한 곳이라고 한다. 본문을 살펴보면 세상 사람들이 신자들을 볼 때 그리스도의 일꾼이요 하나님의 비밀을 깨닫고 전하는 자로 인정할 수 있어야 한다는 것이다. 신자들도 불신자들과 같이 더불어 세상을 살아간다. 모두가 힘써 무엇인가 이루어 간다. 그런데 신자들은 천국 비밀을 다시 말하면 복음을 깨닫고 전하는 일을 한다는 것이다. 이러한 사실을 불신자들이 인정할 수 있게 해 주어야 한다는 것이다.

신자들이 해야 할 일이 많다. 그러나 본질적인 일은 복음을 전하는 것이다. 불신자들이 신자들을 보고 저 사람들은 예수 그리스도를 전하는 자들이라고 알고 있어야 한다는 것이다. 물론 모두가 복음을 전하지는 못한다. 그 이유는 믿음이 약하기 때문이라고 할 수 있다. 한 가지 잊지 말아야 할 것은 어떤 상황에서든지 힘써 복음을 전하라는 것이다. 그리고 기다려야 한다. 전파된 복음은 싹이 트고 자라며 열매를 맺는다.

2절에 보면 "그리고 맡은 자들에게 구할 것은 충성이니라"고 하였다. 맡은 자들이 누구인가? 하나님의 비밀을 맡은 자이다. 다시 말하면 복음의 비밀을 깨닫고 전하는 자를 가리킨다. 이런 사람들에게 요구되는 것은 충성이라고 가르친다. 하나님의 복음을 전하는 자들은 그리스도의 일꾼이요 충성된 종이다.

종의 어원을 살펴보면 배 밑창에서 노를 젓는 노예라는 뜻이다. 노예는 주인의 명령만 따른다. 따라서 복음 전도자는 주님의 명령에 순종할 뿐 자기의 생각이나 경험 등을 내세우지 않는다. 사도 바울도 하나님이 이끄시는 대로 따랐을 뿐 자기 마음대로 복음을 전하거나 하지 않았다.

세상사를 살펴보면 신비한 것이 한 둘이 아니다. 결혼하고 이혼하는 것 부하고 가난한 것 만나고 헤어지는 것 건강하고 병드는 것 살아 있는 것과 죽는 것 모두가 절묘하게 전개되고 봉합된다. 그러나 사람들은 이러한 하나님의 섭리를 깊이 깨닫지 못한다. 하나님은 무심한 듯 세상을 이끌어 가신다. 공중 나는 새를 먹이시는 하나님께서 들의 백합화를 입히시는 하나님께서 사람들을 먹이시고 입히시지 않겠는지 웬 근심이 그렇게 많은지 안타깝다.

하나님을 믿고 따르는 자들은 걱정 근심할 필요가 없다. 하나님께서는 사랑하시는 자녀들이 믿음에서 떠나지 않고 따라올 수 있도록 인도하신다. 때로는 어려움도 있지만 감당하지 못할 시험을 당하게 하시지는 않는다.

사람들은 어떻게 하면 신앙생활을 좀 더 잘 할 수 있을까 고민하기도 한다. 문제는 간단하다. 깊은 믿음을 갖도록 힘써야 한다. 그런데 성경은 "그러므로 믿음은 들음에서 나며 들음은 그리스도의 말씀으로 말미암았느니라"라고 강조하고 있다. 여기에서 우리는 한 가지 비밀을 발견 할 수 있다. 하나님의 말씀을 듣지 않으면 믿음이 생기지 않는다는 것이다. 설교를 경청해야 하는 이유인 것이다. 그런데 하나님의 말씀을 믿는 사람들은 계속해서 말씀을 듣기 때문에 믿음이 성장하고 하나님의 일도 할 수 있지만 말씀을 멀리하는 사람들은 하나님의 일을 제대로 할 수 없다.

많은 사람들이 하나님의 일을 하겠다고 나서지만 모두 다 쓰임을 받는 것은 아니다. 복음의 비밀을 맡은 자 그리고 충성된 자를 쓰신다. 본문을 기록한 사도 바울은 크게 쓰임을 받은 자이다. 그는 본서를 통해 하나님의 일을 하려면 먼저 하나님을 알아야 하고 그리고 충성된 자세를 가져야 한다고 강조하고 있다. 사도 바울이 성령의 충만함을 받지 못했으면 그렇게 선교사역을 감당하지 못했을 것이다. 하나님을 아는 것이나 충성된 자세 등은 성령 충만으로 부터 비롯된다는 사실을 알아야 한다. 따라서 신자들은 성령 충만을 받도록 힘써야 한다.

사랑하는 성도 여러분, 왜 사도 바울이 고린도 교회에 이런 서신을 보냈는지 생각해 보아야 한다. 당시 고린도 교회는 여러가지 문제가 있었다. 음행과 우상 숭배 그리고 도적 등 혼란스러웠다. 이를 척결하기 위해 사도 바울은 편지를 썼다. 한 걸음 더 나아가 하나님께 충성하도록 초점을 집중 시키고 있는 것을 볼 수 있다.

사도 바울은 고린도 교회의 잘못 만을 지적 하지 않고 그들이 어떻게 나아갈 바를 제시하고 있다는 사실을 잊어서는 안 된다. 여러분 모두 "사람이 마땅히 우리를 그리스도의 일꾼이요 하나님의 비밀을 맡은 자로 여길 지어다 그리고 맡은 자들에게 구할 것은 충성이니라" 하신 말씀이 응하는 신앙생활 하시기를 기원한다.

26. 수고한 것
갈 4:8-11

인류 역사는 소리없이 흘러가고 세상만사는 종말을 향해 다가가고 있다. 내 노라 하는 자들도 사라져 가고 인생사는 덧없이 지나간다. 아무도 멈추어 설 수 없고 흐르는 물에 낙엽이 떠내려가듯 너도 가고 나도 간다. 우리 모두는 하나님의 인도하시는 대로 한 걸음 한 걸음 나아갈 뿐이다.

하나님의 신비 속에 인류 역사는 하나하나 진행되어 가고 때를 따라 열매를 맺는다. 누가 잘 살고 못 살고를 떠나 승리하는 삶을 살았는지 겸손히 생각해 볼 필요가 있다. 모두가 최선을 다해 살았다고 할 것이다. 그러나 승자도 있고 패자도 있을 것이다. 그러면 어떤 사람이 승자이고 어떤 사람이 패자인가? 답은 간단하다. 승자는 천국에 들어가고 패자는 지옥에 떨어진다.

사도 바울은 본문에서 자기가 수고한 것이 헛될까 두려워한다고 하였다. 그가 수고한 것이 무엇인가? 예수 그리스도를 잘 믿고 구원받으라고 노력한 것을 가리킨다. 사람들은 구원을 받고 싶어도 복음을 전하는 사람이 없어서 구원받지 못하는 경우가 많다. 우리나라는 복음 전하는 사람이 많지만 아직까지 복음을 들어보지 못한 나라들도 많다. 그들을 위해서 우리는 기도하고 더 많은 선교사들을 보내야 한다. 아무리 교회에서 계획을 잘 세워도 하나님께서 인도하시지 않으면 열매를 맺을 수 없다.

그런데 한 가지 중요한 것은 사람이 아무리 오래 살아도 더 살고 싶어 하지 이제는 죽어도 좋다고 하는 사람은 별로 없다는 것이다. 그래서 하나님께서는 사람들에게 영생하는 길이 있다고 하시고 그 길을 가르쳐 주셨다. 누구든지 예수 그리스도를 믿기만 하면 죄 용서를 받고 영생하게 된다고 하셨는데 사람들은 믿고 깨닫기도 하며 믿지를 못하고 거부하기도 한다.

아무도 천국을 다녀 온 사람이 없기 때문에 뭐라 말할 수는 없지만 믿는 사람은 하나님의 약속을 그대로 믿고 받아들인다. 분명히 천국이 있고 영생한다는 사실을 믿어 의심치 않는다.   인류 역사상 수많은 사람들이 예수 그리스도를 믿고 따랐다. 그들도 순전한 마음으로 믿고 따랐을 뿐 구체적인 천국을 보았거나 다녀왔기 때문에 믿고 따른 것은 아니라는 것이다. 그런데 신자들은 무엇을 보거나 확인을 해서 믿는 것이 아니라 하나님의 말씀을 듣고 믿고 따른다는 사실이다. 왜 똑같이 하나님의 말씀을 듣는데 누구는 믿고 누구는 믿지 않는지 알 수가 없다.

아무튼 하나님의 세계는 신비하다. 이 신비한 세계에 발을 들여 놓으면 여러 모양으로 신비한 체험을 하게 된다. 하나님을 만나는 체험도 하고 기적도 체험 하기도 한다. 일단 예수 그리스도를 영접한 자는 신비한 하나님의 은혜 가운데 살기 때문에 끊임없이 신령한 삶을 살 수 밖에 없다. 하나님을 모르는 사람들은 신자들의 삶을 이해 하지 못한다. 따라서 지혜롭게 대하지 않으면 오해를 받을 수 있다. 어떻게 하나님께서 신자들과 불신자들이 어울려 살게 하시는지 아리송하다.

이 세상은 간단한 것 같으면서도 복잡하다. 그래서 어느 길로 나가야 할지 정답을 찾기가 어렵다. 그런데 이상한 것은 정답을 주어도 받아들이지 않는다는 것이다. 그들이 바로 불신자들이다. 인생 문제의 해답은 성경에 있다. 하나님의 말씀만 믿고 따르면 모든 문제가 해결된다. 하나님은 인류 역사를 주관하신다. 모든 것이 그분의 손 안에 있다. 따라서 모든 문제를 하나님께 가지고 나와야 한다. 하나님께 맡기고 겸손히 기다리면 아름다운 열매를 맺게 하신다.   수많은 사람들이 자기의 힘과 지혜로 문제를 해결하려다가 벽에 부딪혀 좌절하곤 한다. 여기에 인생의 문제가 있다고 할 수 있다. 하나님은 어떤 문제든지 해결 하실 수 있는 분이시다. 우리가 전적으로 하나님만 믿고 의지한다면 하나님은 외면하지 않으신다. 하나님을 섬기면서 왜 근심 걱정을 혼자 끌어안고 고민할 필요가 있겠는가. 그분은 우리의 아버지이시다. 자녀가 아버지한테 아뢰고 문제 해결을 받는 것은 지극히 당연한 일이다. 하나님이 자녀의 문제를 수수방관하시겠는가. 항상 하나님과 교통하면서 동고동락하는 삶을 살 수 있어야 할 것이다. 우리는 전지전능하시고 능치 못할 일이 없으신 하나님을 아버지로 모시고 사는 자들이다.   아무 것도 염려하지 말고 기쁨과 감사로 찬송하며 살아야 하겠다. 수많은 사람들이 하나님을 하나님 되게 섬기지를 못하고 있어 안타깝다. 지혜로운 신자들은 하나님께 모든 짐을 맡긴다. 비록 사소한 일이라도 하나님께 맡길 줄 아는 믿음이 있어야 한다. 하나님은 크신 분이시니까...하고 섬기게 되면 반쪽 하나님만 섬기는 꼴이 되고 만다.

마10:29-31 보면 "참새 두 마리가 한 앗사리온에 팔리지 않느냐 그러나 너희 아버지께서 허락하지 아니하시면 그 하나도 땅에 떨어지지 아니하리라 너희에게는 머리털까지 다 세신 바 되었나니 두려워하지 말라 너희는 많은 참새보다 귀하니라" 하셨다. 하나님은 참새 한 마리 까지도 챙기시는 자상한 분이심을 잊지 말아야 한다. 아무도 하나님을 다 알수는 없지만 겸손한 마음으로 하나님을 섬기게 되면 필요한 만큼 하나님을 알 수 있도록 은혜를 베푸신다. 하나님을 모르는 사람들은 하나님 없이도 이만큼 살고 있는데 굳이 예수 그리스도를 믿을 필요가 있느냐고 반문한다. 그러나 신자와 불신자 사이의 삶은 엄청나게 다르다.

예를 들면 신자들은 하나님의 영광을 위하여 살고 불신자들은 자기 자신을 위하여 산다는 것이다. 삶의 목적이 다른 만큼 삶의 방법도 다를 수밖에 없다. 따라서 결과도 다르다는 것이다. 한편은 천국이요 한편은 지옥이다. 수천 년 동안 이 진리를 선포해도 여전히 하나님을 등지고 사는 자들이 많다. 아무리 간곡히 권해도 막무가내다. 하나님의 은혜가 아니면 아무도 구원받지 못한다.

신자들은 하나님이 때를 따라 베푸시는 은혜를 겸손히 받아들일 줄 알아야 한다. 하나님의 생각은 사람의 생각과 다를 때가 많다. 그래서 신자들은 하나님이 인도하실 때 자기를 부인하고 하나님의 뜻을 따를 수 있는 믿음이 있어야 한다. 그런 믿음을 하나님은 기뻐하신다. 일반적으로 믿음이 좋은 신자들은 하나님께서 인도하실 때 의심하지 않고 따를 뿐만 아니라 당장은 이해가 가지 않더라도 반드시 하나님께서 최선의 길로 인도하신다는 확신을 가지고 따른다는 것이다.

아무도 내일 일을 알지 못한다. 오직 하나님께서만 아신다는 사실을 알아야 한다. 따라서 미래를 아시는 하나님께서 도우시면 그 이상의 방법이 없다는 것이다. 인간의 노력이나 지혜는 한계가 있다. 그러므로 겸손히 하나님을 따를 줄 알아야 한다. 하나님을 따르는 자들은 아무 염려할 필요가 없다. 문제는 그러한 믿음이 있느냐가 중요하다.

성경은 신자들이 믿음으로 하나님을 따르라고 강조하신다. 어떤 믿음을 가지느냐에 따라 받는 은혜도 다르고 하나님께 돌리는 영광도 다르다. 따라서 우리는 큰 믿음을 갖도록 해야 할 것이다. 그런데 엡2:8을 보면 믿음은 하나님의 선물이라고 증거하고 있다. 누군들 큰 믿음 갖기를 원하지 않겠느냐. 믿음은 내 마음대로 할 수 없다.

사랑하는 성도 여러분, 하나님을 바라보자! 말씀에 귀를 기울이자! 믿음은 들음에서 나며 들음은 그리스도의 말씀으로 말미암는다고 증거하고 있다. 하나님의 말씀을 들으면 믿음이 생기고 강화된다는 말씀이다. 하나님은 사람을 보실 때 외모를 보시지 않고 믿음을 보신다는 사실을 알아야 한다. 하나님이 인정하시는 믿음을 가질 때 비로소 하나님의 일을 할 수 있다는 것을 알아야 한다.

사도 바울은 갈라디아 교회에 보낸 본 서신에서 갈라디아 교회의 신자들이 하나님을 순전한 마음으로 섬기지 못한다는 소식을 듣고 몹시 안타까워하면서 바르게 신앙생활을 하라고 당부하고 있다. 오늘날 그의 당부가 우리에게 주어진 것임을 믿고 겸손한 마음으로 바른 신앙생활 하시기를 바란다.

27. 성령의 열매 사랑

갈 5:22-26

왜 하나님이 인간들에게 서로 사랑하라고 하셨는지 생각해 보아야 한다. 물론 하나님을 모르는 사람들은 나와는 상관없는 일이라고 받아들이지 않을 것이다. 여기에서 우리는 하나님의 말씀을 받아들이지 않으면 그만큼 이기주의적인 삶을 살게 된다는 사실을 알아야 한다. 그런데 이상한 것은 분명 자기를 위한 삶을 살았는데 지나고 보니까 자기에게 유익이 되지 않았다는 것이다. 어떤 사람이 행복한 사람인지 깨달아야 하는데 사람들은 깊이 생각해 보지 않고 나는 불행하다고 한 숨을 짓기도 한다. 진정한 행복을 모르니까 그러겠지만 어떻든 안타까운 일이 아닐 수 없다.

하나님은 인간을 지으실 때 하나님과 교통하는 삶을 살 때 행복을 느끼도록 지으셨다. 아담과 하와가 선악과를 따먹고 하나님을 등지게 되었을 때 행복을 잃어버리게 되었다. 인간은 저주를 받아 어둠속을 방황하게 되었고 세상에 소망이 없게 되었다. 예수 그리스도께서 십자가를 지시지 않았더라면 모든 인류는 멸망 받았을 것이다. 여기에서 우리는 한 가지 잊지 말아야 할 것이 있다. 아무도 하나님 없이는 세상이 어떻게 돌아가는지 알 수 없다는 것이다. 세상은 저절로 움직여지는 것이 아니다. 철저하게 하나님의 말씀에 따라 움직이고 있다는 것이다. 하나님은 해와 달을 만드시고 해는 낮을 주관하게 하시고 달은 밤을 주관하게 하셨다는 기록이 창1:14-16에 나와 있다. 모든 만물은 하나님의 말씀대로 움직이고 있다는 사실을 알아야 한다. 사람도 열심히 자녀를 낳고 세상을 발전시켜 나가고 있지만 이는 창1:28의 "생육하고 번성하여 땅에 충만하라"는 말씀에 따라 움직이고 있다는 것이다.

말씀을 깨닫게 되면 세상을 알 수 있다. 세상이 왜 이렇게 사고가 끊이지 않고 문제투성이 인지 생각해 볼 필요가 있다. 왜 서로 사랑하지 못하고 아옹다옹 하는지 안타깝다. 왜 하나님은 어떤 대책을 세우시지 않고 묵묵히 계시는지 궁금하다. 그렇다고 당장 망하지도 않고 삐그덕 거리며 나아가는지 알 수 없다. 많은 사람들은 이런 것들을 아예 생각하지도 않고 눈앞에 전개되는 것들에 매달려 아까운 세월을 허송한다. 왜 세상이 이러느냐고 묻는 자도 없다. 그저 이기주의에 빠져서 남이야 죽든 말든 내 앞에 갖다 놓기에 바쁘다.

꿀벌이 열심히 날아다니며 꿀을 가져다가 집에 쌓아 놓지만 꿀 따는 사람이 가져가는 것을 알지 못하듯이 사람들도 내 앞에 쌓을 줄만 알지 어떻게 날아가는지 알지 못한다는 것이다. 마7:13-14을 보면 "좁은 문으로 들어가라 멸망으로 인도하는 문은 크고 그 길이 넓어 그리로 들어가는 자가 많고 생명으로 인도하는 문은 좁고 길이 협착하여 찾는 자가 적음이라" 하였다. 이 진리를 깨닫는 사람은 그리 많지 않다. 많은 사람들이 좁은 길로 간다고 나서지만 큰 길을 가면서 좁은 길로 간다고 착각하고 있다. 좁은 길이 어떤 길인지 깨닫지 못하고 있다는 것이다.

행4:32절을 보면 "믿는 무리가 한 마음과 한 뜻이 되어 모든 물건을 서로 통용하고 자기 재물을 조금이라도 자기 것이라 하는 이가 하나도 없더라"고 하였다. 이웃을 사랑하는 마음으로 살라는 것이다. 요즈음 한국에 천만 성도가 예수 그리스도를 따른다고 하는데 아직도 한국에 어두운 데가 많다는 것이다. 아직 사랑이 부족하다는 것이다. 물론 많은 교회가 예수 그리스도의 사랑을 나타내고 있는 것 또한 사실이다. 하나님은 더 큰 사랑을 요구하고 계심을 잊지 말아야 한다.

왜 사람들이 하나님을 멀리 하려고 하는지 분석해 보면 간단하다. 하나님을 가까이 하면 손해라는 것이다. 주일도 내 마음대로 할 수 없고 십일조 내야하고 수단 방법을 가리지 않고 세상을 살고 있는데 그럴 수 없고 희생적인 삶을 살아야 하고 남을 누르며 살고 싶은데 섬기는 삶을 살아야 하고 그밖에도 많은 제약이 따르기 때문에 싫다는 것이다. 여기에서 우리는 하나님의 말씀에 귀를 기울여야 한다. 이 세상을 만드신 하나님이, 이 세상을 다스리시는 하나님이 이렇게 살아라 하고 말씀하셨다면 순종하는 것이 당연하지 않겠느냐는 것이다. 그만한 뜻이 있으니까 말씀하시지 않았겠느냐는 것이다. 그것이 모두에게 유익하기 때문이라는 사실 을 알아야 한다.

가난한 자나 불구자를 왜 세상에 내셨겠는가! 그들이 도움을 받고 하나님을 찬송하게 하시려는 것이다. 병든 자나 실패한 자들이 도움을 받고 하나님을 찬송하게 하시려는 것이다. 그런 세상이 가난한 자를 없수이 여기고 연약한 자를 짓밟아 탈취하는 세상으로 바뀌었으니 어찌 하나님이 안타깝게 여기지 않으시겠는가. 지금은 침묵하시지만 심판 날이 이르면 반드시 행한 대로 보응하실 것이다. 아무리 세상이 뒤바뀌어도 하나님은 계획하신 뜻을 이루어 가신다는 사실을 알아야 한다. 세상은 하나님을 모르고 대적하는 자세를 취하고 있지만 하나님은 전혀 개의치 않으시고 세상을 이끌어 가신다.

지금도 많은 사람들이 세상을 마음대로 살 수 있다고 생각하는데 터무니 없는 생각이다. 하나님은 사람들이 어떤 생각을 가지고 행하는지 다 아신다. 그래서 사람을 움직이실 때 생각을 주장하신다는 사실을 알아야 한다. 사람의 마음이 하나님 앞에 다 드러나 있음을 잊지 말아야 한다. 그러니까 하나님이 사람의 걸음을 인도하시지 마음을 모른다면 어떻게 인도하실 수 있겠는가.

하나님은 사람을 지으시고 하나님의 뜻을 받들어 살도록 하셨다. 그런데 하나님의 뜻을 거역하고 자기 마음대로 행했던 것이다. 하나님의 뜻대로 산다면 세상에 문제가 없었을 것이다. 세상의 모든 문제는 사람이 자초한 것임을 알아야 한다. 부랴부랴 하나님이 성경을 주신 이유는 하나님과 교통하지 못하고 하나님의 뜻을 헤아리지 못하는 인간들에게 하나님의 뜻이 무엇임을 가르쳐 주시려는 은혜인 것이다.

하나님의 뜻은 한마디로 말하면 서로 사랑하라는 것이다. 왜 성령의 첫 번째 열매가 사랑인지 깨달아야 한다. 사랑의 바탕 위에서 구체적인 방법이 주어지고 있는데 그것이 나머지 여덟가지 열매이다. 성령 충만한 삶을 살게 되면 하나님이 제일 먼저 사랑의 열매를 맺도록 은혜를 베푸신다. 그 이유는 사랑이 없이는 그 어떠한 일도 의미가 없기 때문이다. 사랑 없는 구제는 하나님과 상관이 없는 것이다. 세상 사람들이 구제하는 것을 볼 수 있다. 성령의 인도하심과 상관이 없고 하나님 앞에 영광을 돌리지 못한다.

고전10:31을 보면 "그런즉 너희가 먹든지 마시든지 무엇을 하든지 다 하나님의 영광을 위하여 하라"고 기록되어 있다. 다시 말하면 하나님의 영광을 위하지 않는 모든 것은 잘못된 것 이라는 것이다. 왜냐하면 하나님의 것으로 자기의 생색을 내는 것이기 때문에 위선에 불과하고 익명으로 한다 해도 어떤 의도가 있기 때문에 결국은 그 의도를 충족시킴으로 자기의 뜻을 이루는 것이 되어 하나님과는 상관이 없는 것이 되고 만다는 것이다.

만일 사랑이 없는 사람이 선행을 할 수 있다면 굳이 예수 그리스도를 믿을 필요도 없을 것이다. 그 이유는 사랑 없이도 선행을 할 수 있다는 궤변이 통하기 때문이다. 신자들은 영의 사람인데 영의 인도하심을 받아야 하지 않겠는가! 성령의 인도하심 없이는 선행을 할 수 없다. 선행은 사랑에서 비롯되는 것이기 때문에 이 세상에 사랑이 없으면 선행이 없고 선행이 없는 세상은 하나님이 없는 세상이라는 공식이 성립된다. 하나님이 살아 계시는 한 이 세상에는 선행이 있을 것이다.

사랑하는 성도 여러분, 사랑과 희락과 화평과 오래 참음과 자비와 양선과 충성과 온유와 절제 아홉 가지 성령의 열매는 신자들에게 맺어지는 열매이다. 이제 나에게 무슨 열매가 있나 살펴보시고 활용하시기 바라며 열매가 안 보인다 생각 되시면 하나님께 간절히 구하여 성령의 열매를 맺으시는 아름다운 삶 사시기를 예수 그리스도의 이름으로 기원한다.

28. 성령의 열매 희락

갈 5:22-26

우리들은 세상에 살면서 왜 하나님이 세상을 이렇게 이끌어 가시는가 하고 생각할 때가 있다. 물론 세상이 살 맛 난다고 우쭐 대는 사람도 있고 반대로 힘들다고 의기소침해 하는 사람도 있다. 여기에서 우리는 세상을 보는 안목이 있어야 하겠다. 아무리 세상이 힘들어도 자세히 살펴보면 길이 있다는 것이다. 하나님이 사람을 내실 때 보이지 않는 한 길을 예비하시고 내신다는 사실을 알아야 한다. 그래서 모두 그 길을 찾도록 섭리하시는데 사람들이 겸손히 순종하지 않고 욕심을 부리거나 좌절한다는 것이다. 자기 길을 성실히 가면 부하든 가난하든 높이 올라가든 그렇지 못하든 심지어 고생 가운데 살아도 보람을 느끼게 되어 있다. 그러나 자기 길을 벗어나면 아무리 부귀영화를 누려도 만족을 느끼지 못한다는 것이다.

성경은 이 진리를 깨닫도록 계속 경고하고 있다. 어떤 사람은 불구자로 태어났다고 한탄하지만 그 사람까지도 자기 길에 들어서면 기뻐하며 살게 된다는 것이다. 결혼도 만날 사람을 만나야지 무조건 미인이나 돈 많은 사람을 만난다고 행복한 것은 아니다. 성형 수술을 해서 잘 보이려고 할 필요가 없다. 하나님께 간절히 기도하여 만날 사람을 만나야 한다. 그런데 한 가지 이상한 것은 사람들이 자기 자신을 모르고 과대망상증에 걸려 있다는 것이다. 자신을 높이다 보니까 남을 우습게 여기고 안하무인 자세로 세상을 산다. 그러니 세상이 바로 보일 리 없다. 세상을 성실히 사는 사람은 불평불만이 없다. 자신을 돌아보고 하나님께 감사한다. 일찍 세상을 떠나도 운명을 받아들인다.

욥의 열 자녀들이 모두 요절을 했는데 욥이 뭐라고 했는가. "주신 이도 여호와시요 거두신 이도 여호와시오니 여호와의 이름이 찬송을 받으실지니이다"(욥1:21) 하지 아니하였는가. 하나님이 어련히 데려갈 자 데려가시고 남을 자 남기시지 아니하겠는가! 이 신앙을 가져야 하나님이 마음 놓고 쓰실 수 있다는 것이다. 왜 하나님께 모든 것을 맡기지 못하는지 안타깝다.

하루는 여우 한 마리가 포도를 따 먹으려고 힘껏 뛰다가 포도가 닿지 않자 "포도는 신 것이야" 하면서 돌아섰다는 이솝 우화가 있다. 무슨 일을 하다가 잘 안되면 핑계를 댄다는 말이다. 사람이 솔직해야 되는데 자신의 부족을 인정하려 들지 않는다는 것이다. 그런데 처세술에 보면 교묘한 방법으로 위기를 잘 모면하는 사람을 유능하다고 한다는 것이다. 그런데 하나님의 기준은 다르다. 부족하면 부족하다 잘못 했으면 잘못했다 하는 사람을 유능하다고 한다는 것이다. 그래서 세상의 유능한 사람이 교회에 들어오면 이상해진다는 것이다. 인정을 받지 못하니까 교회에 정착하기가 쉽지 않다. 여기서 우리가 깨달아야 할 것은 세상에서는 사람에게 인정을 받아야 하지만 교회에서는 하나님께 인정을 받아야 하기 때문에 차이가 있을 수 밖에 없다는 것이다. 신자들은 하나님 앞에 사는 자들이다. 하나님의 말씀을 듣고 받들어 세상에 유익을 주고 하나님께 영광을 돌려야 한다.

본문의 희락은 세상 사람들이 생각하는 단순한 기쁨이 아니다. 성령의 열매 "희락"은 성도들이 성령의 인도하심을 따라 세상을 살면서 하나님의 뜻이 자신을 통하여 이루어짐을 깨닫고 기뻐하는 기쁨이다. 돈이 많고 승진이 되고 사업이 성공하고 그래서 기뻐하는 그런 기쁨이 아니라는 것이다.

사람들은 하나님의 뜻이 자신을 통해서 이루어지고 있는지 잘 깨닫지 못하고 있다. 어떤 사람은 하나님의 뜻대로 산다고 하면서 하나님을 거역하고 있고 어떤 사람은 하나님을 모르고 구원 받았다고 기뻐한다는 것이다. 오죽하면 하나님이 "청함을 받은 자는 많되 택함을 입은 자는 적으니라"고 하셨겠는가(마22:14), 왜 성도들이 싸우고 미워하며 시기 질투하는지 안타깝다. 하필 교회에서 싸우고 그러는지 알 수 없다. 교회가 나누이고 원로 목사가 좋다 담임 목사가 좋다 하고 파당을 짓고 하는지 한심하지 않을 수 없다. 하나님 두려운 줄을 모르고 경거망동해서는 안 된다. 사단 마귀가 수작을 부리는데 놀아나고 있으면서 이해관계를 따지고 명분이 어떻고 하는지 누구를 대상으로 싸우고 있는지 안타깝고 안타깝다.

♪"우리들이 싸울 것은 혈기 아니요 우리들이 싸울 것은 육체 아니요 마귀 권세 맞서 싸워 깨쳐 버리고 죽을 영혼 살릴 것 일세" 싸울 때는 상대를 보아야 하는데 눈이 어두워 상대를 보지 못하고 아군끼리 죽고 죽이고 한다는 것이다. 돈에 눈이 어두워 명예에 눈이 어두워 욕심이 가득해서 치고받고 있는데 얼마나 눈이 어두워 졌는지 하나님도 안 보인다는 것이다. 아무리 하나님이 힌트를 주고 알아듣게 말씀하셔도 막무가내다. 내 뜻이 이루어 져야 하고 상대방이 죽어야 한다는 것이다. 여기에 문제가 있다.

교회의 문제는 주인이신 하나님께 여쭈어야 한다. 전 교인이 합심해서 간절히 기도하면 하나님께서 응답하신다. 하나님께서 말씀 하시면 어떠한 경우든지 순종하겠다고 눈물 뿌려 기도하면 걸음을 인도하신다. 추종자들의 수나 어떤 논리나 능력이 있다고 나를 따르라 해서는 안된다. 기도하면 하나님이 하나님의 방법으로 해결하신다. 문제가 해결되면 성도들은 지난날을 돌이켜 보면서 과연 하나님이시구나 하고 뛸 듯이 기뻐한다는 것이다. 이것이 희락이다.

우리들은 성경을 보면서 하나님의 뜻을 깨닫지 못하고 넘어 갈 때가 많다. 아무리 성경을 많이 읽어도 성령님께서 깨닫게 해 주시지 않으면 소용이 없다. 겸손히 기도 하면서 성령의 인도하심을 따라 성경을 읽어야 진리를 깨달을 수 있다. 성경을 보면 "나의 이 말을 듣고 행하지 아니하는 자는 그 집을 모래 위에 지은 어리석은 사람 같으리니 비가 내리고 창수가 나고 바람이 불어 그 집에 부딪치매 무너져 그 무너짐이 심하니라(마 7:26-27)"고 기록하고 있다. 예수님께서는 산상수훈 끝 부분에 이 말씀을 주셨다. 다시 말하면 하나님의 말씀을 듣고 행하지 아니하면 세상 풍파가 밀려올 때 넘어지고 만다는 것이다.

우리가 신앙생활을 한다는 것은 세상을 살면서 어려움을 당할 때 극복해 나가기 위한 것인데 세상 풍파에 휩쓸려 버리면 무슨 의미가 있겠는가! 많은 신자들이 이 진리를 깨닫지 못하고 인격 수양이나 하고 지식을 얻으면 그만이지 않느냐고 하는데 기독교 신앙은 행함의 종교라는 사실을 알아야 한다. 행함이 없는 사람은 열매 없는 무화과나무 같아서 보기에는 그럴듯한데 실익이 없다는 것이다. 행함으로 하나님의 능력의 말씀이 현실로 나타날 때 크게 기뻐하며 감사하며 하나님께 영광을 돌릴 수 있는 것이다. 이것이 희락이다.

아무도 하나님의 인도하심을 완전히 깨닫거나 이해하지는 못한다. 그럼에도 불구하고 하나님의 뜻은 이루어지고 있다는 것이다. 하나님은 오묘한 방법으로 세상을 이끄시기 때문에 믿음의 눈으로 보지 않으면 세상 돌아가는 것을 알 수 없다. 하나님은 신자들이 세상을 바라 보면서 하나님을 발견하기를 원하신다. 하나님의 나타나심은 온 우주에 가득 차 있다. 하나님의 손이 미치지 않은 곳이 없다.

♪ "예수가 거느리시니 즐겁고 평안하구나 주야에 자고 깨는 것 예수가 거느리시네" 이 하나님을 깨닫고 기뻐하는 것 그것이 희락이다.

사랑하는 성도 여러분, 신자들은 하나님으로 더불어 기뻐하는 삶을 살아야 한다. 세상 사람들은 자기의 뜻이 이루어지면 기뻐한다. 그러나 신자들은 하나님의 뜻이 나를 통해 이루어 질 때 기뻐한다. 다시 말하면 세상 사람들은 자기중심으로 살고 신자들은 하나님 중심으로 산다는 말이다. 하나님의 뜻이 이루어지도록 기도하면서 사는 사람은 그 기도가 응답될 때 기뻐한다. 이 기쁨이 희락이다.

또 말씀에 순종하여 사는 자들은 은밀한 가운데 말씀을 좇아 살고 있는 나를 발견할 때 기쁨을 감추지 못한다. 이것이 희락이다. 하나님을 사랑하는 자들은 또한 이웃을 사랑한다. 나누어 주고 베풀면서 기뻐한다. 이 기쁨이 희락이다. 여러분 모두 성령의 인도하심을 따라 희락을 맛보는 삶 사시기를 기원한다.

29. 성령의 열매 화평

갈 5:22-26

세상 사람들을 두 부류로 나눌 수 있는데 하나는 영의 사람이고 또 하나는 육의 사람이라는 것이다. 겉으로 보면 분별 할 수 없지만 하나님은 다 아신다. 영에 속한 사람들은 똑같이 사는 것 같아도 하나님의 뜻을 이루는 삶을 살고 육에 속한 사람들은 자신의 뜻을 이루는 삶을 산다.

하나님은 신자들이 기도할 때 귀를 기울이신다. 아무리 부르짖어도 침묵하시는 기도가 있고 또 한 마디의 기도라도 응답하시는 기도가 있다. 세상 사람들은 기도가 무엇인지 모르고 있다. 기도란 하나님께 은혜를 구하는 것인데 나만을 위하는 기도가 되어서는 안 된다는 것이다. 모두에게 유익이 되어야 하나님의 영광이 나타난다는 사실을 잊어서는 안 된다.

최근 들어 목회자들이 많이 배출되고 있는데 하나님이 무슨 뜻이 계셔서 이러시는지 모르겠다고 한마디씩 한다. 롬15:20을 보면 "또 내가 그의 이름을 부르는 곳에는 복음을 전하지 않기를 힘썼노니 이는 남의 터 위에 건축하지 아니하려 함이라"고 사도 바울은 고백 하고 있다. 세상에 장사하는 사람들도 나란히 같은 가게를 벌리지 않는다. 하물며 지고하신 하나님을 섬긴다고 하는 자들이 한 건물에 보란듯이 교회들을 세우고 있으니 과연 하나님이 기뻐하시겠는지 생각해 볼 일이다. 하나님께서 주신 사명을 감당하겠다는 것인지 아무데고 교회를 세워 호구지책을 하겠다는 것인지 알 수 없다.

본문의 화평은 상호 공히 마음이 하나 되게 하는 것을 말한다. 특히 사람과 사람 사이의 마음이 하나되게 하는 것을 가리킨다. 그러므로 신자들은 화평케 하는 삶을 살아야 한다. 상호 이간질 하거나 파당을 짓는 행위는 하나님이 미워하신다.

마5:9을 보면 "화평케 하는 자는 복이 있나니 그들이 하나님의 아들이라 일컬음을 받을 것임이요" 라고 기록하고 있다. 신자와 불신자는 각기 마음이 다르다. 한 마음 되게 하려면 복음을 전해서 모두 예수 그리스도를 믿고 따르게 만들어 주어야 한다. 하나님을 따르는 자들은 한 마음으로 하나님을 섬긴다. 한 마음으로 충성한다. 한 마음으로 하나님께 영광을 돌린다. 한 마음이 된다는 것은 자신을 비우지 않으면 안 된다는 것을 알아야 한다.

마16:24에서 예수님은 "누구든지 나를 따라 오려거든 자기를 부인하고 자기 십자가를 지고 나를 따를 것이니라"고 하셨다. 하나님을 따르는 자들은 자기 생각을 버리고 말씀에 순종할 수 있어야 한다. 자기 마음대로 살면서 은혜를 구하는 자들은 진정한 도움을 받을 수 없다. 왜냐 하면 주어지는 은혜로 오히려 하나님의 영광을 가릴 수 있기 때문이다. 마7:6을 보면 "거룩한 것을 개에게 주지 말며 너희 진주를 돼지 앞에 던지지 말라 그들이 그것을 발로 밟고 돌이켜 너희를 찢어 상하게 할까 염려하라"고 기록되어 있다.

하나님을 모르는 사람들은 아무리 큰 은혜를 받아도 깨닫지 못한다. 그래서 은혜는 아무에게나 주어지지 않는다. 하나님을 진심으로 믿고 따르는 자들은 여러 모양으로 은혜를 받고 산다. 부지중에 받는 은혜도 있고 알아차리게 주시는 은혜도 있다. 모두 하나님께서 그때그때 필요 한대로 베푸시는 것이다. 그런데 하나님께서는 기도를 통하여 은혜를 받으라고 강조하신다. 그래야 은혜의 소중함을 알 수 있기 때문이다.

은혜를 가볍게 받게 되면 신앙이 깊어지기 힘들다. 사람들은 편리한 것을 좋아한다. 목전에 편리한 길 불편한 길 두 길이 있다면 어느 길로 들어서겠는가, 물어볼 것도 없이 편리한 길을 택할 것이다. 그런데 성경은 좁은 문으로 들어가라고 하신다. 여기에서 좁은 문은 영생의 길이고 넓은 문은 멸망의 길이다. 아무도 이 두 길을 걸어 보지 않았기 때문에 단정적으로 말 할 수는 없을 것이다. 다만 성경이 말하는 대로 믿고 따를 뿐이다. 이것이 믿음이다.

성령의 열매 중 화평은 믿음으로 하나되게 만들어 주는 것이다. 세상 사람들은 중재해서 상호 원만하게 문제를 해결해 주는 것을 화평이라고 한다. 그런데 본문의 화평은 불신자가 하나님을 따르지 못하고 있어 신자들과 하나되지 못하고 있기 때문에 그들에게 복음을 전하여 피차 같은 마음으로 하나님을 섬기게 만들어 주는 것이라는 것이다. 다시 말하면 복음을 전해서 신자와 불신자가 하나되게 해 주는 것을 가리킨다.

역사이래 수많은 사람들이 예수 그리스도를 믿고 구원 받았다. 그들은 모두 세상을 떠났지만 이 세상 살 때 화평케 하는 일을 감당했다는 사실을 알아야 한다. 누군가에 의해 복음을 듣지 못하면 예수 그리스도를 영접 할 수 없다.

♪"새벽부터 우리 사랑함으로써 저녁까지 씨를 뿌려봅시다 열매 차차 익어 곡식 거둘 때에 기쁨으로 단을 거두리로다" 곡식을 파종할 때 열매를 바라고 뿌린다. 복음을 전하는 자도 결실을 기대하고 뿌린다.

요4장을 보면 예수님과 사마리아 여자가 대화하는 장면이 나온다. 자세히 살펴보면 대화 줄거리가 물로 시작했다가 자연스럽게 본론으로 연결되는 것을 볼 수 있다. 처음부터 복음을 앞세우면 상대방이 거부감을 가질 수 있다. 복음 전도는 사탄과의 싸움이기 때문에 지혜로워야 한다. 서둘러서도 안되고 단번에 끝장을 내려고 해서도 안된다. 침착하게 씨를 뿌려두면 적당 한 시기에 싹이 튼다는 사실을 알아야 한다. 반복해서 복음을 전하지 못해도 그 누군가 또 다른 사람이 복음을 전하거나 열매를 거둘 수 있기 때문에 염려할 것이 없다는 것이다.

요4:37-38을 보면 "그런즉 한 사람이 심고 다른 사람이 거둔다 하는 말이 옳도다. 내가 너희로 노력하지 아니한 것을 거두러 보내었노니 다른 사람들은 노력하였고 너희는 그들이 노력한 것에 참여하였느니라"고 증거하고 있다.

하나님은 모두가 믿음의 분량대로 복음 전도에 참여하게 은혜를 베푸신다. 다시 말하면 모두가 화평케 하는 자가 되어 하나님께 감사와 영광을 돌리며 살게 하신다. 불신자와 신자는 각기 가는 길이 다르다. 이들이 한 마음을 품고 같은 길을 가게 해 주는 것이 화평이다. 복음 전도자는 화평케 하는 자들이다. 화평케 하는 역사는 성령의 역사이다. 구체적으로 말하면 화평케 하는 성령의 역사로 말미암아 교회가 부흥된다.

성령의 열매 화평은 하나님을 등지고 있는 자들이 복음을 듣고 가던 길을 돌이켜 하나님께로 돌아오게 만드는 것이다. 이 열매는 불신자들을 상대로 하는 것이기 때문에 전적으로 성령님을 의지하지 않으면 안된다. 복음 전도는 성령의 역사와 직결되어 있기 때문에 반드시 성령의 인도하심을 따라야 한다. 성령님의 인도는 오묘하기 때문에 사람의 생각과 지식 경험 등으로 속단해서는 안된다. 화평케 하시는 은혜를 간절히 구하고 의심치 아니하면 하나님이 기쁘신 뜻대로 이루실 것이다.

사랑하는 성도 여러분, 성령의 열매 화평은 불신자들을 하나님께로 인도하여 신자들과 하나 되게 하는 것을 말한다. 복음 전도로 말미암아 화평이 나타나면 많은 사람들이 하나님을 찬송하게 되고 영광을 돌린다.

하나님은 신자들이 무엇보다도 화평케 하는 삶을 살도록 이끄신다. 신자들이 간절히 기도하면서 복음을 전하면 화평케 하시는 성령의 역사가 나타난다. 여러분 모두 화평케 하는 자가 되어 많은 영혼을 구원의 길로 인도하는 삶 사시기를 기원한다.

30. 성령의 열매 오래 참음

갈 5:22-26

우리들은 세상에 사는 동안 많은 어려움을 접하며 살고 있다. 물론 평탄한 길을 가면 좋겠다고 생각을 할 것이다. 그러나 하나님은 반드시 평탄한 길로만 인도하시지 않는다는 사실을 알아야 한다. 왜냐하면 세상이 우여곡절이 많고 험난하기 때문이다. 그래서 하나님은 신자들이 세상을 극복하며 살아갈 수 있도록 연단을 받도록 인도하신다.

일반적으로 사람들은 연단을 피하려고 몸부림을 치는데 하나님의 연단을 피할 수 없다. 이것이 하나님의 사랑이다. 풍파 없이 자란 나무는 연약하듯이 연단 없이 살고 있는 사람은 연약하여 쓸모가 없다. 세상을 지으신 하나님 그리고 인간의 생사화복을 주장하시는 하나님께서 사람을 이끄시되 가장 좋은 길로 인도하신다는 사실을 알아야 한다.

인간들은 나름대로 최선을 다 한다고 하지만 하나님께서 보시면 그 보다 더 좋은 길이 얼마든지 있다는 것이다. 그래서 모든 일을 하나님께 맡기라는 것이다. 하나님은 세상을 다스리시기 때문에 신자들이 기도할 때 최선의 방법을 찾으신다. 그리고 걸음을 인도하신다. 사람들은 환경을 잘 활용하지 못하지만 하나님은 모든 것이 하나님의 손 안에 있기 때문에 얼마든지 활용할 수 있다.

하나님은 무에서 유를 창조하신 하나님이시다. 쉽게 말하면 능치 못한 일이 없다는 것이다. 가능성을 보고, 기도 할 것이 아니라 믿음으로 기도하면 하나님께서 다 이루신다. 어떤 사람은 미안해서 하나님께 은혜를 구하지 못한다고 하는데 얼마나 천진난만한 생각인지 하나님이 웃으실 것이다. "구하라 그리하면 너희에게 주실 것이요" 얼마나 귀한 약속인가.

성경 말씀은 우리들이 어떻게 하나님을 섬겨야 하는지 가르쳐 주고 있다. 내 생각 내 방법으로 하나님을 섬기게 되면 잘못 될 수밖에 없다. 하나님의 약속을 따라 섬기지 아니하면 약속하신 복을 받아 누릴 수 없다.

본문의 오래 참음은 깊은 뜻이 담겨져 있다. 세상 사람들도 오래 참음을 미덕으로 여긴다. 참아야 할 때 참지를 못하면 그 만큼 일이 꼬이거나 잘못될 수 있다. 참아야 할 때가 있고 민첩해야 할 때가 있다. 하나님의 말씀에 순종해야 하는 것은 민첩해야 한다. 그러나 오래 참아야 할 때가 많다.

약5:7-8은 인내를 강조하고 있다. 농부는 씨를 뿌리고 열매를 거두기까지 길이 참는다. 신자들도 길이 참아 구원을 완성시켜야 한다. 욥은 엄청난 역경을 딛고 인내했다. 그 인내 끝에 욥은 갑절의 축복을 받았다. 딤후3:1-5을 보면 말세에 나타나는 현상을 열거하고 있다. 이 현상 중 하나가 조급함이다. 왜 사람들이 오래 참지 못하는지 그 이유는 간단하다. 믿음이 없기 때문이다. 믿음이 있는 자는 여유가 있고 오래 참는다. 그런데 성령의 열매 "오래 참음"의 열매를 맺게 되면 매사에 여유가 생기고 믿음으로 흔들리지 않는다.

믿음과 오래 참음은 뿌리가 같다고 할 수 있다. 외국인이 한국말을 배울 때 가장 먼저 배우는 말이 "빨리 빨리" 라고 한다. 그만큼 한국 사람이 조급해져 있다는 것이다. 믿음이 있는 자는 서둘 필요를 느끼지 않는다. 하나님께서 어련히 이루어 주실까 하고 기다린다. 이런 좋은 믿음을 주신 하나님께 감사와 영광을 돌려야 하겠다.

지금 많은 사람들이 예수 그리스도를 믿고 따르지만 성령의 인도하심을 온전히 따르는 자들은 많지 않다. 다시 말하면 성령 충만한 삶을 살지 못하고 내 생각과 내 고집으로 그릇 행할 때가 많다는 것이다. 오래 참음으로 복받은 사람들의 이야기가 성경에 많이 기록되어 있다. 욥이나 다윗 그리고 모세 아브라함 등 모두 인내로 복을 받았다.

고전13:4은 "사랑은 오래 참고" 하였고 7절은 사랑은 "모든 것을 참으며"라고 노래하고 있다. 약5:10에서는 "형제들아 주의 이름으로 말한 선지자들을 고난과 오래 참음의 본으로 삼으라"고 증거하고 있다. 인내는 구원의 필수 조건이다. 마10:22을 보면 "끝까지 견디는 자는 구원을 얻으리라"고 강조하고 있다. 오래 참음은 단순히 기다리는 것을 의미 하지는 않는다. 소망을 가지고 끝까지 참고 견디는 것을 말한다.

믿음과 인내는 동전의 양면과 같다. 성령의 열매 오래 참음은 믿음을 가리키고 있음을 알아야 한다. 그런데 믿음과 오래 참음은 뗄래야 뗄 수 없는 관계라고 할 수 있지만 양자가 하나라는 뜻은 아니다. 믿음은 하나님께로부터 주어지는 것이고 오래 참음은 믿음으로부터 연유되어 나오는 것이기 때문에 하나는 아니지만 뗄 수 없는 관계에 있다는 것이다. 성령의 열매 중 오래 참음이 있음은 지극히 당연하다고 할 수 있다.

믿음으로 구원 받는다는 사실을 알고 있어도 그 믿음을 끝까지 붙들고 있지 않으면 구원 받지 못한다는 것을 알아야 한다. 우리가 구원 받도록 믿음을 주

시는 분도 성령님 이시요 그 믿음을 끝까지 붙들도록 역사하시는 분도 성령님
이시다. 성령의 열매 아홉가지는 구원에 그 촛점이 맞추어져 있다.

성령 충만한 삶의 마지막은 구원으로 연결되어 있다. 하나님은 신자들을
구원으로 인도 하실 때 많은 희생을 감수하도록 이끄신다. 어떠한 경우에도
구원만큼은 놓치지 않도록 도와주신다. 세상 부귀영화를 초월하는 믿음을
주신다. 마16:26에 "사람이 만일 온 천하를 얻고도 제 목숨을 잃으면 무엇이
유익하리요 사람이 무엇을 주고 제 목숨과 바꾸겠느냐"고 하셨다. 아직도 이
진리를 깨닫지 못한 사람이 많다. 신자는 모름지기 저 천국을 바라보며 살아
야 한다.   마6:24을 보면 "한 사람이 두 주인을 섬기지 못 할 것이니 혹 이
를 미워하고 저를 사랑하거나 혹 이를 중히 여기고 저를 경히 여김이라 너희
가 하나님과 재물을 겸하여 섬기지 못하느니라"고 증거하고 있다. 예수 그리
스도를 믿으면 구원 받고 복도 받는다고 증거 한다. 문제는 신자들에게 주어
지는 복은 세속적인 복이 아니고 하나님의 영광을 위하여 필요한 복이라는
사실을 알아야 한다. 그러므로 신자들은 예수 그리스도 없는 복을 기대해서
는 안된다. 세속적인 복은 하나님의 영광과 상관 없는 복이기 때문에 경계하
지 않으면 안된다.

많은 사람들이 이렇게 저렇게 복을 받았다고 간증들을 하는데 이런 복은
대부분 하나님께서 주신 복이라고 할 수 있다. 세속적인 복은 부끄러워 하나
님 앞에 간증 할 수 없다. 다시 말 하면 비 정상적으로 얻은 것들은 복이라고
할 수 없다는 것이다. 하나님을 사랑 하는 자들은 하나님께서 주시는 것 외
에 그 무엇을 바라지 않는다. 한 가지 잊지 말아야 할 것은 신자들도 죄악된
세상에 발을 붙이고 살고 있기 때문에 죄를 완전히 떠나 살도록 이끄시지는

않는다는 것이다. 다만 하나님께서 눈 감으시는 불법이 있다는 사실을 알아야 한다.

다윗도 밧세바를 취할 때 하나님이 눈을 감으셨다. 그러면 어떤 경우 눈을 감으시느냐 하는 문제는 하나님만 아시는 비밀이다. 신자라고 해서 전혀 죄를 안 짓고 살 수는 없다.

사랑하는 성도 여러분, 오래 참음의 열매는 믿음 없이 단순히 기다리는 인내가 아니다. 믿는 자가 소망을 가지고 끝까지 인내하여 구원을 받게 되는 믿음에서 연유된 오래 참음이다. 신자들이 구원 받았다고 기뻐 하지만 오래 참음으로 구원을 완성시키지 못하면 아무 소용도 없다. 하나님은 인생을 살피실 때 반드시 구원을 염두에 두고 살피신다. 여러분 모두 오래 참는 믿음으로 천국에 들어가시기를 기원한다.

31. 성령의 열매 자비

갈 5:22-26

성령을 하나의 나무로 비유한다면 그에게서 나타나는 현상을 열매로 비유할 수 있을 것이다. 성령의 인도하심을 따라 살게 되면 사랑과 희락과 화평과 오래 참음과 자비와 양선과 충성과 온유와 절제의 현상이 나타난다. 성경은 이들을 이해하기 쉽게 열매라고 표현하고 있다. 성령의 열매가 나타나는 사람은 구원 받은 자라고 말 할 수 있다.

마7:16을 보면 "그들의 열매로 그들을 알지니 가시나무에서 포도를, 또는 엉겅퀴에서 무화과를 따겠느냐"고 증거하고 있다. 다시 말하면 성령의 열매가 나타나는 사람은 성령의 인도하심을 따라 사는 자라는 것이다. 나무가 자라면 열매를 맺듯이 지속적으로 성령 충만한 삶을 살게 되면 성령의 열매가 나타난다는 것이다. 한 가지 잊지 말아야 할 것은 아홉가지 성령의 열매 중 무슨 열매를 먼저 맺게 되느냐고 질문 할 수 있을 것이다. 성경에서는 밝히고 있지 않지만 각자에게 주어진 사명을 감당할 수 있도록 열매가 나타나지 않겠느냐는 것이다.

물론 성령의 열매는 성령의 은사와는 다르다. 성령의 열매는 내가 얼마나 예수 그리스도를 닮았느냐 하는 척도라고 할 수 있고 성령의 은사는 내가 하나님의 복음과 하나님의 영광을 위하여 헌신 할 수 있는 특별한 권능이라고 할 수 있다. 여기에서 우리는 열매 없는 은사 없고 은사 없는 열매 없다는 사실을 알아야 한다. 상호 연결되어 있다는 것이다.

아무리 하나님의 일을 하고 싶어도 내가 먼저 변화되지 않고서는 하나님의 일을 할 수 없다. 변화된다는 말은 예수 그리스도를 닮는다는 말이다. 다시 말하면 성령의 열매가 나타나야 된다는 말이다. 이런 사실을 모르고 세상 기준으로 교회 일꾼을 세워 놓으면 성령님께서 역사하시지 않는다.

하나님이 이 땅에 교회를 세우신 이유는 예배와 영광을 받으시기 위함인 것이다. 교회는 예수 그리스도를 구주로 고백하는 자들이 모이는 곳이다. 하나님은 이 교회를 통하여 택하신 백성들을 모으신다.

본문의 자비는 불쌍히 여기는 마음이다. 소 닭 쳐다 본다는 말이 있다. 무관심 한 것을 비유한 말이다. 그런데 성경은 이웃에게 관심을 가지라고 가르친다. 잠21:13에 "귀를 막고 가난한 자가 부르짖는 소리를 듣지 아니하면 자기가 부르짖을 때에도 들을 자가 없으리라"고 증거하고 있다. 또 마22:39에서도 "네 이웃을 네 자신 같이 사랑하라"고 하셨다. 모두 이웃 사랑을 강조한 말씀들이다. 한 가지 잊지 말아야 할 것은 선행과 구제는 반드시 오른 손으로 하는 일을 왼 손이 모르게 해야 한다는 것이다. 그리고 보상을 바라지 않는 마음으로 하라고 가르친다.

선행과 구제와 자비는 맥을 같이 하고 있다는 사실을 알아야 한다. 그런데 사람들은 자비를 베풀 때 그 대상을 임의로 선정한다는 것이다. 이 점이 은사자들과 다르다. 은사자들은 성령의 인도하심을 따르기 때문에 자기 마음대로 은사를 적용하지 않는다. 만일 은사자가 자기 마음대로 은사를 활용하게 되면 하나님의 뜻이 이루어 지지 않고 사람의 뜻이 이루어지는 결과가 되기 때문에 성령의 은사로서의 가치가 없게 된다.

성령으로 말미암아 권능이 현실로 나타나는 것을 가리켜 은사라고 하는데 사람이 임의로 적용하게 되면 사람이 성령을 마음대로 움직일 수 있다는 논리가 성립되어 앞뒤가 맞지 않게 된다. 예를 들면 병 고치는 은사 받은 자가 성령의 인도하심을 따르지 않고 자기가 원하는 자에게 은사를 적용하게 되면 병 고침의 권능이 나타나지 않고 하나님의 영광도 가리게 된다는 사실을 알아야 한다. 자비는 가난하거나 병이 들었거나 어려운 처지에 처했거나 죄 가운데 방황하거나 하는 자들을 불쌍히 여기는 것이기 때문에 끝이 없다고 할 것이다.

이 세상에 자비가 없다면 얼마나 삭막하고 쓸쓸 할까. 하나님은 여러 모양으로 자비를 베푸신다. 우리가 하나님의 손과 발이 되어 자비를 나타내는 도구가 되어야 할 것이다. 물론 놀고 먹거나 게으른 자를 돌보라는 것은 아니다. 누군가의 도움 없이는 살아 갈 수 없는 사람들이 많다. 그들을 도우라는 것이다. 성령의 열매 자비는 성령의 긍휼히 여기심을 나타내는 아름다운 열매이다. 하나님이 우리를 불쌍히 여기셨기에 독생자 예수 그리스도를 십자가에 내어 주셨다는 사실을 알아야 한다.

성령의 열매 자비는 모든 신자들에게서 나타나야 할 열매라고 할 수 있지만 특별히 성령의 열매로 분류해 놓고 있는 것은 그만한 뜻이 있음을 알아야 한다. 불쌍히 여김을 받아야 할 사람이 불쌍히 여김을 받지 못하면 결국 하나님을 원망하게 될 것이다. 성경을 보면 용서할 줄 모르는 종 비유가 나온다. 만 달란트의 빚을 탕감 받은 종이 백 데나리온의 빚진 자를 용서하지 못하자 책망 받는 말씀이 기록되어 있다. 마18:33을 보면 "내가 너를 불쌍히 여김과 같이 너도 네 동료를 불쌍히 여김이 마땅하지 아니하냐 하고" 증거하고 있다.

사람이 하나님의 불쌍히 여기심을 받지 못하면 절망하게 되고 자기를 이 세상에 내신 하나님을 원망 한다는 것이다. 그런데 이상한 것은 왜 사람들이 자기 마음대로 살다가 뭣이 잘못되면 하나님을 원망하느냐는 것이다. 그만큼 사람이 잘못되어 있다는 것이다. 그럼에도 불구하고 하나님은 묵묵히 자비를 베푸신다. 하나님이 어떻게 자비를 베푸시는지 생각해 볼 필요가 있다. 먼저는 수고가 헛되지 않게 하여 자비를 나타낸다. 다음은 사람의 마음을 움직여 자비를 행하게 하신다. 이기주의적인 사람도 하나님이 성령으로 감동 감화 하시면 자비를 나타낼 수 있다는 사실을 알아야 한다.

세 번째는 성령의 열매 자비를 맺게 하여 자비가 나타나게 하신다. 자비의 열매를 맺게 되면 자기도 모르는 사이에 자비를 나타낸다. 내 것 아까운 줄을 모른다. 베푸는 삶을 산다. 마 6:20-21을 보면 "오직 너희를 위하여 보물을 하늘에 쌓아 두라 거기는 좀이나 동록이 해하지 못하며 도둑이 구멍을 뚫지도 못하고 도둑질도 못하느니라 네 보물 있는 그 곳에는 네 마음도 있느니라"고 하였다. 이 열매의 특징은 보화를 땅에 쌓아 두지 않고 하늘에 쌓아 두는 것이라고 할 수 있다.

자비를 모르는 사람은 하나님을 모른다고 할 수 있다. 하나님은 죄 가운데 방황 하는 인생들을 불쌍히 여기시고 죄와 사망에서 구원해 주셨기 때문이다. 하나님의 불쌍히 여기심으로 말미암아 우리가 구원 받고 우리를 통해 자비를 나타내시는 하나님의 은혜로 말미암아 자비가 파도처럼 퍼져 나간다.

사랑하는 성도 여러분, 불쌍히 여기는 마음은 모든 사람에게 있다고 할 수 있다. 그런데 성령의 열매로서의 자비는 차원이 다르다. 한 마디로 말하면 네 것 내 것을 구분하지 않고 서로 통용하는 마음 자세를 가리킨다.(행 4:32-35) 다만 성령의 인도하심을 따라야 하나님의 영향이 나타난다는 사실을 알아야 한다.

성령의 열매 자비는 여러 모양으로 하나님의 뜻을 이루어 간다. 예수 그리스도의 사랑이 전파되고, 복음 전도에 기여하고, 사탄의 공격을 무력화 시키고, 일용할 양식을 얻게 하시는 등 하나님의 뜻을 이루어 간다는 사실을 알아야 한다. 여러분 모두 성령의 열매 자비로 하나님께 영광 돌릴 수 있기를 기원한다.

32. 성령의 열매 양선

갈 5:22-26

하나님을 사랑하는 자녀들은 아무 것도 염려 할 것이 없다고 해야 할 것이다. 물론 그렇지 못한 자들도 더러 있을 것이다. 여기에서 우리는 왜 그런지 한 번 생각해 볼 필요가 있다. 문제는 보이지 않는 하나님을 보이는 것처럼 믿지 못하는 데서 비롯된다고 할 수 있다. 따라서 온전한 믿음만 갖게 되면 아무 염려 없이 살 수 있다는 것이다. 한 평생 살면서 근심 걱정 없이 살 수 있다면 그보다 큰 축복도 없을 것이다. 하나님은 자녀들이 하나님만 믿고 근심 걱정 없이 살기를 원하신다.

빌4:6을 보면 "아무 것도 염려 하지 말고 다만 모든 일에 기도와 간구로, 너희 구할 것을 감사함으로 하나님께 아뢰라"고 증거하고 있다. 성경을 보면 많은 사람들이 하나님의 은혜를 받은 것을 볼 수 있다. 여기에서 우리는 하나님의 은혜가 아무에게나 주어지지 않고 믿음을 가진 자에게 주어지고 있음을 알 수 있다. 믿음이 없는 자에게는 하나님의 은혜가 아무 의미가 없다. 설사 어떤 은혜가 주어져도 하나님께 영광을 돌리지 않는다.

성령의 열매 양선은 성령의 인도하심으로 말미암아 구체적으로 선행이 나타나는 것을 말한다. 신자들이 마음은 있어도 행하지 못하는 경우가 많은데 양선은 실제 행동으로 옮기게 해 준다. 선행이나 구제가 마음 속에 맴돌 때 거기에 머무르지 않고 현실로 나타나게 해 주는 것이 양선이다. 따라서 양선은 눈에 보이게 나타나는데 주의해야 할 것은 성령의 인도하심에 따라 나타나느냐 사람의 생각으로 하는 것이냐의 구분이 쉽지 않다는 것이다.

한 가지 기준이 있다면 성령의 인도하심일 경우 하나님께 영광을 돌린다는 것이다. 물론 본인도 모르게 선행이 나타나는 경우도 있다. 그러나 일반적으로 성령의 열매 양선은 외적으로 선행이 나타나는 것이기 때문에 감추기가 힘들다. 여기에서 우리는 왜 하나님이 "너는 구제할 때에 오른손이 하는 것을 왼손이 모르게 하여" 라고 강조하셨는지 생각해 볼 필요가 있다.

하나님은 선행이 은밀한 중에 이루어져 피차 하나님께 영광 돌릴 수 있기를 원하신다. 그 이유는 선행은 하나님께로부터 비롯되기 때문에 당사자만 알면 된다는 것이다. 잠19:17에 "가난한 자를 불쌍히 여기는 것은 여호와께 꾸어 드리는 것이니 그의 선행을 그에게 갚아 주시리라" 고 하였다. 양선은 반드시 되돌려 받는다는 사실을 알아야 한다.

농부가 씨를 뿌릴 때 씨가 썩어져 없어진다면 다시 뿌리지 않을 것이다. 추수를 기대 하며 씨를 뿌린다. 선행도 갚아 주시겠다는 하나님의 약속이 주어져 있다는 사실을 잊지 말아야 한다. 지금 많은 사람들이 심고 거두는 삶을 살고 있다. "사람이 무엇으로 심든지 그대로 거두리라"고 갈6:7은 말하고 있다.

양선은 씨를 뿌리는 것이다. 성령의 열매로서의 양선은 반드시 행함이 함께 하기 때문에 성령의 열매 사랑과 구별된다. 예를 들면 사랑은 마음 자세라고 할 수 있다. 사랑하는 마음으로 어떤 일을 할 수 있고 미워하는 마음으로 어떤 일을 할 수 있다. 이와 같이 사랑은 밖으로 나타나기 이전의 상태라고 할 수 있다. 그러나 양선은 사랑이 밖으로 나타나는 것이다. 마음의 상태가 밖으로 나타나는 것이라고 할 수 있다. 여기에서 우리는 사랑 없이는 양선이 의미가 없다고 할 것이다. 사랑은 모든 열매의 기초가 된다는 사실을 잊지 말아야 한다. 아무튼 양선은 선행이 구체적으로 나타난다는 점에서 사랑과 구별된다고 할 수 있다.

많은 사람들이 양선을 사랑이라고 생각하기 쉬우나 본문은 구별해서 말하고 있다. 부모가 자식을 사랑한다고 할 때 반드시 어떤 사랑의 표시가 있어야만 한다고 할 수 없다. 아무 행위 없이 사랑할 수 있다. 이와 같이 사랑은 행위 이전의 것이라고 할 수 있다. 이에 비해 양선은 행위로 나타난 것을 말하기 때문에 희생이나 헌신이 수반된다. 사도 바울이 고전13:13절에서 논한 사랑을 보면 모두 마음 자세가 어떠해야 함을 논하고 있다는 사실을 알 수 있다. 양선을 달리 표현하면 선택과 구제라고 할 수 있다. 지금 많은 사람들이 양선과 사랑을 혼동하고 있는데 간단히 말하면 사랑과 양선은 맥을 같이 하고 있으며 다만 사랑이 마음에 머무르고 있느냐 행위로 나타났느냐의 차이라고 할 수 있다.

양선의 열매를 맺은 자는 부자로 살기가 힘들다. 주고 싶은 마음이 앞서 쌓놓고 살 수가 없다. 뿐만 아니라 자신을 위해서는 돈을 쓰고 싶은 마음이 없고 다른 사람의 필요를 빨리 파악한다. 정이 많다는 소리를 들었을 텐데 그 차원을 넘어 선행과 구제가 나타난다. 일반적으로 사람들은 주기보다 받는 것을 더 좋아 한다. 그런데 성령의 열매는 한결같이 베푸는 것임을 잊지 말아야 한다. 이기주의적인 생각을 품게 되면 그 기도를 듣지 않으실 뿐만 아니라 성령의 열매도 맺지 못한다.

성경은 "주라 그리하면 너희에게 줄 것이니 곧 후히 되어 누르고 흔들어 넘치도록 하여 너희에게 안겨 주리라 너희가 헤아리는 그 헤아림으로 너희도 헤아림을 도로 받을 것이니라"(눅 6:38)고 강조하고 있다. 아무리 소유가 많아도 제 때에 쓰지 않으면 의미가 없다. 그리고 소유에 집착하게 되면 영이신 하나님과 멀어진다. 물론 소유를 부정하는 것은 아니다. 물질 없이는 양선도 불가능 하다. 딤전6:9-10을 보면 "부하려 하는 자들은 시험과 올무와 여러 가지 어리석고 해로운 욕심에 떨어지나니 곧 사람으로 파멸과 멸망에 빠지게 하는 것이라 돈을 사랑함이 일만 악의 뿌리가 되나니 이것을 탐내는 자들은 미혹을 받아 믿음에서 떠나 많은 근심으로써 자기를 찔렀도다" 하였다. 돈을 사랑한다 함은 돈을 믿고 의지한다는 말이다.

우리가 믿고 의지할 대상은 하나님 한 분 뿐이시다. 돈은 필요한 대로 쓰라고 하나님이 주신 것이다. 눅19:8을 보면 "삭개오가 서서 주께 여짜오되 주여 보시옵소서 내 소유의 절반을 가난한 자들에게 주겠사오며 만일 누구의 것을 속여 빼앗은 일이 있으면 네 갑절이나 갚겠나이다" 하였다. 여기에서 가난한 자들은 도움을 받아야 할 자들이라는 뜻이다.

예수님을 만난 삭개오는 소유의 절반을 남을 돕는데 쓰겠다고 선뜻 나섰다. 하나님은 세상에 사람을 내실 때 돕는 자로 내시기도 하고 도움을 받는 자로 내시기도 하신다. 어떤 모습으로 태어나든 하나님의 선하신 뜻 가운데 태어난다는 사실을 알아야 한다. 성령의 열매 양선을 맺은 사람은 삭개오 처럼 자기 소유를 남을 돕는데 쓴다. 선행과 구제는 한두 번으로 그쳐서는 안 된다. 하나님이 주시는 대로 끝 날까지 시행되어져야 한다.

사랑하는 성도 여러분, 성령의 열매 양선은 하나님께로부터 받아서 가난한 자들에게 나누어 주는 단순한 열매이다. 즉 성령님께서 인도하시는 대로 따르기만 하면 된다. 다만 도움의 대상이 누구인지 분별할 수 있는 안목이 필요하다. 또 하나 잊지 말아야 될 것은 양선의 열매를 맺은 사람은 계속 선행과 구제로 하나님께 영광 돌릴 수 있도록 필요한 것들이 때를 따라 주어진다는 것이다.

33. 성령의 열매 충성

갈 5:22-26

하나님의 사람들은 몇 가지 특징이 있다. 먼저 영의 인도하심을 따라 산다는 것이다. 다음은 자신을 위해 살지 않고 예수 그리스도를 위해 산다.(고후 5:15) 그리고 전도인의 삶을 산다. 아무리 성공적인 삶을 살았다 해도 하나님이 인정하시지 않는 삶은 허공 속에 흩어져 버리고 만다.

하나님의 시야에 들어온 사람은 자기 마음대로 살지 않는다. 왜냐하면 예수 그리스도를 섬기는 삶이 최선의 삶임을 알기 때문이다. 왜 나를 위해 살아야 최선의 삶이지 예수 그리스도를 위해 사는 삶이 최선이라고 하는지 생각해 볼 필요가 있다. 문제는 누가 누구를 평가한다는 것인지 간단치가 않다. 그래도 신자들의 경우에는 하나님을 평가자로 받아들인다.

어떤 사람은 사람의 평가에 귀를 기울이지만 믿을 것이 못된다. 세상 사람들은 사람을 의식하기 때문에 자연히 사람에게 초점을 맞출 수밖에 없다. 위인전이나 어떤 문학 작품이나, 소설 등은 나름대로 노리는 핵심이 있다. 불특정 다수를 대상으로 배포한다. 그리고 평가는 독자들에게 맡긴다. 다양한 평가가 나올 수 있는데 그 평가에 따라 작가의 생명력이 좌우된다. 그래서 작가들은 독자의 평가를 염두에 두고 글을 쓴다.

이에 비해 신자들은 하나님의 평가를 염두에 두고 행동한다. 그런데 하나님의 평가가 사람을 통해 나타나는데 이를 깨닫지 못하고 있다는 것이다. 물론 사람의 평가와 하나님의 평가가 다를 수도 있다. 하지만 일반적으로는 일치 한다고 봐야 할 것이다. 여기에서 우리는 누구의 평가도 의식하지 않고 살았으면 좋겠다고 할 수도 있을 것이다. 그러나 평가를 의식하지 않게 되면 잘 가고 있는지 전혀 감을 잡을 수 없기 때문에 돌이킬 수 없는 실수를 범할 수 있다. 그래서 하나님은 신자들이 그런 실수를 범하지 않도록 수시로 깨우쳐 주신다.

성령의 열매 충성은 세상 사람들이 보통 말하는 충성과는 다르다. 국가나 직장이나 사람에게 희생을 감수하고 헌신하는 것을 가리켜 충성이라고 한다. 그러나 성령의 열매 충성은 영적인 차원임을 우선 알아야 한다. 한마디로 말하면 영이신 하나님을 위해 희생하고 헌신하는 것을 가리킨다.

열심히 기도하고 힘써 복음을 전하는 것 그리고 가난한 자 불쌍한 자 병든 자들을 아낌 없이 도와 주는 것 또한 도움이 필요한 자 들에게 사랑의 손을 펴는 것 등을 충성이라고 한다. 그런데 한 가지 잊지 말아야 할 것은 영적인 일과 육적인 일이 겉으로는 분별하기 힘들 때도 있다는 것이다. 한 가지 기준이 있다면 그 일의 결과가 하나님을 위한 것이냐 아니냐에 달려 있다고 할 수 있다.

사람들을 위하는 일이라고 해서 하나님과 전혀 상관이 없다고 할 수는 없다. 그러나 영적인 일과 육적인 일은 간단히 구별된다. 영적인 일은 반드시 성령의 인도하심을 따라 이루어지고 육적인 일은 사람의 생각에 따라 이루어진다는 것이다. 그러므로 신자들은 무엇보다도 성령 충만을 받지 않으면 안된다. 신자들이 말하는 성령 충만은 성령님이 인도하시는 대로 자신을 맡기는 상태에 있음을 말한다. 아무리 열심을 내도 성령의 인도하심을 따르지 않고 자기의 생각대로 행하는 자는 헛수고에 불과하다는 사실을 알아야 한다. 따라서 하나님의 일을 하려 하면 성령님의 인도하심을 분별할 수 있는 영적 감각이 있어야 한다.

하나님은 신자들이 하나님의 일을 할 수 있도록 필요한 은사를 주신다. 은사 없이는 하나님의 일을 할 수 없다. 다만 은사를 은사로 받아들이지 못하는 데서 문제가 있다고 해야 할 것이다. 그럼에도 불구하고 능력이 없어서 충성 하지 못한다고 하소연하기도 한다. 어떤 사람은 하나님의 일을 하고 있음에도 불구하고 어떻게 해야 하나님의 일을 할 수 있느냐고 반문하기도 한다. 문제는 직접 하나님의 일을 하는 경우도 있고 간접적으로 하나님의 일을 하는 경우도 있다는 것이다. 아무튼 하나님의 일은 이기주의적이지 않고 사랑으로 행한다는 특징이 있다. 따라서 하나님께 충성하려면 사랑의 사람이 되어야 한다. 사랑이 결여된 일은 아무리 열심히 해도 방향이 다르기 때문에 유익이 되지 못한다.

성령의 열매 충성은 신자들이 갖추어야 할 필수 요소이다. 하나님을 믿으면서 충성하지 않는다면 진정한 믿음을 소유했다고 할 수 없다. 믿음과 충성은 정 비례한다. 초대교회 신자들은 죽기까지 충성했다. 한 가지 잊지 말아야 할 것은 그 무엇보다도 믿음을 우선 했다는 것이다. 성령님께서는 후세 사람들이 어떻게 예수 그리스도를 믿고 따라야 하는지 보여 주셨다. 그러므로 신자들은 성경에서 답을 찾아야 한다.

인생의 모든 문제는 성경에 그 해답이 주어져 있다. 기록된 하나님의 말씀 성경을 따라 살면 능히 험난한 세상을 헤쳐 나갈 수 있다. 하나님은 인간들이 실족하지 않도록 한 길을 예비하셨는데 성경에 그 길을 제시 하셨다는 것이다. 여기에서 우리는 하나님의 은혜와 사랑을 감사 하지 않을 수 없다. 세상에 수많은 사람들이 이 길을 찾으려고 몸부림치지만 예수 그리스도를 믿는 믿음이 없이는 아무도 그 길을 찾을 수 없다.

신자들은 말씀에 순종하기만 하면 형통한 삶을 살 수 있다. 당장 눈앞에 보이지 않아도 반드시 승리한다. 한 가지 잊지 말아야 할 것은 낙심하거나 믿음을 버려서는 안 된다는 것이다. 어떤 믿음을 가졌느냐에 따라 달리 주어질 수 있기 때문이다.

믿음은 성령의 열매 충성의 뿌리이다. 믿음을 가진 자는 충성한다. 믿음 없는 충성은 지속적이지 못한다. 뿐만 아니라 진정한 충성이 나오지 못한다. 그래서 하나님은 신자들에게 믿음을 가지라고 당부하신다. 신자들의 충성으로 복음이 전파되고 예수 그리스도의 사랑이 전파된다. 가난한 사람 불쌍한 사람들이 도움을 받는다. 충성은 아무나 할 수 없고 믿음을 가진 그리고 성령 충만한 사람들이 하나님의 영광을 위하여 헌신할 때 나타난다. 물론 기도가 수반 되어야 함은 말할 것도 없다. 왜냐하면 성령의 인도하심을 받아야 하기 때문이다. 많은 사람들이 선교사로 파송되어 복음을 전한다. 충성의 대표적인 예이다.

사랑하는 성도 여러분, 계2:10을 보면 "네가 죽도록 충성하라 그리하면 내가 생명의 면류관을 네게 주리라"고 하셨다. 충성의 특징을 잘 나타내고 있다. "죽도록 충성하라는 것이다" 하나님은 신자들이 충성할 때 기뻐 받으신다. 그리고 그 충성을 통해 뜻을 이루신다. 여러분 모두 죽도록 충성하여 생명의 면류관을 얻으시기 바란다.

34. 성령의 열매 온유

갈 5:22-26

온유 하면 떠오르는 사람이 있다. 예수님은 마11:29에서 "나는 마음이 온유하고 겸손하니" 라고 자신을 가리켜 온유한 자라고 소개하고 있다. 또 민 12:3에 보면 "이 사람 모세는 온유함이 지면의 모든 사람보다 더 하더라"고 모세를 가리켜 온유한 자라고 증거하고 있다. 그런데 한 가지 이상한 것은 온유가 마음대로 되지 않는다는 것이다.

요14:27을 보면 "평안을 너희에게 끼치노니 곧 나의 평안을 너희에게 주노라 내가 너희에게 주는 것은 세상이 주는 것과 같지 아니하니라 너희는 마음에 근심하지도 말고 두려워하지도 말라"고 하신다. 하나님은 사랑하는 자녀들에게 평안을 주신다. 세상이 주는 평안은 일시적이다. 그러나 하나님은 영구적이고 상황에 맞는 평안을 주신다. 하나님께로부터 주어지는 평안은 온유로 나타난다. 그래서 온유가 성령의 열매라는 것이다.

하루는 앞을 못 보는 맹인이 지나가는 사람에게 "여보시오! 길을 잃었는데 좀 도와주시오" 하니까 "어디까지 가십니까?" 하고 물었다. 맹인은 열심히 설명을 했지만 그 사람은 도무지 알아들을 수 없었다. 맹인과 대화를 해보면 성한 사람과 다른 점을 발견 할 수 있다. 그들에게는 나름대로 살아가는 방법이 있다. 한 가지 중요한 점은 목적지까지의 길을 익혀 두었다가 더듬어 찾곤 한다는 것이다.

여기에서 우리는 한 가지 염두에 두어야 할 것이 있다. 사람마다 특색이 있듯이 맹인들도 특색이 있는 사람으로 간주 하자는 것이다. 마찬가지로 신자와 불신자의 경우도 피차 특색 있는 사람으로 간주하면 자연스럽게 대할 수 있을 것이라는 것이다. 지금 불신자들은 영적으로 보면 소경이나 다름 없다. 그들을 대할 때 특색 있는 사람으로 대한다면 보다 자연스러울 것이다. 여기에서 우리는 여러 유형의 사람들을 자연스럽게 대할 수 있는 지혜를 얻을 수 있다. 세상을 살면서 해야 할 일이 많지만 꼭 필요한 일들을 선별해서 할 수 있다면 그만큼 유익한 삶을 살 수 있을 것이다. 나 중심의 세상을 살려고 하면 부딪치는 것이 많을 수 있다. 그래서 사도 바울은 "나는 날마다 죽노라"고 하면서 스스로를 다스리는 삶을 살았다. 다시 말하면 상대를 존중해 주면서 내 목표를 챙기는 삶을 살았다는 것이다. 우리에게는 복음 전도의 목표가 주어져 있다. 그 목표를 달성하기 위해 최대한 양보하는 삶을 살아야 한다는 것이다.

양보하는 삶은 온유로 나타난다. 온유한 자는 다투지 않고 목표를 달성 한다. 마10:16을 보면 "보라 내가 너희를 보냄이 양을 이리 가운데로 보냄과 같도다 그러므로 너희는 뱀 같이 지혜롭고 비둘기 같이 순결하라"고 가르친다. 귀 기울여 들어야 할 말씀이다. 복음 전도자의 자세를 말하고 있는데 온유한 마음으로 복음을 전해야 한다는 것이다.

복음을 전하다 보면 본질에서 떠나 헛수고를 하는 경우가 있다. 침착하게 예수 그리스도를 증거해야 하는데 혈기가 치밀어 오르거나 조급한 마음이 앞서 복음을 제대로 증거하지 못할 때가 있다. 사단이 수작을 부릴 때 나타나는 현상인데 잠시 자신을 다스리기까지 멈출 필요 가 있다. 혈기와 복음은 상반 관계에 있기 때문에 경계하지 않으면 안 된다. 충분히 기도하지 않으면 사단의 훼방을 물리칠 수 없다.

많은 사람들이 예수님을 따르겠다고 나섰다가 도중하차하는 경우를 볼 수 있는데 참으로 안타까운 일이 아닐 수 없다. 세상에 살면서 형통할 때도 있고 어려울 때도 있지만 문제는 어떤 자세로 임하느냐는 것이다. 아무도 앞날을 예측할 수 없기 때문에 겸손한 마음으로 행하지 않으면 안된다. 하나님은 신자들이 유익한 길로 나가도록 인도 하신다. 이 사실을 믿고 따르면 은혜 가운데 신앙생활을 할 수 있다.

어떤 사람은 하나님을 단순히 돕는 자로 생각한다. 물론 그렇게 보이기도 한다. 그러나 자세히 분석해 보면 하나님께서 직접 이끌어 가심을 발견할 수 있다. 하나님은 오묘한 분이시기 때문에 자신을 전혀 드러내지 않으시고 자연스럽게 사람들을 이끄신다. 여기에서 우리는 왜 하나님이 떳떳이 자신을 나타내지 않으시고 은밀한 중에 행하시는지 생각해 볼 필요가 있다. 만일 하나님이 은밀히 행하지 않고 스스로를 나타내시면 지금과는 전혀 다른 세상이 전개 될 것이다. 다시 말하면 다스리시는 하나님과 이를 떠 받드는 인간만이 존재하는 세계가 되고 세상은 그만큼 삭막해 질 것이다.

사람들이 꿈을 안고 달려 갈 때 발 걸음이 가볍다. 그래서 하나님은 사람들로 하여금 꿈의 사람이 되도록 은혜를 베푸신다. 하나님이 사람들을 은밀한 중에 이끄시는 이유는 그만큼 은혜를 베푸시기 위함인 것이다. 다시 말하면 하나님이 직접 인도하시면 사람들은 두려워서 아무 것도 제대로 할 수 없다는 말이다. 여기에서 우리는 하나님의 사랑을 엿볼 수 있다.

하나님을 따르는 자들은 내 것의 개념을 가져서는 안된다. 하나님의 청지기로서 베푸는 삶을 살아야 한다. 그렇다고 아무렇게나 소유를 나누어 주라는 것은 아니다. 성령의 인도하심을 따라 사랑을 나타내라는 것이다.

성령의 열매 온유는 부드러운 마음으로 사랑을 베푸는 것을 가리킨다. 뿐만 아니라 내 것으로 생색내는 자세를 가져서는 안된다. 신자들은 하나님의 종이고 그 소유도 하나님의 것인 만큼 사랑의 도구로서 만족할 수 있어야 한다. 그런데 한 가지 잊지 말아야 할 것은 하나님이 가난한 자를 도우실 때 누구를 쓰시느냐 한 번 생각해 볼 필요가 있다. 아마 부자가 많이 쓰임을 받을 것이라고 생각하기 쉽다. 여기에서 하나님의 생각과 사람들의 생각이 다르다는 사실을 알아야 한다.

하나님은 온유한 자를 들어 쓰신다. 그래야 하나님의 영광이 드러나기 때문이다. 온유한 자는 어떠한 경우에도 자기를 내세우지 않는다. 겸손히 하나님의 인도하심을 따른다.

사랑하는 성도 여러분! 열 길 물 속은 알아도 한 길 사람 속은 모른다는 말이 있다. 그럴듯한 말이지만 하나님은 양쪽 다 아신다. 특히 하나님은 사람의 마음을 꿰뚫어 보신다. 따라서 거짓말은 통하지 않는다. 아무튼 하나님을 따르는 자들은 두려움이나 근심 걱정을 모두 버리고 하나님께 모든 것을 맡기고 의지해야 한다.

성령의 열매 온유는 전능하신 하나님께서 알파와 오메가 이심을 믿고 평안한 마음을 가지고 세상을 담대히 헤쳐 나가는 것을 말한다. 여러분 모두 온유한 자가 되어 험난한 세상을 이겨 나가시기를 기원한다.

35. 성령의 열매 절제

갈 5:22-26

절제라고 하는 말은 광범위하게 쓰이기 때문에 단적으로 이것이다 하기가 쉽지 않다. 절제가 성령의 열매이다 라고 단정하려면 무엇보다도 성령의 인도하심을 따라 절제가 이루어 지지 않으면 안 된다는 것이다.

하루는 많은 사람들이 모여서 누가 끝까지 참느냐 하는 시합이 벌어지고 있었다. 저마다 입을 다물고 끝까지 말을 하지 않는 사람이 이기는 시합이었다. 그런데 이상한 것은 구경꾼들은 무슨 말을 해도 괜찮지만 선수로 나온 사람은 침묵을 지켜야 하는 룰이 있다는 것이다. 불이야 하고 군중들이 외쳐도 입을 열지 않는다. 얼마나 시간이 흘렀을까.... 한 선수가 옷을 툭툭 털면서 일어서더니 "우리 모두 공동 우승했으니 여기에서 시합을 끝냅시다"하고 중얼거렸다. 옆에 있던 선수가 "당신은 실격이요" 하니까 그 옆에 있는 또 다른 선수가 "당신도 실격이요" 해서 모두가 입을 열었는데 유독 한 사람만 침묵을 지키고 있었다. 그래서 모두가 "당신이 우승이요" 해도 꿈쩍도 않는다. 알고 보니 그 사람은 벙어리였던 것이다. 우승은 벙어리에게로 돌아갔고 참가 선수들은 쓴 웃음을 지었다.

여기에서 한 가지 잊지 말아야 할 것은 아무리 절제에 능해도 벙어리에게는 적수가 되지 못한다는 것이다. 하나님을 믿고 따르는 자들은 벙어리와 같다고 할 수 있다. 벙어리는 자기 힘으로 절제하는 것이 아니다. 절제 할 수밖에 없도록 되어 있다는 것이다. 다시 말하면 자력으로 절제하는 것과 다른 차원에서 절제 하는 것은 비교할 수 없다는 것이다. 세상 사람들의 절제는 노력과 인내 여부에 달려 있다. 그러나 성령의 열매 절제는 인간의 노력과 인내를 뛰어 넘어 나타나는 것임을 알아야 한다.

스데반이 군중에게 돌로 침을 당할 때 "주여 이 죄를 그들에게 돌리지 마옵소서" 하고 잤다고 했는데 이는 인간의 노력과 인내를 뛰어 넘는 성령의 열매 절제인 것이다. 순교자들이 갖은 고문과 죽임을 당하면서 까지도 예수 그리스도를 부인하지 않고 태연자약할 수 있는 것도 바로 이 열매 때문임을 알아야 한다. 신자들이 자력으로 노력하고 인내해서 순교를 했다면 그 순교는 하나님께 영광을 돌리지 못하고 그 순교자에게 영광이 돌아가야 마땅할 것이다.

성경은 모든 신자들이 하나님께 영광을 돌리도록 가르치고 있다. 아무도 하나님의 영광을 가로채는 일이 없도록 각별히 주의해야 한다. 기독교 종교는 알파와 오메가이신 예수 그리스도를 믿는 종교이다. 세속적인 종교는 인간의 노력으로 복도 받고 영생도 얻을 수 있다고 생각한다. 여기에서 잊지 말아야 할 것은 절제로 말미암아 하나님의 영광이 나타나면 그 절제는 성령으로 말미암았다는 결론을 내릴 수 있어야 할 것이다.

많은 사람들이 성령의 열매 절제를 예수 믿고 인격 수양이 되어 참고 견디는 것으로 오해한다. 물론 예수 그리스도를 믿게 되면 어느 정도 인격 수양이 된다고 할 수 있다. 만일 인격 수양에 의한 절제라면 순교자들은 모두 인격 수양의 경지에 달한 사람들이라고 해야 할 것이다. 여기에서 우리가 잊지 말아야 할 것은 성경 어디에도 순교자들이 인격 수양자 들이라고 기록한 것을 발견 할 수 없다는 사실이다. 다시 말하면 절제는 성령의 역사이지 인간의 노력으로 되는 것은 아니라는 것이다.

다니엘서에 보면 사드락과 메삭과 아벳느고가 풀무불에 던져졌을 때 타지 않고 다시 살아 나올 수 있었던 것은 성령의 역사였던 것이다. 다니엘의 세 친구가 어떻게 풀무불 속으로 걸어 들어갈 수 있었겠는가! 인격 수양이 잘 되어서 죽음을 무서워 하지 않게 되었다는 말인가. 세속 종교는 인격 수양을 강조하고 있다. 물론 기독교 종교도 인격 수양을 무시 하지 않는다. 그러나 기독교 종교는 차원을 달리하고 있다는 사실을 알아야 한다. 세상을 통치하시는 하나님의 뜻이 나를 통하여 나타나도록 하나님께 쓰임을 받는 삶을 산다는 것을 잊지 말아야 한다.

어떤 사람은 신앙 따로 삶 따로인데 이런 사람은 참된 신자라고 할 수 없다. 비록 초신자라고 해도 일단 예수 그리스도를 영접하게 되면 하나님의 뜻을 나타내는 삶을 살도록 성령님께서 걸음을 인도하신다. 절제는 사람의 힘으로 불가능 한 것을 성령님께서 가능하게 하시는 것이라는 사실을 알아야 한다. 따라서 성령의 열매 절제는 인간 편에서 보면 기적이고 하나님 편에서 보면 큰 은혜인 것이다. 누구든지 성령 충만함을 받으면 불가능하게 보이던 일도 할 수 있다.

아무튼 성령의 열매는 모두 인간을 통해서 나타 나는 성령의 역사인 것이다. 한 가지 잊지 말아야 할 것은 아무리 인간이 노력을 해도 한계가 있다는 것이다. 이 한계를 초월하려면 인간을 뛰어 넘는 어떤 존재가 필요하다는 논리가 성립된다. 여기에서 우리는 한 가지 중요한 사실을 발견 할 수 있다. 다시 말하면 인간보다 한 차원 높은 그 어떤 존재가 실존한다는 것이다. 눈으로 볼 수 없고 손으로 만질 수 없다 해도 나타나는 현상을 통하여 알 수 있고 마음으로 대화 할 수 있는 존재, 즉 하나님이 계시다는 것이다. 그런데 신비한 것은 그 하나님이 아무에게나 나타나지 않는다는 것이다. 오직 예수 그리스도를 믿는 자에게만 나타나고 교제하신다는 것이다. 특히 믿는 자들을 다알아 보신다는 것이다. 그리고 복 주시고 천국까지 인도하신다. 아무도 천국행 열차에서 낙오되지 않도록 붙들어 주신다.

성령의 열매 절제는 아무에게나 나타나지 않는다. 하나님은 신자들을 통해 영광을 나타내신다. 그리고 하나님의 뜻이 이루어지도록 걸음을 인도하신다. 일반적으로 사람들은 자신을 통해서 이루어지는 하나님의 깊은 뜻을 모를 때가 많다. 그럼에도 불구하고 하나님은 묵묵히 자신의 뜻을 이루어 가신다. 지금 수많은 사람들이 예수 그리스도를 따르고 있지만 구체적으로 하나님의 뜻을 알고 따르는 사람은 그리 많지 않다. 세상에서 일어나는 모든 일들이 하나님 손 안에 있다는 사실을 인정한다면 두려워 할 것이 없을 것이다. 다만 간절히 기도하고 할 수 있는 일을 찾아서 한다면 넉넉히 승리하는 삶을 살 수 있을 것이다.

사랑하는 성도 여러분, 절제의 열매를 통해서 보이지 않는 하나님이 계심을 증거할 수 있고 하나님의 능력이 나타나기도 한다. 하나님을 따르는 자들은 어떤 모양으로든 그분의 존재를 체험한다. 뿐만 아니라 그분의 능력과 도우심 등을 다양하게 경험한다.

성령의 열매 절제는 인간의 힘으로 불가능한 것을 가능하게 하는 성령의 역사이다. 하나님의 영광을 위해 자신을 희생 시키는 일은 아무나 할 수 있는 일이 아니다. 반드시 하나님의 영광이 나타나도록 절제가 주어진다. 여러분 모두 절제로 하나님의 영광을 나타내시기를 바란다.

36. 부 하려 하는 자들
딤전 6:3-10

　하나님께서는 人生들이 하나님을 모르고 방황하는 것을 매우 안타깝게 여기 신다. 특히 성공했다고 하는 사람들을 보면 모두가 열심히 노력해서 돈을 많이 벌거나 높은 자리에 앉게 된 자들이라는 것이다. 어떤 성공 기준이 있는 것은 아니지만 일반적으로 인정하고 또 본인도 받아들이고 있다는 것이다.

　사람이 태어나서 이왕이면 성공적인 삶을 살다가 가고 싶을 것이다. 문제는 과연 그런 삶이 성공이라고 할 수 있느냐는 것이다. 대부분의 사람들이 생각하고 있는 성공을 아니라고 부정하려면 그만한 이유가 있어야 할 것이다. 우선 하나님의 인정을 받지 못한다는 것이다. 하나님은 사람들이 말하는 성공은 일시적인 것으로써 오히려 그 성공 때문에 하나님을 찾지 않게 되어 문제가 된다는 것이다.

　다음은 천국에 들어가기가 힘들어 진다는 것이다. 마19:24을 보면 "다시 너희에게 말하노니 낙타가 바늘귀로 들어가는 것이 부자가 하나님의 나라에 들어가는 것보다 쉬우니라 하시니" 했다. 부자는 아쉬운 것이 별로 없기 때문에 천국을 사모하지 않게 된다. 따라서 내세를 소망하기 보다 현세에 만족하게 된다는 것이다. 어떤 사람은 부자가 되면 하나님께 더 큰 영광을 돌릴 수 있지 않느냐고 논리를 펴지만 막상 부자가 되고 나면 그렇게 안된다는 것이다. 그러면 신자는 모두 가난해야 되느냐고 반문할 수 있을 것이다.

하나님은 신자들이 더러 땅의 높은 곳에 서계도 하신다. 여기에는 그만한 이유가 있다. 다시 말하면 하나님의 일이 낮은 곳에만 있지 않고 높은 곳에도 있기 때문에 자녀들을 필요한 대로 배치하신다는 것이다. 그런데 사람들은 하나님이 왜 자녀들이 잘되게 하시지 않고 세상 사람들이 부귀영화를 누리도록 하시느냐고 섭섭하게 생각하기도 한다. 물론 높은 곳에서 하나님께 쓰임 받기를 원할 것이다. 그러나 사람들이 높은 곳에 서게되면 그만큼 교만해지기도 쉽고 믿음을 지키기도 어렵기 때문에 하나님은 굳이 자녀들을 높은 곳에 세우려고 하시지 않는다는 것이다.

우리가 하나님의 뜻을 받들도록 부르심을 받았는데 어디에 있으면 무슨 상관이 있겠는가. 신자들의 삶은 어디에서든지 겸손히 하나님의 뜻을 받드는 삶이 되어야 한다. 부하거나 가난하거나 건강하거나 약하거나 높거나 낮거나 가릴 것 없이 하나님의 뜻을 받들 수 있어야 한다.   천국에 가면 모든 것이 하나님의 은혜였음을 깨닫게 될 것이다. 그래서 하나님은 신자들이 하나님의 선하심을 믿고 따라 주기를 바라신다는 것을 알아야 한다.

예수 그리스도를 믿고 내 뜻을 이루려 한다든가 세상에서 잘되기를 바라는 자세는 바람직하지 않다. 하나님께서 적재적소에 어련히 쓰시겠는가 하는 믿음으로 겸손히 순종하는 삶을 살아야 하겠다. 아무리 크게 쓰임을 받아도 그것은 하나님의 은혜일뿐이지 사람이 잘나서 쓰임을 받는 것은 아니다. 어떤 사람은 이러한 진리를 깨닫지 못하고 자신이 노력을 많이 해서 쓰임을 받는 줄로 착각하고 있는데 잘못된 생각이다. 하나님은 사람의 노력을 무시하지 않으시지만 반드시 노력했다고 해서 사람을 쓰시는 것은 아니다. 여기에 하나님의 신비가 있다고 할 것이다. 하나님의 하시는 일은 측량할 수 없고 항상 일정 하지도 않다.

본문을 보면 "부 하려 하는 자들은 시험과 올무와 여러 가지 어리석고 해로운 욕심에 떨어지나니 곧 사람으로 파멸과 멸망에 빠지게 하는 것이라"고 했다. 부자가 되려고 애쓰는 사람은 결과가 해롭다는 것이다. 다만 하나님을 믿고 의지하는 자는 하나님께서 일용할 양식을 때를 따라 주신다는 사실을 알아야 한다. 하나님은 신자들이 직장을 잡거나 사업을 할 때 지혜를 주셔서 일용할 양식을 얻게 하신다. 어떤 때는 반대로 직장을 잃거나 사업이 망하게도 하신다. 그러나 거기에도 하나님의 뜻이 계심을 잊지 말아야 한다.

하나님은 때로 좌회전도 하게 하시고 우회전도 하게 하신다. 그럴 때 신자들은 겸손히 엎드려 기도해야 한다. 기도를 통해서 걸음을 인도하시기 때문이다. 인간의 생사화복을 주장하시는 분은 하나님이시다. 문제가 생기면 즉시 하나님께 가지고 나와야 한다. 돈을 믿고 의지하는 사람은 아무리 어려운 일을 당해도 하나님께 나오지 않는다. 그리고 돈으로 해결을 하려고 한다. 돈은 상당한 힘을 가지고 있다. 그런데 돈으로 할 수 없는 일이 많다는 것이다.

돈이 전부라는 생각을 가진 사람은 수단 방법을 가리지 않고 돈을 모은다. 재벌들이 엄청난 돈을 가지고 있지만 그들이 모두 행복하느냐 묻는다면 그렇다고만 할 수도 없을 것이다. 돈으로 모든 것이 해결되지 않는다는 것이다. 돈으로 모든 것이 해결된다면 하나님이 신자들에게 돈만 주면 그것으로

족하다고 해야 할 것이다.

본문을 보면 "돈을 사랑함이 일만 악의 뿌리가 되나니 이것을 탐내는 자들은 미혹을 받아 믿음에서 떠나 많은 근심으로써 자기를 찔렀도다"(10절) 라고 하였다. 한마디로 말하면 돈이 모든 악의 뿌리가 된다는 것이다. 세상에 발붙이고 사는 한 돈이 절대적으로 필요하다. 그러나 돈은 선용할 수 있는 만큼 소유하는 게 좋다. 이 범위를 벗어나면 악의 뿌리가 될 수밖에 없다. 따라서 돈이 많으면 교만해지고 믿음에서 떠나게 되고 헛되이 쓰게 된다. 이러한 돈의 속성을 모르고 사람들은 돈을 모으려고 혈안이 되어있다. 심지어 속여서까지 돈을 벌려고 한다. 그만큼 돈에 매어 있다고 할 수 있다.

오늘 말씀은 돈에 대해 경종을 울려주고 있다. 이 세상의 모든 문제가 돈에서 비롯된다고 할 수 있다. 모름지기 신자들은 돈을 초월할 수 있는 믿음을 가져야 한다. 돈이든 여자든 그 어떠한 문제이든 믿음만 굳건하면 문제가 되지 않는다는 것이다. 왜냐하면 모든 문제가 하나님의 손에 있고 하나님은 문제들을 믿음으로 해결되게 하시기 때문이다.

예를 들면 어떤 문제가 발생했을 때 그 문제가 하나님의 손에 있다고 믿게 되면 서둘거나 당황할 필요가 없기 때문에 침착하게 해결할 수가 있다는 것이다. 뿐만 아니라 하나님께서 가장 좋은 길로 걸음을 인도하신다는 믿음을 갖게되면 두려움도 없고 인도하심을 겸손히 따를 수 있기 때문에 더 바랄 것이 없게 된다는 것이다.

지금 많은 사람들이 신앙생활을 하면서 염려를 버리지 못하고 있는데 이는 믿음이 온전치 못하기 때문이다. 우리가 온전한 믿음을 갖게 되면 아무리 세상이 혼탁해도 흔들림 없이 나아갈 수 있다. 성경은 우리에게 진리 지식과 온전한 믿음을 가지라고 가르친다. 하나님을 아버지로 고백한다면 두려울 것이 어디 있겠는가. 물론 육체를 가지고 있는 한 본능적으로 두려워 하거나 할 수 있다. 그래서 항상 성령 충만을 받으라고 강조하고 있는 것이다. 성령 충만은 모든 두려움으로부터 해방시켜 준다.

초대교회 성도들이 죽음을 두려워하지 않고 복음을 전한 것은 성령 충만을 받았기 때문이다. 성령 충만을 받게 되면 영적인 삶을 살게 되기 때문에 육적인 것에 연연하지 않는다. 그래서 우리가 돈을 초월하려면 성령 충만을 받아야 한다. 하나님은 우리들에게 아무 염려하지 말고 따라오라고 하신다. 간절히 기도하면서 감사하는 마음으로 따르면 하나님께서 모든 문제를 해결해 주실 것이다.

사랑하는 성도 여러분, 믿음으로 승리하는 삶을 살자. 하나님께서 세상을 이기는 믿음을 주시도록 기도하자. 신자들의 삶은 하나님과 동행하는 삶임을 잊지 말고 담대히 나아가자. 물질에 연연하여 나약해지지 말고 힘차게 저 높은 곳을 향해 전진하자. 여러분 모두 믿음으로 승리하는 삶 사시기를 예수 그리스도의 이름으로 축원한다.

37. 그리스도의 비밀

골 4:2-6

하나님은 인간들에게 형언할 수 없는 은혜를 베푸신다. 그럼에도 불구하고 사람들은 이를 깨닫지 못하고 힘들게 세상을 살아간다. 무엇 때문에 세상을 살고 있는지 미처 생각해 볼 겨를도 없이 홍수에 휩쓸려 가듯 죽음을 向해 떠내려간다.

왜 하나님은 이렇게 세상을 이끌어 가실까, 궁금한 게 한 둘이 아닐 것이다. 그런데 한 가지 알아야 할 것은 아무리 세상이 복잡하게 보여도 자세히 들여다보면 하나의 맥이 흐르고 있다는 사실을 알아야 한다. 예수 그리스도를 중심으로 세상이 움직이고 있다는 사실이다. 따라서 세상을 알려면 먼저 예수 그리스도를 알아야 한다는 것이다. 예수 그리스도를 모르는 사람은 세상을 바로 볼 수 없고 제대로 살 수도 없다. 세상의 지식은 육신을 위한 것들이기 때문에 아무리 많이 얻어도 한계가 있다.

사람은 영혼과 육체로 구성되어 있기 때문에 어느 한 쪽만 가지고는 만족할 수가 없다. 예수님은 인간의 몸을 입고 오신 하나님이시다. 그분은 완전한 하나님이시자 완전한 사람이시다. 그래서 예수님을 깊이 알게 되면 하나님도 알고 사람도 알게 된다는 것이다. 교회에서 예수 그리스도를 가르치는

이유가 어디 있겠는가. 하나님을 알고 사람을 알아서 바르게 살게 하기 위함
이다. 그런데 예수 그리스도를 모르고 살기 때문에 세상이 복잡하고 문제가
많다는 것이다. 예수 그리스도는 모든 문제의 열쇠이시다. 어떤 문제든지 예
수 그리스도께서 함께 하면 해결된다. 그래서 성경은 "환난 날에 나를 부르
라 내가 너를 건지리니 네가 나를 영화롭게 하리로다"라고 가르치신다. 사람
들은 문제가 생기면 먼저 法부터 생각한다. 물론 법이 필요하다. 법도 하나
님이 내신 것임은 말할 것도 없다. 그러나 법에 호소하기보다 먼저 예수님을
찾으라고 하신다. 그래서 예수님의 인도를 받는 것이 마땅하다는 것이다. 예
수님은 최선의 길을 아신다. 그 분의 인도를 받으면 가장 좋은 열매를 맺게
된다.

하나님은 "지혜로도 못하고, 명철로도 못하고 모략으로도 여호와를 당하
지 못하느니라"고 하셨다.(잠 21:30) 특히 신자들은 주님 되신 하나님께 문
제를 가지고 나와야 한다. 자기 마음대로 하려는 사람은 하나님의 도우심을
받지 못한다. 이렇게 세상은 예수 그리스도를 중심으로 움직이고 있다는 사
실을 알아야 한다.

인류 역사는 아무도 측량하지 못한다. 겸손한 마음으로 하나님의 뜻을 따
를 때 최선의 길을 걷게 된다. 왜 사람들이 문제를 하나님 앞으로 가지고 나
오지 않는지 그 이유는 간단하다. 자기 마음대로 세상을 살고 있기 때문이
다. 하나님을 진실로 의지하는 자는 무슨 일이 생기면 먼저 하나님을 생각한
다. 그리고 도우심을 구하고 인도하시는대로 따른다. 아무리 몸부림을 쳐도
하나님 없는 수고는 헛될 뿐이다. 노력만으로 모든 것이 해결된다면 하나님
이 간섭하실 필요도 없고 신경 쓰실 필요도 없을 것이다.

대통령이 노력을 제일 많이 한 사람이라고 생각 하는가. 노력에 비례해서 출세를 하고 장수하는가. 신자들은 세상을 빨리 알아야 한다. 세상을 모르고 뛰는 사람은 패할 수 밖에 없다. 뛰기는 열심히 뛰는데 방향을 잘못 잡은 사람은 뛸수록 잘못된다. 이 진리를 모르면 인생을 실패 할 수밖에 없다. 누군들 실패하고 싶겠는가. 어둠속에 있어 방향을 잘못 잡으면 어쩔 수 없이 패한다는 말씀이다.

어떤 사람은 내 인생 내가 사는데 무슨 상관이냐고 막무가내지만 이는 잘못된 생각이다. 왜냐하면 이 세상에 태어날 때 저절로 태어난 것이 아니라 하나님의 보내심을 받아 태어났기 때문에 보내신 분의 뜻을 따라 살아야 하기 때문이다. 하나님은 허다한 사람을 이 세상에 내시고 모두 바르게 살아가라고 하신다. 그런데 사람들은 제멋대로 살아간다는 것이다. 여기에 인생의 문제가 있는 것이다. 하나님은 사람들이 바르게 살아가도록 교회를 세우시고 가르치신다. 따라서 교회를 외면하는 사람들은 자기의 생을 자기가 책임져야 한다. 다시 말하면 어떠한 결과가 주어지더라도 아무도 원망할 수 없다는 말이다.

지금은 신자들이 악인의 형통을 보고 더러 부러워하기도 하고 이해가 안 간다고 고개를 갸우뚱 하지만 하나님의 심판대에 서는 것을 보면 기절초풍 할 것이다. 멀리 보고 사는 사람과 눈앞의 것만 보고 사는 사람과는 차이가 엄청나다. 그래서 예수 그리스도를 믿고 따르라고 간곡히 권해도 받아들이지 않는다. 그들은 예수 그리스도를 믿게 되면 손해를 본다고 생각한다. 농사를 짓는 사람이 땅에 씨앗을 뿌리면 낭비라고 생각하는 사람과 똑같다. 많은 사람들이 예수 그리스도를 믿고 복 받았다고 간증을 해도 불신자들은 믿으려 들지 않는다. 왜 그러는지 참으로 안타깝다. 여기에 한 가지 비밀이 있다고 할 수 있는데 예수 그리스도를 믿는 일이 사람의 마음대로 되지 않는다는 것이다. 성령님께서 역사하시지 않으면 아무도 예수 그리스도를 믿을 마음이 생기지 않는다는 것이다. 따라서 인간적인 방법으로 예수 믿게 만들려는 생각을 해서는 안 된다. 불쌍히 여기는 마음으로 기도해야 한다. 복음을 전하는 사람들은 이 비밀을 알고 행동해야 한다.

본문을 보면 "또한 우리를 위해 기도하되 하나님이 전도할 문을 우리에게 열어 주사 그리스도의 비밀을 말하게 하시기를 구하라 내가 이 일 때문에 매임을 당하였노라" 라고 기록하고 있다. 그리스도의 비밀이 무엇인가. 예수 그리스도를 믿으면 구원받는다는 것을 가리킨다. 사도 바울은 예수 그리스도를 증거하다가 고난을 많이 당했다. 그럼에도 불구하고 전혀 불평하지 않고 생을 마감하기까지 복음을 전했다. 신자들은 복음을 전할 때 임하는 고난을 두려워 하지 말아야 한다.

오늘날은 큰 어려움 없이 복음을 전할 수 있는 시대이다. 기회를 놓치지 말고 복음을 전해야 하겠다. 구원의 확신을 가진 사람이라면 복음을 전하지 않고는 견딜 수 없을 것이다. 복음보다 더 기쁜 소식은 없다. 그럼에도 불구하고 복음이 외면당하는 것은 사탄의 강력한 훼방 때문이다. 따라서 기도하지 않고 복음을 전하면 헛수고라는 것이다. 모름지기 신자들은 기도에 힘써야 한다. 그리고 하나님께서 인도하실 때 담대히 복음을 전해야 한다. 누구든지 복음을 전하는 자들은 확신을 가지고 전해야 하며 상대가 당장 받아들이지 않더라도 절망하거나 이상하게 생각할 필요가 없다는 것이다.

씨를 뿌릴 때 먼 훗날에 추수할 것을 염두에 두고 뿌리는 것처럼 복음도 때가 되어야 열매를 맺는다는 사실을 알아야 한다. 하나님은 신자들에게 많은 씨앗을 뿌리도록 은혜를 베푸신다. 머지않아 천국에 가게 되면 전혀 예상치 못했던 열매들을 만날 수 있을 것이다. 얼마나 가슴 뿌듯한 일인가. 상상만 해도 가슴이 벅차다. 그러나 씨앗을 뿌리지 않은 자들은 이러한 기대를 할 수 없다. 아무리 부귀영화를 누리고 살았다 해도 천국에서 상을 받지 못한다면 실패한 삶을 살았다고 할 수 밖에 없다. 세상 사람들은 자기 나름대로 기준을 세워 놓고 성공했다느니 실패했다느니 하지만 그것은 사람들의 생각일 뿐 진정한 성공은 구원받아 천국에 들어가느냐 못 들어가느냐에 달려 있다는 사실을 알아야 한다.

왜 하나님이 세상에서 크게 성공하여 보란 듯이 살도록 신자들에게 은혜를 베푸시지 않고 열심히 천국을 向해 달려가도록 인도 하시는지 깨달아야 한다. 이 세상은 우리가 영원히 살 곳이 아니기 때문이다. 우리는 다만 나그네로 이 세상을 살다가 떠나갈 뿐이다. 사람들은 죽음만을 보아 왔기 때문에 내세에 대해서 이야기 하면 이해하지 못한다.

사랑하는 성도 여러분, 눈을 들어 멀리 보시기 바란다. 이 시간 무엇 때문에 여기 앉아 있는가. 아마 과연 천국이 있는지 확인하고 싶은 자도 있을 것이다. 또 예수 믿고 성공하려고 하는 자도 있을 것이다. 그러나 하나님은 여러분들이 믿음을 가지고 천국을 향해 달려가기를 원하신다. 다시 말하면 영적인 삶을 살라는 것이다. 영혼은 불멸의 요소이다. 우리가 영생하려면 불멸의 요소인 영혼과 부활의 육체가 결합되어 천국에 들어가야 한다. 하나님은 독생자 예수 그리스도를 이 세상에 보내셔서 이 복음을 전하게 하시고 부활승천케 하셨다.

여러분 모두 구원의 확신을 가지고 저 천국을 향하여 힘차게 나아가시기를 예수 그리스도의 이름으로 축원한다.

38. 세상을 이기는 믿음
요일 5:1-12

아무도 세상을 쉽게 볼 수 없는 이유가 있다. 왜냐하면 세상은 치열한 생존 경쟁 가운데 헤쳐 나가도록 되어 있기 때문이다. 어떤 사람은 선두 주자가 되고 어떤 사람은 뒤에서 전전 긍긍 하기도 한다. 그런데 이상한 것은 누가 최후의 승자인지 아무도 모른다는 것이다.

한 가지 잊지 말아야 할 것은 분야별로 최후의 승자가 있다는 사실이다. 그래서 하나님은 사람을 내실 때 각기 분야별로 재능을 가지고 태어나도록 섭리하신다. 그런데 사람들은 이러한 이치를 무시하고 재능과는 상관없이 편하고 쉽게 사는 쪽으로 몰린다. 여기에서부터 인간의 불행이 싹튼다고 할 수 있다. 욕심을 부리지 않고 적재적소에서 활약을 한다면 세상은 조용해 질 것이다. 누구든지 하나님의 뜻이 어디 계신지 헤아리면서 성실히 노력하면 보람된 삶을 살 수 있을 것이다.

인간의 욕심이 세상을 어지럽게 만들고 있다는 사실을 알아야 한다. 오늘 말씀은 이 혼탁한 세상을 이겨 나가는 방법에 대해 이야기 하고 있다. 어떤 사람이 한 평생을 다 살고 죽음의 문턱에 서서 뒤를 돌아보니 아무 것도 보이지 않더라는 것이다. 곰곰이 생각하고 있는데 하나님의 음성이 들려왔다.

너는 이 세상에서 무엇을 했는지 아무 것도 보이지 않는구나 이대로 세상을 떠난다면... 하는데 그 사람이 부르짖었다. 한 번 더 이 세상을 살 수 있도록 해 주십시요 그러면 이전과는 전혀 다른 삶을 살겠습니다. 하나님은 고개를 끄덕이시면서 다시 한 번 살 수 있도록 하셨다. 그런데 어느날 그가 하나님께 부르짖었다. "내 힘으로는 전과 똑같은 삶을 살 수 밖에 없으니 도와주십시오" 그래서 하나님은 어떻게 도와주면 되겠느냐고 물었다. "예수 그리스도를 믿게 해 주십시오" 그제서야 하나님이 정색을 하시면서 "네가 비로소 하늘나라 비밀을 깨닫게 되었구나" 하시면서 예수 그리스도를 믿도록 은혜를 베푸셨다.

왜 사람들이 아웅다웅하면서 세상을 사는지 안타깝다. 누구든지 세상을 보람 있게 살고 싶을 것이다. 그러나 그것이 마음대로 되지 않는다는 것이다. 사람들은 보이지 않는 하나님이 인류 역사를 이끌어 가시는 것을 알지 못한다. 하나님은 아무에게나 자신을 드러내시지 않는다. 그 이유는 사람들이 받아들이지 않기 때문이다. 예수 그리스도를 믿는 자들은 하나님을 찾고 찾는다. 그들에게 하나님은 자신을 수시로 나타내 주신다. 무엇보다도 사모하는 마음을 가지고 열심히 구하면 하나님을 만날 수 있다.

어느날 한 사람이 하나님을 만나려고 교회를 찾았다. 곰곰히 생각한 끝에 입을 열었다. "하나님 저를 만나 주세요 꼭 할 말이 있습니다" 그때 하나님의 말씀이 떠올랐다. "너는 마음을 강하고 담대히 하라" 그게 무슨 뜻일까? 생각하면서 교회를 나왔다. 그날 열심히 일을 하고 있는데 갑자기 머리를 스치고 지나가는 한 생각이 있었다. 왠지 하나님이 주신 생각 같았다. 빨리 집으로 가 보라는 것이었다. 혹시 하면서 서둘러 집으로 돌아왔다. 그런데 이상하게도 집이 적막해 보였다. 문을 열고 들어서는 순간 깜짝 놀라지 않을 수 없었다. 한쪽에서 전선이 합선되어 불이 붙고 있었다. 부랴부랴 서둘러 불을 끄고 무릎을 꿇었다. "하나님 감사합니다. 제 기도를 들어 주심을 감사합니다."

하나님은 수시로 우리 기도를 들어 주신다. 그렇게 만나 주심을 깨닫는 자는 영적으로 하나님을 만나고 있다는 사실을 알아야 한다. 우리들은 하나님을 섬길 때 어떻게 섬겨야 되는지 잘 모르겠다고 한다. 가장 간단한 답은 성경 말씀대로 살면 된다.

본문 3절을 보면 "하나님을 사랑하는 것은 이것이니 우리가 그의 계명들을 지키는 것이라 그의 계명들은 무거운 것이 아니로다"라고 증거하고 있다. 다시 말하면 하나님의 계명들을 지키는 것이 하나님을 사랑하는 것이라는 것이다. 아무리 입으로 하나님을 사랑한다고 고백해도 말씀에 순종하지 않는 자들은 진정한 신자라고 할 수 없다. 지금도 하나님은 신자들이 어떻게 행하는지 묵묵히 지켜보고 계신다는 사실을 잊지 말아야 한다.

마7:22에 "나더러 주여 주여 하는 자마다 다 천국에 들어갈 것이 아니요 다만 하늘에 계신 내 아버지의 뜻대로 행하는 자라야 들어가리라" 하셨다. 왜 하나님께서 이 말씀을 주셨는지 깊이 생각해 보아야 한다. 이단들은 교묘한 방법으로 신자들을 현혹시킨다. 예수 그리스도를 고백하기만 하면 아무렇게 살아도 좋다고 궤변을 늘어놓는다. 참 신자들은 힘써 말씀에 순종한다.

야고보 선생은 "내 형제들아 만일 사람이 믿음이 있노라 하고 행함이 없으면 무슨 유익이 있으리요 그 믿음이 능히 자기를 구원하겠느냐"고 약2:14에서 강조하고 있다. 이어서 17절은 "행함이 없는 믿음은 그 자체가 죽은 것이라"고 증거하고 있다. 믿음과 행함은 동전의 양면 같아서 분리될 수 없다. 어떤 사람은 인생은 한 번 뿐이기 때문에 잘못 설계하면 돌이킬 수 없다고 신중을 강조하지만 잊지 말아야 할 것은 하나님께 모든 것을 맡기고 성실히 살지 않으면 안 된다는 것이다. 아무도 자기의 생각대로 살 수도 없고 죽을 수도 없다.

하나님의 섭리는 오묘하기 때문에 인간의 상상을 초월한다. 그렇지만 아무도 하나님께서 그렇게 인도하신다는 사실을 깨닫지 못한다. 지금 수많은 사람들이 깊은 생각 없이 살아 간다. 그리고 때가 되면 떠나간다. 왜 태어났으며 무슨 목적으로 살았는지 알지 못한다.

하루는 거지가 얻어먹기 위해 부자집에 들어갔다. 그런데 부자집에 무슨 일이 있는지 곡소리가 들려 왔다. 아무래도 밥 얻어먹기 틀렸다고 생각하고 돌아 서려는데 주인의 소리가 들려왔다. 잠깐 기다리라는 것이었다. 잠시후 주인이 음식을 가지고 나왔다. 그러면서 하는 말이 지금 내 아이가 세상을 떠났네 거지는 그 말을 듣고 내가 비록 얻어먹고 살기는 하지만 얼마나 아름다운고 하면서 발길을 돌렸다. 많은 사람들이 하나님의 은혜를 망각하고 나름대로 인생을 펼쳐 나가지만 그러나 자세히 살펴보면 단 하나도 내 마음대로 된 것이 없다는 사실을 알아야 한다. 여기에서 우리는 왜 하나님께서 믿음을 요구하시는지 깨닫지 않으면 안된다.

히11:1을 보면 "믿음은 바라는 것들의 실상이요 보이지 않는 것들의 증거니" 라고 증거하고 있다. 믿음은 사람에게서 난 것이 아니라 하나님께로 비롯된 것이기 때문에 반드시 이루어진다.

하루는 신자들이 모여서 하나님은 어떤 분이시냐고 토론을 벌리게 되었다. 하나님은 유일한 분이시요 전능한 분이시요 인간의 생사화복을 주장하시는 분이시요 등등 죽 쏟아져 나왔다. 그런데 한 가지 이상한 것은 왜 하나님께서 인간들에게 영생을 주시는지 입을 여는 자가 없었다는 것이다. "인생이 길면 70이요 강건하면 80이라"고 모세는 시90:10에서 이야기 하고 있다. 말 할 것도 없이 유한한 인생을 지적했는데 이는 육신을 가리켜 말한 것일 뿐 영혼을 논한 것은 아니다.

한 가지 잊지 말아야 할 것은 영혼은 영생한다는 사실이다. 예수 그리스도를 믿으면 영생하게 된다고 성경은 수도 없이 강조하고 있다. 예수 그리스도를 믿는 믿음이 있는 자는 세상을 두려워하지 않는다. 왜냐하면 영생이 주어져 있기 때문에 잠시 동안의 세상에 일희일비 하지 않는다는 것이다. 세상을 이기는 믿음을 가진 자는 순례길에 불과한 이 세상을 믿음으로 이겨 나갈 수 있다.

사랑하는 성도 여러분, 아무도 모르는 길을 가려면 믿음이 있어야 한다. 세상 모든 사람들이 어둠속을 한 걸음 한 걸음 내딛고 있다. 아무도 내일 일을 모른다. 그럼에도 불구하고 두려움 없이 전진한다. 때로는 넘어지기도 하고 부딪히기도 한다. 안타깝지만 별 수 없다. 하나님은 인생들을 불쌍히 여기시고 믿음을 가지라고 역설하신다. 예수 그리스도를 믿는 믿음을 갖게 되면 칠전팔기 할 수 있고 최후의 승리를 거둘 수 있다.

39. 어린양
계 5:1-8

우리들은 신앙생활을 하면서 왜 하나님이 이 세상을 창조하셨을까 하는 의문을 가질 때가 있다. 물론 성경에 하나님이 영광을 받으시려고 우주 만물을 창조하셨다고 기록되어 있지만 실감이 나질 않는다. 아무리 살펴봐도 선뜻 이해가 가지 않는다. 무엇보다도 하나님께 영광을 돌려야 할 존재인 사람이 하나님을 등지고 있다는 사실이다.

다는 아니지만 하나님의 영광과 무관하게 사는 사람들이 많다. 여기에서 우리는 왜 하나님이 모두가 하나님의 영광을 위하여 살도록 이끄시지 않고 예수 그리스도를 믿는 사람들만 하나님의 영광을 위해 살 수 있도록 은혜를 베푸시는지 깨달아야 한다. 그런데 한 가지 이상한 것은 아무라도 예수 그리스도를 믿기만 하면 하나님의 영광을 위하도록 바뀐다는 것이다. 여기에 깊은 비밀이 있다. 예수 그리스도를 믿으면 성령님이 임한다는 사실이다. 성령님이 임하시면 그분이 마음을 주장하셔서 하나님께로 향하게 하신다. 심지어 순교까지 하게 하신다.

하나님은 사람들이 자기도 모르게 성령님의 인도하심을 따라 헌신도 하고 희생도 한다는 사실을 다 아신다. 따라서 누가 하늘나라에 보화를 쌓는지는 오직 하나님만 아실 뿐이다. 아무리 많은 일을 해도 성령님의 인도하심을 따른 것이 아니라면 하늘 나라에 쌓이지 않는다. 신자들이 하나님의 일을 하면서 이 점을 놓친다면 안 된다는 사실을 알아야 한다. 기도로 성령 충만함을 받아야만 하는 이유가 여기에 있다.

오늘날 수많은 사람들이 예수 그리스도를 따르고 있지만 성령의 인도하심을 따라 헌신하는 사람은 그리 많지 않다. 천국에 가게 되면 너무 깜짝 놀라게 될 것이다. 성경을 자세히 보지 않고 자기 생각대로 신앙생활을 한 사람은 크게 후회할 것이다.

오늘 본문을 보면 하나님이 어린양이신 예수 그리스도가 하나님의 오른손에 있는 두루마리를 취하도록 하셨다고 증거하고 있다. 이 두루마리는 종말에 대한 비밀을 기록한 것으로써 어린양 외에는 아무도 펴거나 보거나 할수 없는 책이다. 하나님은 종말에 대한 비밀을 예수 그리스도에게 넘겨주시므로 최후의 심판을 모두 예수 그리스도에게 맡기셨다. 오늘날 많은 사람들은 예수 그리스도를 믿고 따르면서도 왜 그분이 종말 때 다시 오신다고 하시는지 잘 알지 못하고 재림을 기다리고 있다는 것이다.(행 1:11).

본문 8절을 보면 금 대접이라고 씌어 있는데 이는 성도들의 기도를 담는 그릇이라고 소개하고 있다. 성도들의 기도는 귀한 금 대접에 담겨져 하나님께서 흠향 하시도록 바쳐 진다는 것이다. 여기에서 우리들은 우리의 기도가 얼마나 소중한지 깨달아야 한다. 특히 간절한 기도는 하나님을 움직인다는 사실을 알아야 한다. 우리의 기도가 얼마나 큰 힘을 가지고 있는지 상상조차 할 수 없다. 그런데 어떤 기도자는 응답이 없다고 하고 또 어떤 기도자는 수도 없이 응답을 받았다고 흐뭇해한다. 기도의 응답은 모두에게 주어진다. 문제는 깨닫지 못하는 경우가 많고 자기가 원하는 대로 응답되지 않는 경우가 많다는 것이다.

하나님은 우리가 은혜를 구할 때 생각하고 구하는 것보다 더 좋은 것으로 주시기 때문에 자칫 기도 응답이 아니라고 생각하기 쉽다는 것이다. 여기에서 우리는 아무도 모르게 응답되는 기도가 많다는 사실을 알아야 한다. 왜 하나님이 기도를 응답하실 때 일일이 밝히시지 않고 은밀하게 응답하시는지 생각해 볼 필요가 있다. 기도는 하나님께 은혜를 구하는 것인데 신자들의 기도가 불필요한 것을 구하던가 하나님의 영광을 가리는 경우도 있다는 것이다.

예를 들면 이기주의적인 기도도 있고 욕심을 채우려는 기도도 있다는 것이다. 또 건강한 사람이 건강을 구한다든가 있는 것을 또 구하는 경우도 있다는 것이다. 그래서 하나님께서는 기도를 들으실 때 중심을 감찰하신다는 것이다. 무엇 때문에 그런 기도를 하는지 헤아려 받으신다는 것이다. 필요한 기도를 드리는 지혜가 있어야 한다. 그런데 어떤 경우에는 기도가 정 반대로 응답되는 경우도 있다. 이런 때 당황하지 말아야 한다. 예수님은 겟세마네 동산에서 "얼굴을 땅에 대시고 엎드려 기도하여 이르시되 내 아버지여 만일 할 만하시거든 이 잔을 내게서 지나가게 하옵소서" 하셨다. 그런데 뒤 이어서 "그러나 나의 원대로 마시옵고 아버지의 원대로 하옵소서" 하고 기도하셨다.

신자들이 사업을 위해 기도할 때 이렇게 이루어 주옵소서 한다. 그런데 하나님 보시기에는 그렇지 않을 수 있다는 것이다. 기도는 결국에 하나님의 영광을 위하는 것이어야 하는데 그렇지 못할 경우 하나님은 응답하실 수 없다는 것이다. 사람들은 기도 응답에 민감한 반응을 보인다. 왜냐하면 자기의 소원이 기도에 담겨져 있기 때문이다. 그런데 그 소원이 하나님의 영광과 상충 된다면 얼마나 안타까운 일이겠는가! 그래서 기도자는 하나님의 영광을 먼저 염두에 두지 않으면 안된다. 하나님께 영광 돌리는 기도는 기도자에게 유익하지만 하나님의 영광과 상충되는 기도는 기도자에게 해롭다는 사실을 알아야 한다.

여기에서 우리는 합당한 기도로 은혜를 구해야 된다는 사실을 잊지 말아야 한다. 하나님은 선하신 분이시다. 그 분에게 향기로운 기도는 모두에게 복이 된다는 것이다. 사탄 마귀의 종들도 기도한다. 그러나 그들의 기도는 응답되지 않는다. 하나님의 영광과 무관하기 때문이다. 간혹 기도가 응답되었다고 간증도 하지만 이는 사탄이 주는 것으로써 멸망길로 빠져 들게 하는 저주의 신호탄임을 알아야 한다.

모름지기 신자들은 하나님을 사랑하는 마음으로 기도해야 한다. 그래서 내 뜻대로 마옵시고 아버지의 뜻대로 되기를 원하나이다고 하는 기본 정신으로 기도를 드려야 한다. 신자들은 하나님의 뜻을 이루어 가는 자들이다. 따라서 기도도 하나님의 뜻이 이루어지도록 해야 한다. 세속 종교와 기독교 종교가 다른 점이 있다면 세속 종교는 자기의 뜻을 이루어 가는 종교이고 기독교 종교는 하나님의 뜻을 이루어 가는 종교라는 점이다. 이 진리를 깨달아야 비로소 바른 신앙생활을 할 수 있다. 여기에서 우리는 하나님의 뜻대로 사는 것이 가장 큰 행복이라는 사실을 알아야 한다. 그러나 때로는 신자들도 사탄의 수작에 빠져 사탄의 종노릇 하는 경우도 있다. 그래서 하나님의 뜻대로 살 수 있도록 항상 은혜를 구하여야 한다.

사랑하는 성도 여러분, 세상 죄를 지고 가는 하나님의 어린양은 예수 그리스도 이시다. 예수 그리스도께서는 우리의 죄를 없이 하시려고 오신 하나님의 아들이시다. 인류가 구원받는 유일한 길임을 명심해야 한다. 이 복음을 널리 전하기 위해 하나님은 세상에 교회를 세우신 것이다. 여러분 모두 어린양 예수 그리스도의 구원의 복음을 널리 전하는 삶 사시기를 기원한다.

40. 라오디게아 교회에 보내는 말씀

계 3:14-22

사도 요한은 하나님께서 택하신 제자들 중 가장 장수한 종으로서 순교를 당하지 않고 남아서 끝까지 복음을 전한 종이다. 그가 밧모섬에 유배되어 집 필한 책이 요한 계시록인데 특히 본문 말씀은 라오디게아 교회에 보낸 말씀 으로서 귀담아 들어야 할 말씀이다.

무엇보다도 예수님은 라오디게아 교회가 세상적으로 부요 하다고 하지만 그러나 사실은 영적인 가난뱅이라고 지적하고 속히 돌이키지 아니하면 하 나님께서 책망하실 것이라고 경고하고 있다. 아무리 교회가 화려하고 신자 들이 부요하다고 해도 영적으로 살아 있지 못하면 참된 교회라고 말할 수 없다. 특히 라오디게아 교회는 영적으로 깨어 있지 못하고 "나는 부자라 부 요하여 부족한 것이 없다"고 자만하고 있는 교회였던 것이다. 지금도 세상 사람들은 라오디게아 교회 같은 부자 교회를 선호하고 있다. 그러나 여기에 서 우리는 예수님께서 라오디게아 교회를 책망하고 있다는 사실을 알아야 한다.

언뜻 생각하면 부자 교회일 때 많은 일을 하고 하나님께 영광도 많이 올릴 수 있다고 하겠지만 사실은 그렇지 못하다는 것이다. 왜냐하면 부자 교회는 절실히 기도할 필요를 느끼지 못하기 때문에 영적으로 약해질 수밖에 없다. 영적으로 약한 교회는 일을 해도 돈으로 하게 되기 때문에 교회가 세속적으로 운영된다는 것이다. 지금 교회들이 돈을 달라고 매달리는 경우가 많다. 그런데 돈을 바로 주면 금방 기도 소리가 작아진다. 하나님께서 어떻게 해야 하겠는가. 교회에 문제가 생겼다. 기도하라는 신호이다. 어떤 논리를 따지기 전에 기도부터 하고 기도하면서 문제를 풀어 나갈 줄 알아야 한다.

본문 17절을 보면 "네가 말하기를 나는 부자라 부요하여 부족한 것이 없다 하나 네 곤고한 것과 가련한 것과 가난한 것과 눈먼 것과 벌거벗은 것을 알지 못하는도다" 했다. 세상 사람들은 교회가 돈이 많아야 구제도 하고 전도도 할 수 있지 않느냐고 긍정적으로 보지 않고 대부분 부정적으로 본다. 따라서 교회는 세상의 시선을 의식하지 않으면 안된다. 아무리 교회가 조심해서 처신한다 해도 불만의 요소가 있을 수 있기 때문에 교회는 매사에 신중을 기하여야 한다. 그런데 교회가 세상의 소리에 귀를 기울이지 않고 나 몰라라 하면 어느 순간 갑자기 세상과 상관없는 교회로 전락하게 될 것이다. 교회가 세상을 건지라고 세워 주셨는데 그 사명을 감당하지 않으면 교회의 존재 이유가 없어지는 셈이다.

여기에서 우리는 교회가 얼마나 큰 사명을 띄고 있는지 깨달아야 한다. 하나님은 신자들이 이 사명을 자각하고 헌신하지 않으면 안된다고 가르치고 계신다. 어떤 사람은 왜 교회가 여기 저기 세워지는지 모르겠다고 비평하기도 한다. 그러나 하나님을 아는 사람들은 교회가 세워질 때 찬사를 보낸다. 아무리 교회가 미미하게 보여도 하나님은 그 교회를 통해서 기쁘신 뜻을 이루어 가신다. 교회가 잠시 소강상태에 빠져 있어도 하나님은 반드시 일으키시고 영광을 받으신다.

왜 신자들이 조급한 마음을 품고 이렇다 저렇다 말하는지 안타깝다. 하나님은 온 인류를 살피시며 특히 하나님을 따르는 자들을 주의 깊게 살피신다. 만일 하나님이 신자들을 깊이 살피지 않으시면 제대로 하나님의 뒤를 따를 수 없다. 최근 들어 교회가 하나님의 뜻을 받들지 못하고 인간적인 생각으로 운영되기도 하는데 이는 매우 잘못된 것이다. 교회는 모름지기 성령의 인도하심을 따르지 않으면 안된다. 아무리 사람들이 지혜가 있고 또 돈이 있다고 하여도 성령의 인도하심을 따르지 않으면 헛수고이기 때문이다. 결국 교회는 신자들이 아무리 많아도 오직 성령님의 인도하심을 따라 운영되어야 하며 그래야 하나님께 영광을 돌릴 수 있다는 것을 알아야 한다.

하나님은 교회를 운영하실 때 사람을 통해서 운영하신다. 그러면 사람이 교회를 운영하는 것인지 하나님께서 사람을 통해 교회를 운영하는 것인지 어떻게 알 수 있느냐는 문제가 대두된다. 한마디로 말하면 사람이 교회를 운영하는 경우는 사람에게 영광을 돌리게 되고 하나님께서 사람을 통해 교회를 운영하는 경우는 하나님께 영광을 돌리게 된다는 것이다. 그런데 본문을 보면 "나는 부자라 부요하여 부족한 것이 없다"(17절)고 했다. 이 말씀을 보면 신자들이 만족하고 있음을 알 수 있는데 뒤이어 나오는 말씀을 보면 하나님이 책망하고 계신다는 것이다. 즉 사람이 영광을 받고 있다는 것이다.

우리는 교회를 섬길 때 먼저 사람을 생각하기 쉬운데 하나님은 영광을 먼저 생각하신다. 하나님께 영광을 돌리는 교회는 성령의 인도하심을 따르는 교회이다. 교회의 신자 수가 많다고 다 하나님께 영광을 돌리는 것은 아니다. 어떤 교회는 교인 수가 적어도 하나님께 영광을 돌리는 경우가 있고 어떤 교회는 교인수가 많아도 하나님께 영광을 돌리지 못하는 경우도 있다. 간혹 이단들이 많은 교인 수를 앞세워 행세하려고 하는데 신자들은 이를 적극 경계하지 않으면 안된다. 특히 교회는 신비한 기관이기 때문에 자칫하면 속아 넘어갈 수도 있다. 그러나 하나님은 때가 이르면 반드시 잘못된 것들을 들추어내시고 영광을 받으신다. 아무리 사단이 교묘한 수작을 부려도 한계가 있다. 그런데 사람들은 영적으로 잘 분별하지 못하고 사람들이 많이 모이면 거기에 하나님이 계시는가보다 하고 몰리는 경향이 있다. 매우 위험한 발상이다. 하나님은 교회를 볼 때 다음 두 가지를 염두에 두라고 하신다. 먼저 교회는 하나님의 말씀이 바르게 선포되는지 여부를 보아야 한다는 것이다. 다음은 교회가 세례 성찬을 바르게 시행하고 있는지 알아보아야 한다는 것 이다. 이 두 가지가 교회의 식별 기준인데 사람들은 기준을 따르지 않고 사람이 많이 모인다든지 교회의 평이 좋다든가 하면 더 이상 깊은 생각 없이 좋은 교회라고 인정하고 만다는 것이다.

물론 교회에 가서 말씀을 들어보면 큰 교회, 평이 좋은 교회가 일반적으로 은혜를 많이 끼치고 있음을 알 수 있다. 그런데 한 가지 중요한 것은 아무리 좋은 교회라고 해도 내가 섬길 교회 인지의 여부는 그리 쉽게 알 수 없다. 여러 좋은 교회 중에 어떤 교회를 섬겨야 할지 간단한 문제가 아니다. 그래서 주님은 기도하라고 가르쳐 주신다. 진실된 마음으로 기도하면 하나님께서 걸음을 인도하신다. 좋은 교회라고 해서 아무 교회나 섬기라고 하는 것은 아니다.

사랑하는 성도 여러분, 라오디게아 교회는 부자 교회였는데 하나님께로부터 책망을 받았다. 신자들 중에는 부담 없이 신앙생활을 한다고 부자 교회를 찾는 자도 있다. 이는 매우 안타까운 일이 아닐 수 없다. 하나님 앞에 쓰임을 받으려고 몸부림을 쳐도 부족한데 편히 신앙생활을 하겠다고 하는 것은 놀다가 천국이나 가겠다고 하는 매우 바람직하지 못한 신앙 자세이다. 여러분 모두 성령의 인도하심을 따라 하나님께 영광 돌리는 신앙생활 할 수 있기를 바란다.

41. 나그네로 있을 때

벧전 1:13-25

하나님이 세상을 다스리실 때 가장 비중을 두고 있는 것은 인간의 행위이다. 사람의 행위가 온전하면 세상이 천국 같이 될 것이다. 그런데 지금 우리가 사는 세상은 문제투성이다. 강도 강간 절도 폭행 등 죄악으로 가득 차 있다. 눈만 뜨면 사건 사고가 줄지어 나온다. 사건의 홍수 속에서 산다고 해도 과언이 아니다. 가는 자는 가고 남는 자는 남고 내 일이 아니면 별로 신경조차 쓰지 않는다. 그런데 유심히 살펴보면 하나의 법칙을 발견할 수 있다. 생존경쟁의 법칙이다. 적자생존이라고도 한다. 아무튼 하나님의 섭리는 측량할 수 없다. 웃는 자가 있는가 하면 우는 자가 있고 얻는 자가 있는가 하면 잃는 자도 있다. 요지경 속이라고 비판하는 자도 있다. 그러면서 하루가 가고 일 년이 가고 한 평생이 다 한다.

시90:5을 보면 "주께서 그들을 홍수처럼 쓸어 가시나이다 그들은 잠깐 자는 것 같으며 아침에 돋는 풀 같으니이다"고 노래하고 있다. 인생의 연약함을 깨달으라는 말씀이다. 교만을 버리지 못하는 자들은 이제 겸손의 옷을 입으라는 것이다. 인류 역사상 크게 쓰임을 받은 인물들은 거의 대부분 겸손한 자들이었다. 겸손한 자들을 높이 쓰시는 하나님의 은혜이다.

본문 24절을 보면 "모든 육체는 풀과 같고 그 모든 영광은 풀의 꽃과 같으니 풀은 마르고 꽃은 떨어지되" 하였다. 인생은 잠깐이요 부귀영화도 잠깐이라는 말씀이다. 세상이 요지경 속인데 그 속에서 무엇을 얻겠다는 것인지 곰곰이 생각해 보아야 한다.

신자들을 가리켜 세상의 빛과 소금이라고 하신다. 세상이 어둡고 썩어 있기에 빛과 소금이 필요하다. 그런데 빛과 소금이 제 기능을 발휘하지 못하면 세상은 영영 소망이 없게 된다. 그래서 신자들의 임무가 막중하다. 신자들은 어두운 곳을 비춰 환하게 하고 썩는 곳에 들어가서 부패를 방지해야 한다. 교회에서 찬송 부르고 예배드리는 것으로 만족해서는 안된다.

어떤 사람은 세상을 등지고 교회만 열심히 다니면 된다고 생각한다. 그렇다면 하나님이 빨리 불러 가시지 굳이 세상에 놓아둘 이유가 어디 있겠는가? 세상을 구원하는 하나님의 역사가 신자들 을 통해서 나타난다는 사실을 알아야 한다. 어두움을 밝히고 부패를 방지 하려고 애쓰는 가운데 복음이 전파된다.

신자들이 세상과 동화되면 복음은 전파되지 않는다. 세상을 부정하라는 것은 아니다. 하나님을 모르는 자들을 불쌍히 여기는 마음으로 눈물로 기도한다면 하나님께서 그들의 마음 문을 여실 것이다. 내가 천국이 좋아서 달려가고 있다면 이웃 형제자매들 에게도 같이 가자고 이끌어야 되지 않겠느냐는 것이다.

예수 그리스도를 영접하게 되면 구원의 은총과 함께 복음전도의 사명이 주어진다는 사실을 알아야 한다. 그리고 빛과 소금이 되라고 하신 말씀과 복음을 전하라는 말씀은 맥을 같이 하고 있다는 사실을 알아야 한다. 입술로 전하는 복음과 몸으로 전하는 복음은 병행되어야 한다.

본문 17절을 보면 "외모로 보시지 않고 각 사람의 행위대로 심판하시는 이를 너희가 아버지 라 부른즉 너희가 나그네로 있을 때를 두려움으로 지내라"
고 하셨다. 이 세상을 허송하지 말고 하나님을 경외하는 믿음으로 성실히 복
음을 전하며 살라는 것이다. 직장인은 직장에서 사업가는 사업장에서 학생
은 학교에서 정치인은 정치하는 곳에서 복음을 전해야 한다. 엄밀히 말해서
복음을 전하지 않는 사람은 하나님을 모른다고 할 수 밖에 없다. 그 이유는
내주하시는 성령님께서 "네가 아는 예수 그리스도를 증거하라"고 역사하시
기 때문이다.

결과적으로 구원받은 자는 너무나 감격해서 자기를 구원해 주신 예수 그
리스도를 증거하지 않을 수 없다는 것이다. 하나님은 신자들이 복음을 전할
때 상대방이 귀를 기울이도록 역사하신다. 성령의 역사는 양면으로 나타 날
수 있다. 받아들이는 경우와 거부하는 경우이다. 거부한다고 해서 포기해서
는 안된다. 때가 이르지 아니했거나 어떤 뜻이 있을 때는 일시적으로 거부할
수 있다. 구원 받은 자의 삶은 복음을 위한 것이어야 한다. 이 진리를 깨닫지
못하면 구원 따로 삶 따로가 된다. 특히 경계해야 할 것은 세속 종교이다. 다
시 말하면 종교를 통해 내 욕심을 채우겠다는 것이다. 그러나 성경은 그렇게
가르치고 있지 않다. 오히려 베푸는 삶을 살라고 강조한다.

나그네는 욕심 부릴 필요가 없다. 신자들은 이 세상을 지나가는 나그네에
불과하다. 천국을 향해 부단히 나아가는 나그네이다. 아무리 소유가 많아도
놓고 가야 한다. 어리석은 나그네는 짐을 많이 가지고 간다. 헛수고이다. 시
간이나 건강이나 소유나 모두 하나님이 주신 것이다. 왜 주셨을까. 그 이유
를 성경에서 배워야 한다.

마6:20-21은 "오직 너희를 위하여 보물을 하늘에 쌓아 두라 거기는 좀이
나 동록이 해하지 못하며 도둑이 구멍을 뚫지도 못하고 도둑질도 못하느니

라 네 보물 있는 그 곳에는 네 마음도 있느니라"고 하였다. 귀 있는 자는 성령이 교회들에게 하시는 말씀을 들을지어다.

장사하는 사람들을 보면 조금 투자하고 많은 이익을 얻으려 한다. 투자하지 않으면 얻을 것도 없다. 우리에게 하나님은 다섯 달란트, 두 달란트, 한 달란트를 주셨다. 투자하라는 것이다. 땅에 쌓아 놓고 오지 말라는 것이다. 내 시간, 내 건강 내 소유를 어떻게 쓰라 하십니까. 하고 기도해야 한다.

저는 신앙생활을 하면서 하나님의 살아 계심을 수시로 체험한다. 그리고 하나님의 인도하심을 따라 살려고 노력한다. 물론 부족하기 짝이 없지만 놀라운 것은 하나님이 나와 함께 하신다는 것이다. 그 분이 저에게 이 세상은 나그네 길이라고 가르쳐 주시고 많은 사람들에게 이 사실을 가르쳐 주라고 당부하신다. 그런데 이상한 것은 왜 하나님이 신자들에게 헌금을 하라고 하셨느냐는 것이다. 헌금이 복음 전도에 장애가 될 것이 분명한데 필요하면 얼마든지 주실 수 있는 분이 헌금을 요구 하시는지 아리송하다.

또 어떻게 보면 헌금으로 천국을 사는 것 같은 인상을 줄 수도 있다는 것이다. 그런데 하나님은 아랑곳 하지 않으시고 헌금을 받아 들이도록 걸음을 인도하신다. 그럼에도 불구하고 많은 사람들이 교회로 몰려온다. 세상 논리가 통하지 않는 곳이 교회이다. 십자가 진리를 깨달으면 목숨까지도 바친다.

사랑하는 성도 여러분, 나그네로 있을 때를 두려움으로 지내라고 하신 말씀은 세상을 살 때 내 마음대로 살지 말고 겸손히 말씀에 순종하는 삶을 살라는 것이다. 아무도 말씀에 순종하지 않으면 하늘나라를 유업으로 받을 수 없다. 여러분 모두 천국을 향한 나그네임을 명심하시고 낙오자가 없기를 기원한다.

42. 심판이 있으리니

히 9:23-28

하나님은 사람들이 인생을 살면서 어떻게 살아야 하는지 한 번쯤 생각해 볼 필요가 있다고 가르쳐 주신다. 우리는 이미 人生이 잘못 되었다고 깨닫고 돌아선 사람들이지만 아직도 주변에는 잘못된 길을 가는 사람들이 많다. 그런데 문제는 그들이 잘못된 길을 가고 있다고 인정하지 않는다는 것이다. 여기에 전도의 어려움이 있고 해야 할 일도 있다고 할 것이다.

더욱이 우리를 힘들게 만드는 것은 그런 사람들과 더불어 세상을 살아가야 한다는 것이다. 동상이몽도 유분수지 어떻게 방향이 다른 두 부류가 한 배를 타고 가라는 것인지 알 수 없다. 그런데 이상한 것은 자중지란이 일어나지 않고 항해 하면서 각자의 목적지에 도달 한다는 것이다. 세상의 신비가 아닐 수 없다.

아무도 하나님을 사랑하지 않는다고 할 수는 없을 것이다. 왜냐하면 모두가 하나님의 은혜 가운데 살고 있기 때문이다. 하나님을 사랑한다 함은 하나님의 섭리를 거스르지 않고 감사로 받아들인다는 의미가 있다. 불신자들도 하나님의 섭리를 받아들이면서 감사할 줄 안다. 그들이 비록 하나님의 섭리를 구체적으로 깨닫지는 못해도 우주 만물을 다스리시는 하나님의 섭리 앞에 거역하지는 않는다. 그만큼 하나님은 모든 사람들에게 사랑을 부어 주고 계신다는 것이다.

상대의 사랑을 받아들인다는 것은 상대를 사랑한다는 것을 나타내는 행위이다. 어떤 사람은 왜 하나님이 신자들에게 은혜를 베푸실 때 은밀히 베푸시는지 모르겠다고 한다. 거기에는 그만한 이유가 있다는 사실을 알아야 한다. 모두가 은혜를 받겠다고 나서게 되면 폐단이 생기기 때문에 오묘하게 역사하셔서 은혜 받을 자만 은혜를 받게 하신다는 것이다.

오늘날 수많은 사람들이 하나님을 섬기고 있지만 하나님이 베푸시는 은혜를 깨닫는 사람은 그리 많지 않다. 한마디로 말해서 자기도 모르는 사이에 복을 받고 산다는 것이다. 아마 눈에 뜨이게 신자들이 복을 받게 되면 서로 복을 받으려고 경쟁을 벌이고 불신자들도 끼어들어 교회가 아수라장이 될 것이다. 하나님은 이 모든 것을 내다보시고 은밀한 중에 복을 받게 하신다는 사실을 잊지 말아야 한다. 하나님은 인간들을 이끌어 가실 때 각자에게 맞게 이끄신다는 사실을 알아야 한다.

하나님이 만일 구체적으로 배려하지 않으신다면 사람들은 몹시 불편해 질 것이다. 오늘날 수많은 사람들이 하나님을 섬기고 있지만 하나님을 깊이 아는 사람은 많지 않다. 신학을 전공으로 삼고 있는 사람도 이론으로 해결할 수 없는 영적인 신비 앞에 할 말을 잃고 마는 경우가 한둘이 아니다. 하나님의 세계는 너무 깊고 오묘해서 아무도 단언할 수 없다. 그래서 겸손 하라는 것이다. 사람이 죽음 이후의 세계를 어떻게 알 수 있겠는가. 우주 만물을 왜 이렇게 이끌어 가시는지 누가 알겠는가. 지진과 쓰나미가 넘쳐흐르니까 속수무책이었지 않은가. 생각하면 생각할수록 하나님의 세계는 신비 투성이

이다. 그런 가운데 우리들이 존재하고 있다는 현실을 직시하여야 한다.

물론 하루하루 주어지는 대로 살다가 갈 수도 있을 것이다. 그러나 죽음으로 모든 것이 끝나지 않는다는데 문제가 있는 것이다. 죽은 후에 심판이 있다고 했는데 그렇다면 죽음으로 끝나지 않는다는 것을 단적으로 나타내주고 있다는 것이다. 사람이 사는 동안 하나님과 교통하는 삶을 산다면 그보다 더 큰 행복은 없을 것이다. 아무도 나는 행복하다고 장담할 수 없지만 그러나 하나님은 영적인 삶을 사는 사람들에게 너희는 행복하다고 일러 주신다. 왜냐하면 영적인 사람들은 하나님의 인도와 보호를 받을 뿐만 아니라 천국이 보장되어 있기 때문이다. 세상의 부귀가 아무리 극에 달해도 영생에 비하면 아무 것도 아니라는 것을 알아야 한다. 눈에 보이는 것에 연연하지 말고 하나님의 말씀 듣고 따르면 반드시 승리하게 될 것이다.

어느 마을에 하나님을 사랑하는 신자가 있었는데 그는 날마다 기도하면서 하나님 앞에 "제가 하나님께 큰 영광을 돌릴 수 있게 해 달라"고 요청하였다. 그런데 하나님은 그에게 아무 응답도 주시지 않았다. 그래서 하루는 그 신자가 하나님 앞에 정색을 하며 왜 아무 응답이 없느냐고 여쭈었다. 그랬더니 하나님께서 "지금 네가 하나님 앞에 큰 영광을 돌리고 있는데 무슨 대답을 해 달라는 것이냐"고 들려 주셨다. 곰곰이 생각한 신자는 "무슨 뜻이십니까?" 했더니 하나님께서 "네가 나를 따르는 것보다 더 큰 영광은 없단다" 하시더라는 것이다.

여기에서 우리는 지금 우리가 하나님을 믿고 따르는 것을 하나님이 가장 기뻐하고 계신다는 사실을 잊지 말아야 한다. 우리가 하나님을 믿고 따르기만 하면 하나님은 얼마든지 우리를 통해서 기쁘신 뜻을 이루실 수 있다. 따라서 신자들은 신앙생활 그 자체가 하나님께 영광을 돌린다는 사실을 알아야 한다.

전도나 선행과 구제 등이 하나님께 영광 돌리는 것임은 말 할 필요도 없지만 이러한 것들은 신자들에게서 자연스럽게 나타나는 열매에 불과하다는 것이다. 왜 하나님께서 믿고 따르기만 하면 된다고 하시는지 알아야 한다. 영혼의 양식을 공급 받으면 성령의 열매와 생명의 열매를 맺게 된다.

신자들이 신앙생활을 열심히 하게 되면 여러가지 열매를 맺게 되는데 사람들은 신앙생활을 열심히 하지 않으면서 열매를 맺으려고 하기 때문에 문제가 된다는 것이다. 성경의 원리가 심은 대로 거두는 것인데 심지 않고 다시 말하면 신앙생활을 열심히 하지 않고 열매부터 맺으려고 하기 때문에 안된다는 것이다.

본문 27절을 보면 "한번 죽는 것은 사람에게 정해진 것이요 그 후에는 심판이 있으리니" 했다. 내세를 모르고 사는 사람들은 이 말씀을 이해 할 수 없다. 왜 사람이 태어나는지도 모르고 죽으면 그뿐이라고 생각하는 사람들이 많다. 내세를 염두에 두지 않기 때문에 현세의 삶도 방향을 제대로 잡을 수 없다. 그런 자들에게 오늘 말씀은 그야말로 충격이 아닐 수 없다. 그래서 성경이 하나님의 말씀임을 가르치지 않으면 안된다.

어떤 사람들은 왜 예수 그리스도를 믿어야 하는지 알지 못한다. 그래서 복음전도가 어렵다는 것이다. 그런데 이상한 것은 지금의 신자들도 처음에는 다 그랬다는 것이다. 복음을 듣고 언제부터인가 마음이 돌아섰다는 것이다. 복음은 아무도 알 수 없게 전파되기 때문에 지나치게 복음이 전파됐는지의 여부를 알아보려고 애쓸 필요는 없다. 다만 전한 복음이 받아들여지도록 기도하고 기다릴 필요가 있다.

본문 27절을 보면 "한번 죽는 것은 사람에게 정해진 것이요 그 후에는 심판이 있으리니" 했다. 여기에서 우리는 귀한 진리를 깨달을 수 있다. 사람이 죽음으로 모든 것이 끝나는 것이 아니라는 것이다. "그 후에는 심판이 있으리니" 이 말씀은 육체의 죽음 즉 죽은 후에 심판을 받게 된다는 것이다. 다시 말하면 내세가 있다는 말씀이다. 만일 내세가 없다면 이 세상 사는 날 동안 행한 모든 일들에 대해 책임을 지지 않는다는 것 밖에 안된다. 그러면 하나님이 불공평하다는 것이고 수단 방법을 가리지 않고 산 사람이 잘했다는 결론 밖에 안될 것이다.

성경은 신자들이 현세만 바라보지 말고 내세를 아울러 바라보라고 가르치신다. 신자들이 현세만 바라보고 산다면 도저히 하나님을 이해할 수 없을 것이다. 그래서 불신자들은 하나님이 없다고 주장하고 마음 놓고 죄 가운데서 산다.

사랑하는 성도 여러분, 왜 예수 그리스도를 믿고 사는가. 바르게살기 위함인 것이다. 어떤 사람은 예수 그리스도를 믿는다고 하면서 살기는 제멋대로 산다. 이런 사람은 예수 그리스도를 모르는 사람이다. 죽은 후에 심판이 있음을 기억하고 성경 말씀대로 좇아 살아야 한다. 여러분 모두 심판 날에 승리의 개가를 부를 수 있기를 바란다.

43. 믿음은 바라는 것들의 실상
히 11:1-12

왜 하나님께서 신자들에게 성경 말씀을 주셔서 읽고 듣게 하시는지 먼저 깨달을 수 있어야 한다. 우리는 예수 그리스도를 믿는 믿음으로 구원 받는 줄 잘 알고 있다.

본문은 믿음에 대한 말씀을 기록하고 있다. 히브리서 기자는 신자들이 예수 그리스도를 믿는다고 하는 말이 무엇을 의미 하는지 가르쳐 주시려고 한다. 먼저 하나님은 "믿음은 바라는 것들의 실상" 이라고 말씀하신다. 한마디로 말하면 믿는대로 된다는 것이다. 여기에서 우리는 성령의 역사로 믿게 되는 것은 반드시 이루어지고야 만다는 것이다.

하나님은 신자들이 믿음을 갖도록 성령으로 역사 하신다. 그래서 예수 그리스도를 믿으면 성령이 임하고 성령이 임하면 믿음을 갖게 하신다. 믿음을 갖게 되면 불가능해 보이는 일들이 믿어지기도 한다. 하나님은 어떻게 하면 자녀들이 순수한 믿음을 갖게 하실까 애쓰신다.

엡2:8을 보면 믿음은 하나님의 선물이라고 증거하고 있다. 또 롬10:17을 보면 "믿음은 들음에서 나며 들음은 그리스도의 말씀으로 말미암았느니라"고 기록되어 있다. 아무리 믿음을 갖고 싶어도 하나님께서 주시지 않으면 가질 수 없고 또 믿음을 주실 때 그리스도의 말씀을 듣게 해서 주신다는 것이다.

사람들은 마음이 타락했기 때문에 하나님의 말씀을 외면한다. 그래서 복음을 전할 때 아무리 간곡히 이야기를 해도 막무가내다. 그런데 한 가지 신기한 것은 그렇게 믿어지지 않던 것이 어느 순간 믿어지게 되고 자기도 모르는 사이에 하나님 쪽으로 기울어 진다는 것이다. 이는 분명 성령의 역사하심이 있었기에 그렇게 된다는 사실을 알아야 한다. 아무도 성령의 역사하심을 거역할 수 없고 점점 하나님을 가까이 하게 되는데 이를 가리켜 신학에서는 불가항력적 은혜라고 한다.

왜 사람들이 하나님을 섬길 때 전심으로 섬기지 않고 머뭇머뭇 하느냐 하면 예수 그리스도를 믿으면 자유도 제한 받고 왠지 손해를 볼 것만 같은 생각이 들기 때문이다. 사단이 예수 그리스도를 믿지 못하도록 사람들의 마음을 교묘하게 움직인다는 사실을 알아야 한다. 그래서 복음 전하기가 쉽지 않다는 것이다. 그럼에도 불구하고 하나님께서는 계속 복음을 전하라고 하신다. 그 이유는 성령의 역사가 언제 나타날지 모르기 때문이다.

복음을 전하는 곳에 성령의 역사가 나타나는데 그렇다고 모든 사람이 다 회개하고 돌아 온다는 뜻은 아니다. 어떤 사람은 복음을 듣자마자 돌아오고 또 어떤 사람은 몇년 후에 돌아오기도 하고 영원히 복음을 거절하는 사람도 있다.

하나님은 택하신 백성들을 구원의 길로 인도하실 때 갖가지 방법으로 인도하신다. 그래서 신자들은 복음을 전할 때 단편적으로 생각하지 말고 사랑하는 마음으로 복음을 전하면 하나님께서 가장 좋은 때에 걸음을 인도하시고 영광을 받으신다. 그런데 한 가지 중요한 것은 복음을 전할 때 반드시 사랑으로 전해야 한다는 사실이다. 복음 전도는 사랑의 극치라고 말할 수 있다.

1. 믿음은 바라는 것들의 실상

　신자들은 신앙생활을 하면서도 자기 믿음이 어느 정도인지 잘 모르고 있는 경우가 더러 있다. 그래서 하나님께서는 신자들이 어떤 믿음을 가지고 있는지 깨우쳐 주실 때가 있다. 예를 들면 본인은 과연 이렇게 믿어서 천국에 갈 수 있을까 하고 고개를 갸우뚱 할 때가 있다. 문제는 믿음이 눈에 보이는 것도 아니고 어떻게 측량할 수 있는 방법이 있는 것도 아니기 때문에 어떠한 믿음을 가지고 있는지 잘 모를 수밖에 없다는 것이다.

　하나님은 그러나 신자들의 믿음을 어느 정도 파악할 수 있도록 하신다. 첫째는 예배의 참석 여부이다. 다음은 기도 생활이다. 셋째는 십일조 신앙 여부이다. 신자들이 이 세 가지 질문에 응답할 수 있어야 한다.

2. 믿음이 없이는 기쁘시게 못함

　하나님은 영이시다. 영이신 하나님께서 육을 가진 인간과 교통한다는 것은 그리 쉬운 일이 아니다. 그런데 하나님께서 인간이 하나님과 교통할 수 있도록 만든 제도가 기도이다. 기도를 통해서 인간은 하나님의 뜻을 헤아릴 수 있고 또 하나님께서는 기도를 통해서 인간이 하나님의 일을 할 수 있도록 능력도 주시고 은사 등도 주신다.

　본문 6절을 보면 "믿음이 없이는 기쁘시게 못하나니 하나님께 나아가는 자는 반드시 그가 계신 것과 또한 그가 자기를 찾는 자들에게 상 주시는 이심을 믿어야 할지니라" 했다. 하나님은 신자들이 믿음으로 행할 때 기뻐하신다. 아무리 열심을 품고 하나님을 섬겨도 믿음이 없이 행하는 사람은 하나님을 기쁘시게 할 수 없다.

본문에 믿음으로 행한 사람들이 소개되고 있다. 아벨, 에녹, 노아, 아브라함, 사라 등 모두 믿음으로 하나님을 기쁘시게 한 자들이 소개되고 있는데 그들은 한결같이 믿음을 행동으로 보여준 사람들이다. 본문에 소개되고 있는 사람들 외에도 믿음으로 행한 사람들은 많다. 우리들은 하나님이 인도하실 때 과연 하나님이 인도하시는지 잘 모를 때가 있다. 하나님이 인도하신다는 확신이 있을 때는 별 문제가 없겠지만 그렇지 않고 불분명할 때는 망설여질 수 밖에 없을 것이다.

이럴 때 신자들은 겸손히 하나님께 묻지 않을 수 없다. 물론 물어서 알 수 있다면 다행이겠지만 그렇지 못할 때도 있을 것이다. 그러면 어떻게 해야 되느냐, 하나님께서 좋은 길로 인도해 주심을 믿고 마음에 끌리는 대로 할 수 밖에 없다.

3. 상 주시는 하나님

사람들은 잘 했을 때 상을 받는다. 상의 종류도 다양하다. 본문을 보면 어떻게 하면 상을 받는지 기록되어 있다. 즉 하나님이 계신 것과 또한 하나님을 찾는 자들에게 상 주신다는 것이다. 다시 말하면 하나님을 전적으로 의지하는 자는 상을 받을 것이라는 말씀이다. 왜 하나님께서 신자들에게 상 받는 신앙생활을 하라고 하시는지 생각해 볼 필요가 있다. 왜냐하면 신자들이 상 받을 때 하나님은 마치 부모가 자녀들이 상 받는 것을 보고 기뻐하듯이 기뻐하시기 때문이다.

하나님은 사랑이시기 때문에 신자들이 신앙생활을 잘 할 때 상을 주시며 격려하신다. 따라서 하나님을 따르는 자들은 과연 하나님이 어떤 분이신지 알고 따를 수 있어야 한다.

저는 하나님을 섬기면서 많은 상을 받고 있음을 알고 있다. 우선 건강을 주시고 자녀들이 잘되게 하시고 성령의 열매를 맺게 하시고 여러 모양으로 하나님께 쓰임을 받도록 은혜를 베풀어 주시는 것을 알 수 있다. 여러분들도 알게 모르게 하나님께서 상 주시고 계심을 알아야 할 것이다.

사랑하는 성도 여러분, 믿음은 아무에게나 주어지지 않는다. 세상에 믿음보다 더 좋은 것이 없다. 믿음으로 구원받고, 믿음으로 하나님의 자녀가 되고, 믿음으로 평강을 누리고, 믿음으로 구하는 것을 얻고, 믿음으로 하나님께 영광을 돌릴 수 있다. 우리가 하나님을 섬기게 된 것도 믿음 때문이다. 믿음은 바라는 것들을 얻게 해준다. 여러분 모두 믿음으로 승리하는 삶을 사시기 바란다.

44. 가라지의 비유
마 13:24-30

천국은 어떤 곳인가 궁금하게 생각하는 사람들이 많다. 사람들이 천국에 대해 알고 싶어 하는 데는 그만한 이유가 있다고 할 것이다. 왜냐하면 우리가 세상을 떠나면 갈 곳이 천국이기 때문이다. 또한 천국과 지옥을 알아야 복음을 전할 수 있기 때문이다. 그런데 성경은 어느 정도 천국에 대해 말해 주고 있다. 천국에 대한 여러 비유들을 보면 공통적으로 나타나고 있는 것이 있는데 바로 사랑이다. 물론 이 세상에도 사랑이 있다. 그런데 이 세상의 사랑은 유한한 사랑이고 천국의 사랑은 무한한 사랑이라고 할 수 있다.

사랑은 천국의 없어서는 안될 중요한 요소이다. 사랑이 없으면 천국도 없다고 해야 할 것이다. 왜냐하면 하나님은 사랑이시기 때문이다. 천국은 사랑으로 가득한 곳이기 때문에 어디든지 하나님의 사랑이 충만하다면 그곳이 바로 천국이라고 할 수 있을 것이다. 따라서 성도들은 교회에서든 가정에서든 사회에서든 하나님의 사랑이 충만케 하여 사람들이 천국을 맛볼 수 있도록 해 주어야 한다.

어떤 사람은 천국에 가면 아무것도 하지 않고 놀고먹는 줄로 생각하기도 하는데 그렇지 않다. 천국이 구체적으로 표현되지 않고 있어서 단적으로 말할 수는 없지만 천국은 사랑이 충만한 곳이요, 죄가 없고, 병도 없고 죽음도 없는 곳이라고 말할 수 있다. 뿐만 아니라 "내 아버지께서 이제까지 일 하시니 나도 일한다"(요5:17) 고 하신 말씀으로 미루어 보아 일이 있는 곳임을 알 수 있다. 다만 저주 받은 자로서의 일이 아니라 복을 받은 자들이 하는 일임은 말할 것도 없다.

사람들이 대부분 일을 싫어하는데 그 이유는 일에 대한 보람을 찾지 못하기 때문이다. 노동은 하나님이 사람들에게 복으로 주신 것이라는 사실을 알아야 한다. 창1:28을 보면 "하나님이 그들에게 복을 주시며 그들에게 이르시되 생육하고 번성하여 땅에 충만하라, 땅을 정복하라, 바다의 고기와 공중의 새와 땅에 움직이는 모든 생물을 다스리라 하시니라" 하셨다. 얼마나 노동이 귀한 것인지 깨달아야 한다. 특별히 인간을 창조하시고 복으로 노동을 주셨다는 사실을 잊지 말아야 한다. 물론 힘든 노동이 무슨 복이냐고 할지 모르지만 천국에서의 노동은 다르다는 것을 알아야 한다.

지금 인간들은 저주를 받은 상태에서 노동을 하기 때문에 힘들고 어렵다. 그러나 하나님께서 주시는 복으로서의 노동은 힘들다기 보다 보람을 느끼고 일의 성취감도 얻을 수 있어 전혀 나쁘지 않다. 인간에게 복으로 주어진 노동이 저주가 된 것은 인간이 노동을 통해 기대한 만큼 얻지를 못하기 때문이다. 사람들은 천국에 가면 놀고먹는 줄로 오해를 하고 있는데 실상은 일하고 수고의 열매를 먹는 것이 복이라는 사실을 알아야 한다.

마5:14 이하의 달란트 비유를 보면 하나님께서 주신 달란트를 갑절로 남긴 사람들은 칭찬을 받고 달란트를 땅에 묻어둔 사람은 책망을 받는 것을 알 수 있다. 한마디로 말하면 천국은 노력을 하고 그 열매를 먹는 곳이라는 사실을 알아야 한다. 문제는 이 세상은 헛수고가 있지만 천국은 헛수고가 없다는데 그 차이가 있다고 할 것이다.

본문 24절을 보면 "천국은 좋은 씨를 제 밭에 뿌린 사람과 같으니 사람들이 잘 때에 그 원수가 와서 곡식 가운데 가라지를 덧뿌리고 갔더니 싹이 나고 결실할 때에 가라지도 보이거늘" 했다. 여기에서 우리는 아무리 우리가 노력해도 가라지 피해를 입지 않을 수 없다는 사실이다. 그러나 하나님은 가라지를 뽑아내지 말라고 하셨다. 그 이유는 가라지를 뽑다가 알곡이 뽑힐까 염려되기 때문이라고 하셨다.

지금 교회가 신자들 일색이라고 생각해서는 안된다는 것이다. 알곡도 있고 가라지도 있다는 말씀이다. 그러므로 신자들은 스스로를 돌아보아 혹시 내가 가라지는 아닌지 살펴보아야 한다. 물론 가라지가 알곡이 될 수는 없다. 다만 알곡이 가라지 노릇을 해서는 안된다는 것이다. 또 본인이 가라지라는 생각이 들면 겸손한 마음으로 주의 종에게 신앙 상담을 해 볼 수 있어야 한다. 하나님께서는 신자들이 어떤 문제를 가지고 나오면 기꺼이 도와주신다.

인류 역사상 수많은 사람들이 예수 그리스도를 믿고 구원을 받았다. 그런데 중요한 것은 알곡과 가라지를 정확하게 구분하기가 쉽지 않다는 것이다. 그래서 우리 모두는 겸손하지 않으면 안된다. 또 신자는 가라지는 추수 때까지 함께 자라게 두라는 말씀을 주목하여야 한다. 사람들이 하나님을 섬기는 方法을 보면 가지각색이다. 어떤 사람은 기도에 치중을 하고 어떤 사람은 말씀을 깊이 연구해야 된다고 하고 또 어떤 사람은 행위를 앞세우기도 한다. 그런데 엄밀하게 살펴보면 어느 것 하나 소홀히 할 수 없는 것들이라는 사실이다.

여기에서 우리는 겸손한 마음으로 자신을 비추어 보아야 한다. 물론 극단적으로 어느 한편에 치우치는 일은 없을 것이다. 왜냐하면 하나님이 우리를 이끌어 가실 때 적당히 균형을 맞추어 가도록 하시기 때문이다. 하나님은 신자들이 어느 편에 치중하게 되면 다른 편이 갈급하도록 인도하셔서 적당히 균형을 잡아가게 하시기 때문에 지나치게 염려할 필요가 없다. 주신 사명에 따라 필요한 지식과 경험 등을 얻게 하신다. 문제는 내가 중심으로 하나님을 사랑하고 이웃을 사랑하는가 하는 것이다.

신자들이 은혜를 받으면 하나님께 영광을 돌리고 싶어 한다. 하나님은 이것을 다 아시기 때문에 먼저 은혜부터 받으라고 하신다. 하나님께 충성을 하는 사람들을 살펴보면 한결같이 은혜를 받은 사람들이다. 아무리 충성을 하고 싶어도 은혜를 받지 못한 사람들은 생각대로 잘 되지 않는다. 달리 표현하면 하나님은 은혜 받은 사람들을 일꾼으로 쓰신다는 사실이다.

"둘 다 추수 때까지 함께 자라게 두어라 추수 때에 내가 추수꾼들에게 말하기를 가라지는 먼저 거두어 불사르게 단으로 묶고 곡식은 모아 내 곳간에 넣으라 하리라" 하셨다. 여기에 깊은 뜻이 담겨 있음을 잊지 말아야 한다. 하나님은 가라지가 알곡 틈에 끼어 영양분도 빨아 먹고 알곡의 성장을 저해 한다는 것도 다 아신다. 그럼에도 불구하고 추수 때까지 내버려 두라고 하신다. 문제는 알곡이 다쳐서는 안된다는 것이다. 신자들에 대한 하나님의 배려가 이만 저만 큰 것이 아니라는 것이다. 이렇게 하나님의 배려가 큰 이상 신자들은 아무 염려할 필요가 없다.

간혹 신자들이 가라지로 말미암아 상처를 받는 경우를 볼 수 있다. 그러나 하나님은 꾹 참으시고 추수 때까지 기다리신다. 왜냐하면 추수 때에 정리할 계획을 가지고 계시기 때문이다. 또 가라지를 추려 낼 때 자주 손을 보게 되면 자칫 알곡이 뽑히거나 몸살을 할 수 있어 알곡을 온전히 보존하려면 가라지를 내버려 두는 것이 최선의 방책이라는 것이다.

사랑하는 성도 여러분, 가라지는 가짜 신자를 의미하는데 참 신자를 연단하실 때 필요하기도 하다. 하나님은 오묘한 方法으로 신자들에게 은혜가 되게 하신다. 그러므로 성도들은 두려워 하지 말고 믿음으로 담대해야 한다. 경우에 따라서는 가라지가 알곡보다 득세할 수도 있다. 그러나 하나님은 반드시 알곡이 승리하게 하신다. 이 사실을 믿어야 한다.

여러분 모두 가라지 비유를 통해서 주시는 말씀에 귀를 기울이시고 최후의 승리를 얻으시기를 예수 그리스도의 이름으로 축원한다.

45. 거짓 선지자들

마 7:15-27

　하나님은 人生들이 구원을 받고 싶어 하는 것을 잘 아신다. 그런데 한 가지 이상한 것은 그토록 구원을 사모하면서도 구원을 위해 투자하려고 하지 않는다는 것이다.

　본문 21절을 보면 "나더러 주여 주여 하는 자마다 다 천국에 들어갈 것이 아니요 다만 하늘에 계신 내 아버지의 뜻대로 행하는 자라야 들어가리라" 했다. 우리들은 행함으로 구원을 받지 못하고 믿음으로 구원 받는다고 알고 있다. 문제는 참된 믿음은 행함을 수반한다는 것이다. 믿음이 없는 행함은 비록 선행이라 할지라도 구원을 가져다주지 못한다. 세상 사람들은 이 진리를 깨닫지 못하고 죽어서 좋은 곳에 가려면 선행을 많이 해야 된다고 생각한다. 그런데 오늘 본문에 보면 하나님의 뜻대로 행하는 자라야 천국에 들어간다고 증거하고 있다. 여기에서 "하나님의 뜻대로 행하는 자"는 믿음으로 행하는 자를 가리킨다.

　어떤 사람은 제멋대로 살면서 예수 그리스도를 믿는다고 한다. 잘못된 신앙이다. 하나님의 말씀을 따라 살지 않는 자는 아무리 기도를 하고 능력을 나타내어도 구원 받았다고 할 수 없다. 자칫 오해 받을 수 있는 부분이기도

하지만 성경은 분명히 밝히고 있다.

22-23절을 보면 "그 날에 많은 사람이 나더러 이르되 주여 주여 우리가 주의 이름으로 선지자 노릇 하며 주의 이름으로 귀신을 쫓아내며 주의 이름으로 많은 권능을 행하지 아니하였나이까 하리니 그 때에 내가 그들에게 밝히 말하되 내가 너희를 도무지 알지 못하니 불법을 행하는 자들아 내게서 떠나가라 하리라"고 증거하고 있다.

오늘날 많은 사람들은 구원의 확신을 가지고 예수 그리스도를 따르고 있지만 어떤 문제에 부딪히게 되면 믿음이 흔들리는 경우가 상당히 있다. 물론 하나님께서 붙잡아 주시지만 그만큼 마음고생을 할 수밖에 없다. 신자들이 염려하는 것은 혹시 내가 잘못 되지나 않을까 불안해 하는 것이라고 할 수 있는데 이는 금물이다. 하나님은 우리 각 자를 너무 잘 아신다. 신자들의 앞날을 내다보실 뿐만 아니라 능력으로 걸음을 인도하신다. 우리 人生을 통채로 맡겨도 조금도 문제가 없는 분이시다.

왜 신자들이 큰 믿음을 갖지 못하느냐 단도직입적으로 말하면 하나님을 깊히 알지 못하기 때문이라는 것이다. 하나님이 어떤 분이신지 제대로 알기만 한다면 전혀 근심 걱정이 있을 수 없다. 그래서 설교는 하나님을 알게 해 주는 것이어야 한다는 것이다. 또한 신자들은 설교를 통해서 하나님을 알도록 귀를 기울여야 한다. 그런데 사람들이 설교를 통해서 성공하는 비결을 알려고 한다든가 스트레스를 해소하려고 한다면 교회는 본질을 떠나게 되고 더 이상 하나님의 영광도 나타나지 않을 것이다.

우리가 신앙생활을 할 때 가장 주의해야 할 것은 하나님을 전적으로 믿고 맡기는 것이다. 설사 실수를 했다 해도 염려할 것이 없다. 왜냐하면 하나님

께서 다 아시고 계실 뿐만 아니라 합력하여 선을 이루도록 역사하시기 때문
이다. 사람들이 최선을 다한다 해도 하나님 편에서 보면 부족한 것이 많고
잘못도 있을 수 있기 때문에 지나치게 염려할 것이 없다. 하나님의 섭리는
모든 것이 조화를 이루도록 되어 있어서 인류 역사를 긍정적으로 보고 순응
하는 것이 지혜라고 할 수 있다.

　왜 사람들이 성공도 하고 실패도 하는지 생각해 볼 필요가 있다. 하나님은
걸음걸음 인도 하실 때 전혀 사람들이 눈치 채지 못하도록 이끄신다. 앞날이
베일에 감추어져 있기 때문에 몸부림도 치고 노력도 한다. 그런데 거짓 선지
자들은 성경을 교묘하게 찍어다 붙여서 사람들을 현혹한다. 많은 무리들이
따르고 희한한 일들도 나타난다. 횡설수설하고 복음을 흉내 내기도 한다. 하
나님은 모르시는 척 내버려 두신다. 아무도 거짓 선지자들이 왜 그런 짓을
하는지 알 수 없다. 그들은 스스로 최선의 길을 가고 있다고 생각한다. 여기
에 하나님의 묘수가 있다.　미국 속담에 끼리끼리 모인다는 말이 있다. 악령
에 사로잡힌 자는 그들대로 모이고 성령을 받은 자들 또한 그들대로 모인다.
한 가지 잊지 말아야 할 것은 세상에 존재하는 것들이 모두 하나님의 허락하
심 가운데 존재 한다는 사실을 알아야 한다. 물론 모든 존재가 다 유익한 것
은 아니다. 왜 하나님께서 유익한 것만 존재케 하시지 않고 해로운 것도 존
재케 하시는지 언뜻 이해가 가지 않는다. 그래서 세상이 어렵다는 것이다.
세상을 사는 데 어려움이 없으면 좋을 것 같아도 그렇지 않다는 것이 성경의
가르침이다. 병도 있고 사고도 있고 실패도 있고 고난도 있어야 사람들이 겸
손해 질 수 있다.

　타락한 인간들은 형통하면 교만해 진다. 하나님 앞에 나오지 않는다. 이기

주의적으로 산다. 하나님의 통치를 받아들이지 않는다. 이 세상 돌아가는 것이 모순인 것 같아도 하나님은 모든 만물이 조화를 이루도록 걸음을 인도하신다는 사실을 잊지 말아야 한다. 따라서 단편적으로 세상을 보지 말고 긴 안목을 가지고 자세히 살필 줄 알아야 한다. 하나님은 묵묵히 세상을 이끌어 가신다. 그러나 조금도 차질 없이 뜻을 이루어 가신다. 그러나 많은 사람들은 인간의 뜻대로 세상이 돌아간다고 생각을 한다. 위험천만한 생각이다. 사람은 세상을 이끌어 갈 수가 없다. 세상을 이끌어 가려면 그만한 능력이 있어야 하는데 그렇지 못하다는 것이다. 태풍이나 지진 쓰나미 등 자연 현상 앞에 속수무책이다. 하나님이 세상을 다스리실 때 사람들을 통해서 다스리시기 때문에 얼핏 보면 사람이 세상을 다스리는 것처럼 보일 수도 있다. 잊지 말아야 할 것은 왜 하나님이 노골적으로 다스리시지 않고 은밀하게 배후에서 다스리시느냐는 것이다. 이 비밀을 깨닫기 전에는 세상사를 이해 할 수 없다.

하나님은 신자들이 성경을 통해서 하나님이 세상을 어떻게 다스리시는지 배우기를 원하신다. 하나님이 세상을 직접 다스리시면 많은 문제가 발생한다. 우선 아무도 하나님을 인정하려 들지 않는다는 것이다. 또 하나님이 지도자들을 세우지 아니 하시고 직접 들려주시거나 환경 등을 통해서 말씀 하셔도 선뜻 하나님이 말씀하시는 것으로 받아들이지 않는다는 것이다. 그리고 하나님이 멀리 보고 말씀하시면 도무지 이해 할 수 없다고 거절한다는 것이다.

지금 많은 사람들이 예수 그리스도를 믿고 따르고 있지만 하나님을 전적으로 믿고 따르는 자들은 그리 많지 않다. 타락한 인간들은 말씀에 순종하기보다 이기주의적으로 해석하고 합리화 시킨다. 그러므로 겸손한 마음으로 하나님을 따르도록 해야 할 것이다.

사랑하는 성도 여러분, 신천지를 비롯한 이단들이 극성을 부리고 있는데 대책을 세워야 하지 않겠는가. 그들의 배후에는 사단이 도사리고 있기 때문에 이 점을 염두에 두지 않으면 안된다. 무엇보다 간절한 기도가 있어야 한다. 전능하신 하나님이 손을 쓰셔야지 인간적인 방법으로 대응해서는 안된다. 거짓 선지자들은 사탄의 지배를 받고 있기 때문에 세상적인 방법을 쓰면 교묘히 빠져 나간다. 사탄과의 싸움은 성령으로 인도하심을 받을 때에만 승리할 수 있다.

세상에 거짓 선지자들이 많다. 능력을 과시하고 천사로 가장하기 때문에 많은 사람들이 속아 넘어간다. 그렇다고 전혀 분별할 수 없는 것은 아니다. 본문을 보면 그들을 가리켜 불법을 행하는 자들 이라고 지적하고 있다. 여러분 모두 거짓 선지자들을 대적하는 성도들 되시기를 기원한다.

46. 예루살렘 입성

막 11:1-11

예루살렘에는 많은 사람들이 살고 있었는데 특히 정치의 중심지요 종교의 중심지였기 때문에 그렇기도 하지만 무엇보다도 예수 그리스도께서 예루살렘을 중심으로 활동하셨기 때문이라고 할 수 있다. 예루살렘은 이스라엘의 수도이기도 하였다. 지금도 이스라엘 사람들은 예루살렘에 특별한 의미를 부여하기도 한다. 문제는 이스라엘 사람들이 예루살렘을 고향처럼 여기고 있다는 것이다.

지금도 이스라엘 사람들은 예루살렘을 아끼고 사랑한다. 그만큼 예루살렘은 이스라엘 민족에게 있어서는 아주 중요하고 역사가 서려있는 곳이기도 하다. 신자들은 예루살렘을 귀에 못이 박히도록 들었을 것이다. 지금은 이스라엘 민족이 예수 그리스도를 믿는 자들이라고 믿어 의심치 않는다. 하나님은 먼저 이스라엘 민족을 선택하여 인류 구원의 역사를 시작하셨지만 인류 구원은 어느 한 민족에게 국한 될 수 있는 것이 아니다. 사도 바울은 자신이 유대인이었지만 그러나 구원의 역사는 결코 이스라엘 민족에게만 국한될 수 없다고 외쳤던 것이다. 그리고 자신은 이방인들에게 복음을 전하도록 부르심을 받았다고 공공연히 주장했던 것이다.

본문은 예수님이 십자가를 지시기 위해 예루살렘 성에 들어가시는 장면을 묘사 하고 있다. 구약 성경은 예수님께서 십자가를 지게 될 것이라고 종종 예언하고 있다. 슥9:9을 보면 "시온의 딸아 크게 기뻐할지어다. 예루살렘의 딸아 즐거이 부를지어다. 보라 네 왕이 네게 임하나니 그는 공의로우며 구원을 베풀며 겸손하여서 나귀를 타나니 나귀의 작은 것 곧 나귀 새끼니라" 라고 예언하고 있다.

오늘은 예수님께서 예루살렘 성에 들어가시면서 다른 때와 달리 나귀를 타고 입성하시는 것을 볼 수 있다. 나귀는 평화의 상징이요 특히 나귀 새끼를 탔다는 것은 겸손을 보여 주고 있는데 예수님은 자신이 십자가를 지시게 될 것을 다 아시면서도 조금도 내색하지 않으시고 나귀를 타고 입성하시므로 계획하신 뜻을 이루셨던 것이다. 여기에서 우리는 왜 예수님이 갑자기 나귀를 타셨는지 생각해 보아야 한다.

예수님은 항상 겸손하셨는데 때가 되매 자신이 누구인지 가르쳐 주시려고 이렇게 하셨던 것이다. 다시 말하면 예수님은 왕이시라는 것이다. 당시 풍습에 왕이 대관식을 거행 하려면 나귀를 탔었는데 예수님이 나귀를 타신 것은 바로 예수님이 왕이시라는 것을 나타내기 위함이었다는 것이다. 어떻게 보면 예수님이 취하신 방법은 유치한 것 같아 보여도 유심히 살펴보면 그렇게 오묘할 수가 없다는 사실을 알 수 있다. 무엇보다도 나귀 새끼를 마치 자신의 것처럼 풀어 끌고 왔다는 것이다.

기독교 신자도 소유권을 인정한다는 것을 성경은 증거하고 있다. 그런데 예수님은 남의 나귀를 끌어 오라고 하시면서 "만일 누가 너희에게 왜 이리 하느냐 묻거든 주가 쓰시겠다 하라"고 하셨다는 것이다. 어떻게 이런 일이 있을 수 있겠는가. 보통 사람 같으면 당장에 절도죄로 몰릴 수밖에 없었을 것이다. 여기에서 우리는 예수님께서 만물의 주 되심을 알 수 있다는 것이다.

하나님은 어떤 일을 하실 때 요란스럽게 떠벌이지도 않으시고 또한 누구에게 피해가 가도록 하시지도 않으신다는 사실을 알아야 한다. 본문을 보면 나귀의 임자가 피해를 본 것 같이 생각되기 쉽다. 그러나 성경에는 나와 있지 않지만 나귀의 임자는 아마 예수님께로부터 많은 은혜를 받았기에 어떻게 그 은혜를 갚을 수 있을까 하던 중에 마침 기회가 왔구나 하고 나귀를 내어 주었을 것이다.

지금도 예수 믿고 은혜 받은 사람들 중에는 하나님의 그 은혜에 보답하려고 기회를 찾는 사람들이 한 둘이 아닐 것이다. 이같이 예수님은 사랑으로 일을 하시지 사람들처럼 힘으로 밀어 붙이는 그런 분이 아니시다. 따라서 하나님의 일을 하려면 먼저 하나님이 어떤 분이신지 알지 않으면 안된다. 어떤 사람은 하나님의 일을 하면 복을 받고 상급도 받는다고 생각을 한다. 틀린 말은 아니겠으나 그러나 하나님의 자녀가 된 우리가 무엇이 부족한 듯 생각해서는 안된다. 엄밀하게 말하면 신자들은 부족함이 없다고 고백해야 옳을 것이다.

시23편을 보면 "여호와는 나의 목자시니 내가 부족함이 없으리로다 그가 나를 푸른 초장에 누이시며 쉴 만한 물가로 인도하시는도다"(23:1-2)했다.

본문을 보면 예수님은 제자들이 끌고 온 나귀 새끼 위에 겉옷을 걸칠 때 아무 거리낌 없이 올라 타셨다. 이 날의 예수님의 행동은 예사롭지 않았다. 그리고 카펫 대신 길바닥에 편 겉옷과 종려나무 가지 위를 밟고 입성 하셨는데 이 행동이야말로 자신이 왕이시라는 것을 유감없이 나타낸 행동 이라는 것을 잊지 말아야 한다. 이렇게 예수님은 자신을 나타내 보이시고 열두 제자를 데리시고 베다니에 나가셨다.

예수님은 십자가를 지시기 위해 예루살렘 성에 입성하셨는데 군중들은 예수님이 정치적인 왕이 되시려고 입성하시는 줄로 오해하고 있었다. 그래서 군중들과 예수님 사이에는 상당한 거리가 있었지만 아무도 이를 눈치 채지 못했던 것이다. 물론 예수님은 다 알고 계셨지만 모르시는척 하셨던 것이다. 아마 예수님의 제자들은 자기들이 모시고 있는 예수님께서 곧 왕이 되실 것이라고 믿고 기분이 들떠 있었을 것이다.

아무리 예수님께서 고난을 받고 삼일 후에 다시 살아날 것이라고 가르쳐 주어도 믿으려 들지 않았다. 제자들은 누가 뭐라든 예수님이 이스라엘 왕이 되어서 로마로부터 해방을 받게 하고 다윗 시대처럼 태평성대를 누리게 하실 것이라고 믿고 있었던 것이다. 따라서 예수님의 인기는 날이 갈수록 폭발적으로 상승했고 따르는 무리들은 날이 갈수록 더해만 갔다.

그러나 여기에서 우리는 한 가지 생각할 것이 있다. 아무리 사람들이 따른다고 해도 하나님의 뜻은 변하지 않는다는 사실이다. 세상 사람들은 군중의 뜻을 중시 하지만 군중들 역시 완전하지 못하기 때문에 군중을 따른다 해서 최선의 길은 아니라는 것이다. 오히려 예수님은 따르는 군중들이 어떻게 보면 부담이 되었을 것이다.

하나님의 뜻은 깊고 오묘해서 겉만 보면 이해하기가 쉽지 않다. 더욱이 인본주의적인 세상이기 때문에 하나님의 뜻을 헤아린다는 것은 매우 힘든다. 따라서 신자들은 겸손히 자신을 부인하고 하나님의 뜻을 헤아릴 줄 아는 지혜가 필요하다.

본문 4-6절을 보면 "제자들이 가서 본즉 나귀새끼가 문 앞거리에 매여 있는지라 그것을 푸니 거기 섰는 사람 중 어떤 이들이 가로되 나귀새끼를 풀어 무엇하려느냐 하매 제자들이 예수의 이르신 대로 말한대 이에 허락하는지라" 했다. 어느 누가 자기 나귀 새끼를 풀어 가려 하는데 순순히 그러라고 하겠는가. 상식적으로 생각해 보아도 말이 안되는 이야기이다. 그럼에도 불구하고 나귀새끼를 내어 주었다는 것은 기적이 아닐 수 없다.

성경은 수많은 기적을 기록하고 있다. 그런데 사람들은 눈이 어두워 기적을 보지 못할 때가 많다. 만일 하나님께서 눈을 밝혀 기적을 볼 수 있게 하신다면 정말 상상외라고 할 것이다. 아무도 성경에 담긴 뜻을 다 알 수 없다. 다만 하나님께서 그 때 그때 깨닫게 해 주시는 만큼 알 수 있을 뿐이다. 뿐만 아니라 아무리 성경을 읽어도 하나님께서 눈을 열어 주시지 않으면 진리를 볼 수 없다는 사실을 알아야 한다.

신자들은 마치 시험공부 하듯이 성경을 보게 되면 통달할 수 있을 것이라고 생각하기 쉽다. 그러나 성경은 그런 식으로 보아서는 안된다. 모름지기 성경을 깊이 알려면 하나님께 간절히 기도하고 성령의 인도하심을 따라 꾸준히 읽을 수 있어야 한다. 어떤 사람은 성경 공부를 한답시고 여기 저기 기웃거리는데 바람직하지 못한 처사이다. 그 이유는 성경은 세상적인 책과 달라서 기도 없이 성령의 인도하심 없이 볼 수 있는 책이 아니기 때문이다. 단도직입적으로 말하면 소속 교회에서 시행 하는 대로 따르는 것이 가장 바람직하다고 할 것이다.

고전14:33절에 "하나님은 어지러움의 하나님이 아니시요 오직 화평의 하나님이시니라"고 증거하고 있다. 소속 교회를 떠난 신자는 허공에 뜬 것처럼 열심을 내는 것 같으나 실상은 뿌리 없이 떠도는 풀과 같아서 머지않아 시들고 말 것이다.

사랑하는 성도 여러분, 오늘은 종려주일이다. 예수님께서 예루살렘 성에 들어가실 때 많은 군중들이 앞서 가고 뒤 따를 때 "앞에서 가고 뒤에서 따르는 자들이 소리지르되 호산나 찬송하리로다 주의 이름으로 오시는 이여 찬송하리로다 오는 우리 조상 다윗의 나라여 가장 높은 곳에서 호산나 하더라"(9-10절)고 외쳤다. 여러분 모두 우리를 구원하시려고 예루살렘 성에 입성하신 예수님을 소리 높여 찬송하시기 바란다.

47. 열두 제자의 파송

눅 9:1-6

예수님께서는 열두 제자들을 복음을 전하도록 파송하시면서 귀신을 제어하며 병을 고치는 능력과 권세를 주시며 하나님 나라를 전파하며 앓는 자를 고치게 하셨다. 그런데 많은 사람들은 예수님이 왜 제자들에게 그런 능력과 권세를 주셨는지 고개를 갸우뚱한다. 복음을 전하면 됐지 왜 병 고치는 능력과 권세 등을 주셨느냐는 것이다. 여기에서 우리는 병 고치는 능력과 권세 등이 복음 전도와 어떤 상관관계가 있는지 알아 볼 필요가 있다.

첫째, 하나님은 인간이 고통을 당할 때 외면하시지 않고 긍휼을 베풀어 주시는 사랑의 하나님이시라는 것이다. 따라서 사랑을 나타내시며 복음을 전해야 복음이 복음으로 들린다는 것이다. 본문을 보면 복음을 전할 때 아무것도 가지지 말라고 말씀하신다. 왜냐하면 복음의 수혜자들이 필요한 것들을 공급할 것이기 때문이다. 지금도 복음 사역자들이 복음의 수혜자들로부터 생활비를 공급받고 있다는 사실을 알 수 있다. 하나님은 벌써 상호 협력하에 복음이 전파되도록 하셨다는 것이다.

둘째, 복음은 사람이 주는 것이 아니라 하나님이 주시는 것이라는 것을 인식 시키려는 것이다. 귀신을 쫓아내고 병을 고치고 복음을 전하면 복음을 주시는 분이 하나님이신 것을 믿게 된다는 것이다. 복음 전파 현장에서 기적이 나타나는 경우가 많은데 모두 같은 원리라고 볼 수 있다. 신자들이 복음을 전하면서 기적을 나타낸다면 그 기적을 행하시는 분이 복음을 주시는 것이라고 믿게 된다는 것이다.

셋째, 복음을 전할 때 기적이 나타나지 않으면 하나님이 어떤 분이신지 알 수 없다는 것이다. 그래서 하나님께서는 자신을 일부라도 나타내 보이시므로 사람들이 능력의 하나님 은혜의 하나님으로 믿고 따른다는 것이다.

예수님의 제자들은 예수님이 명하시는 대로 따랐을 뿐인데 갑자기 기적이 나타나고 하니까 깜짝 놀랐을 것이다. 여기에서 우리는 복음 전도의 비법을 배워야 하겠다. 복음은 전하는 자나 듣는 자나 모두 은혜를 받게 된다는 것을 알아야 한다. 만일 어느 한 쪽만 은혜를 받게 된다면 복음 전도의 지속성은 크게 약화될 것이다. 그래서 하나님께서는 복음 전도가 지속되도록 양자 모두 은혜를 받게 하셨다.

사람은 쓰임을 받을 때 기쁨을 느끼도록 되어 있다. 특히 하나님께 쓰임을 받게 되면 목숨까지도 아끼지 않을 정도로 헌신한다. 그 이유는 그만큼 하나님께로부터 은혜를 입었다는 증거이기도 하다. 어느 누가 아무 상관도 없는 자에게 목숨을 내놓겠는가. 하나님은 그래서 따르는 사람들에게 묵묵히 은혜를 베푸신다. 물질을 내놓거나 시간을 드리거나 몸으로 헌신하거나 하는 모든 것들은 하나님께로부터 먼저 받은 은혜가 있기 때문이라는 사실을 잊지 말아야 한다. 어떤 사람은 받은 은혜가 너무 크다고 하면서 나를 위해 예수님께서 십자가에서 못박혀 피 흘려주셨는데 내가 무엇을 아끼겠느냐고 토설한다.

신자들은 이미 구속의 은총을 깨달았기 때문에 헌신하지만 아직도 주님의 은혜를 깨닫지 못하고 헌신이 무슨 손해 보는 것 인양 생각하는 사람들도 있다. 그러나 사람은 아무리 최선을 다해서 하나님께 헌신한다고 해도 하나님이 원하시는 수준에 이를 수 없다는 사실을 알아야 한다. 물론 헌신하지 못하는 사람도 있다. 그러나 하나님편에서 보면 모두가 부족할 뿐이다. 그런데 하나님께서는 누가 하나님께 더 충성을 했는지 아시고 계시지만 모르시는 척 하신다. 아마 종말 때는 낱낱이 드러날 것이다.

오늘 본문 5절을 보면 "누구든지 너희를 영접지 아니하거든 그 성에서 떠날 때에 너희 발에서 먼지를 떨어버려 저희에게 증거를 삼으라"고 하신다. 너무 냉정하게 말씀하신 것 아닌가 생각이 들기도 하지만 그만큼 복음은 받아들이느냐 거절하느냐에 따라 엄청난 차이가 나기 때문에 달리 표현할 수가 없었을 것이다. 사람은 신앙생활 여부에 따라 크게 차이를 두지 않지만 그러나 엄밀히 따지고 보면 말로 표현할 수 없는 차이가 있다는 사실을 알아야 한다. 지금은 하나님이 심판하시지 않고 묵묵히 이끌어 나가시지만 일단 심판이 시작되면 천지가 뒤바뀌는 무서운 일들이 일어날 것이다. 그런데도 여러분들은 복음을 전하지 않고 앉아서 구경만 할셈인가.

하나님은 땅 끝까지 이르러 복음을 전하라고 하셨는데 과연 순종하고 있는가. 암 병이 고침을 받고 큰돈을 벌고 높은 직위를 얻고 그래서 형통하면 그만인가. 아니다. 어둠속을 방황하는 내 형제자매들이 부지기수인데 입을 열어야 하지 않겠는가. 체면 차리고 눈치 보다가 기회를 놓치면 그 영혼이 지옥으로 떨어지지 않겠는가. 예수님이 십자가에서 받은 고난이 헛되지 않도록 우리가 담대히 복음을 전해야 하겠다.

복음을 전할 때 신자들은 어색하게 생각하거나 망설일 때가 있다. 엄밀하게 따지고 보면 전혀 움츠릴 이유가 없음에도 불구하고 막상 복음을 전하려면 논리대로 되지 않는다. 하나님은 신자들이 복음을 전할 때 왜 그런 감정이 나타나는지 다 아시지만 묵묵히 복음을 전하라고만 하신다. 복음을 전할 때 상대방의 반응이 어떻게 나타나느냐에 따라 전도자의 감정이 크게 달라지는데 그만큼 민감한 내용이 담겨져 있기 때문이다.

삶과 죽음의 갈림길에 서 있는 사람에게 이 길로 가시오 한다는 게 결코 쉬운 일만은 아니라는 것이다. 더욱이 복음을 듣는 자가 철석같이 믿고 가는 길을 돌이키라고 하는 것이기 때문에 복음 전도는 심히 거부감을 줄 수밖에 없다는 사실을 알아야 한다. 더욱이 사단은 복음을 듣지 못하도록 수단 방법을 가리지 않기 때문에 때로는 혈기를 부리기도 하고 때로는 이 핑계 저 핑계를 대서 복음을 듣지 못하게 수작을 부리기 때문에 복음 전도는 아무나 할 수 없다는 것이다. 그래서 사단이 훼방하지 못하도록 간절히 기도하고 복음을 전하지 않으면 안된다.

사랑하는 성도 여러분, 예수님께서 제자들을 파송하시면서 특별히 제자들에게 모든 귀신을 제어하며 병을 고치는 능력과 권세를 주시며 복음을 전하게 하셨는데 이는 복음이 훼방을 받지 않고 전파 되게 하시려 함인 것이다. 여러분 모두 성령 충만한 가운데 담대히 복음을 전하시기를 축원한다.

48. 나사로를 살리시다

요 11:38-44

하나님은 人生을 보실 때 몹시 불쌍히 여기시고 어떻게 하면 人生들에게 은혜를 베푸실까 골몰하신다는 사실을 알아야 한다. 그래서 신자들은 人生을 불쌍히 여기시는 하나님을 전적으로 의존하는 삶을 살지 않으면 안된다.

하나님은 누가 하나님을 의존하고 살려고 하는지 찾으신다. 신자들은 하나님 없이는 살 수 없다고 고백하는 자들이라고 할 수 있다. 왜 하나님께서 인간 스스로 살아갈 수 있도록 하시지 않고 하나님을 의지하도록 하셨는지 생각해 볼 필요가 있다. 하나님은 사람들이 하나님을 모르고 살아갈 때 나타나는 문제점을 다 아신다. 인간들은 살다 죽으면 그뿐이라고 쉽게 생각한다. 그러나 인생은 그렇게 간단하지 않다. 특히 사람은 하나님의 형상을 닮은 존재이기 때문에 영혼과 육체 두 요소를 생각하지 않으면 안된다. 육체의 죽음만을 보아온 인간은 자칫 육체만을 생각할 수 있다.

히9:27일 보면 "한번 죽는 것은 사람에게 정하신 것이요 그 후에는 심판이 있으리니" 하셨다. 사람이 죽음으로 모든 것이 끝난다면 하나님이 이렇게 말씀하시지 않으셨을 것이다. 죽은 후에 심판이 있다는 말씀은 인간에게 내세가 있다는 말씀이다. 여기에서 우리는 성경에서 말하는 내세가 지금 많은 사람들이 생각하는 그런 내세와는 크게 다르다는 것이다. 그러면 어떻게 내세를 알 수 있고 어떻게 살아야 되는지 생각하지 않으면 안된다.

먼저 우주만물을 창조 하신 하나님께서 뭐라고 하시는지 살펴보아야 한다. 성경은 기록된 하나님의 말씀이다. 성경을 보면 어느 정도 내세를 알 수 있고 어떻게 살아야 하는지도 알 수 있다.

본문을 보면 나사로가 죽었다가 다시 살아나는 장면을 볼 수 있다. 어떻게 사람이 죽었다가 다시 살아난다는 말인지 언뜻 이해가 잘 가지 않을 수도 있다. 그러나 성경을 보면 죽었다가 다시 살아난 사람들의 이야기가 더러 기록되어 있다. 아무도 내일 일을 알지 못하는데 어떻게 내세까지 생각하며 살수 있느냐고도 할 것이다. 어찌 되었든 내세가 있는 것만큼은 확실하다. 그래서 내세를 믿고 사는 자들이 많은 데 그중에 특히 성경을 믿고 사는 자들이 그리스도인이다.

그리스도인들은 성경을 믿고 살 뿐만 아니라 성경을 널리 전해서 많은 사람들이 같이 천국에 가도록 권한다. 아마 천국에 대한 확신이 없으면 입도 뻥끗 못할 것이다. 그런데 이상한 것은 죽음까지도 불사하고 복음을 전한다는 것이다. 이렇게 순교까지 하면서 복음을 전해도 믿지 않는 자들이 있다. 여기에 하나님의 신비가 있다는 것이다. 내세가 있을 뿐만 아니라 이세상과 내세가 연결되어 있어서 어떻게 이 세상을 사느냐에 따라서 내세의 삶이 좌우 된다는 것이다. 지금은 편하고 좋다고 할지 몰라도 이 세상에서 편하게 예수 믿은 사람은 반드시 후회할 날이 올 것이다.

어떤 사람은 예수 믿고 구원받는 것만 해도 감지덕지 한데 어떻게 하늘의 상급까지 바라볼 수 있느냐고도 할 것이다. 그러나 막상 눈앞에 상급 받는 것을 보면 후회가 막급할 것이라는 것이다. 왜 하나님이 이런 비밀을 알려 주시는지 감사할 것 밖에 없다. 일반적으로 사람들은 앞 다투어 성공을 향해 달려간다. 그런데 이상한 것은 성공하는 길을 알려 주어도 전심으로 뛰지 않는다는 것이다. 그 이유는 간단하다. 세상에 빠져 있기 때문이다. 멀리 보는 사람은 멀리 뛰고 가까이 보는 사람은 가까이 뛴다. 저는 여러분들이 내세를 보고 뛰는 지혜로운 성도들 되기 바란다. 여러분들은 큰 꿈을 가지고 인생을 펼쳐 나가시기 바란다.

하나님은 신자들에게 은혜를 베푸실 때 심는대로 거두게 하시는 법칙을 적용하신다. 그러므로 우리들은 부지런히 심어야 한다. 아낌없이 심는 자는 아낌없이 받을 것이요 인색한 자는 인색하게 받을 것이다. 누구든지 심지 않고 거둘 수는 없다. 어떤 사람은 천국에만 가면 더 이상 바랄 것이 없지 않느냐고 하기도 하는데 공평하신 하나님이 심은 자와 심지 않은 자를 똑같이 대우하시겠는가? 천국이 아무리 좋아도 무분별하게 아무나 차등이 없다면 오히려 불공평한 곳이라고 해야 하지 않겠는가? 여러분들은 천국을 막연하게 생각해서는 안된다.

성경은 신자들이 경주하듯이 신앙생활을 하라고 강조하고 있다. 또 때로는 순교까지도 감수하라고 보여 주신다. 소극적인 신앙자세를 버리고 적극적 능동적으로 헌신할 수 있어야 할 것이다. 기도하고 말씀으로 채움 받고 힘써 전도할 수 있도록 해야 하겠다. 하나님은 우리들에게 갖가지 은혜를 베푸신다. 물론 누구에게 어떤 은혜를 베푸시는지 각기 다르다고 할 수 밖에 없다. 다만 신앙에 따라 다르다고 할 것이다.

여러분들이 하나님을 섬기면서 갖가지 체험을 할텐데 어떤 사람은 이것을 체험하고 또 어떤 사람은 저것을 체험한다. 체험이 서로 다를 수는 있으나 한 분 하나님으로부터 오는 체험이라는 사실을 잊어서는 안된다. 그러면 왜 하나님이 각기 달리 걸음을 인도하시는지 생각해 볼 필요가 있다. 하나님은 모든 인류를 이끌어 가심에 있어 각기 달리 은혜를 베푸신다는 사실이다. 각인각색이기 때문에 은혜도 달라야 할 것이다. 그런데 사람들은 받은 은혜를 비교한다는 것이다. 그리고 저 사람은 나보다 더 큰 은혜를 받았다고 부러워 하기도 한다.

우리는 겸손해야 한다. 하나님은 겸손한 자를 들어 쓰신다. 세상에 하나님께 쓰임 받는 것보다 더 큰 복은 없다. 그런데 하나님은 아무나 들어 쓰시지 않는다는 것이다. 오직 겸손한 자만이 쓰임을 받을 수 있다는 사실을 기억하고 겸손하시기 바란다.

본문을 보면 나사로가 죽은 지 나흘이나 되는데 심지어 썩어 냄새가 난다고 했는데 예수님께서는 조금도 개의치 않으시고 그를 다시 살리신 것을 볼 수 있다. 왜 하나님이 죽은 나사로를 살리셨는지 본문은 간단히 설명하고 있다. 다시 말하면 예수 그리스도가 하나님이심을 증거 하시려는 의도가 있다는 것이다.

우리는 때로 예수 그리스도가 누구신지 그가 사람의 몸을 입고 오신 하나님이라는 사실을 잊곤한다. 그 이유는 그만큼 하나님을 전심으로 섬기지 못하고 있다는 것이다. 우리는 날마다 하나님의 은혜를 힘입어 살고 있지만 하나님께서 오묘한 방법으로 인도하시기 때문에 깨닫지를 못한다. 아무리 인간들이 하나님을 찾으려 해도 하나님께서 자신을 보여 주시지 않으면 만날 수 없다.

역사 이래로 하나님을 만나려고 시도한 사람이 한 둘이 아니었다. 그러나 하나님은 자신을 베일로 가리시고 나타나 주시지 않았다. 우리가 왜 하나님을 찾아야 하는지 하나님 없이 살면 안 되는지 궁금할 것이다. 한마디로 말하면 하나님 없이는 아무도 사람답게 살 수가 없다는 사실이다. 사람들은 하나님의 은혜로 살면서도 아무도 이를 깨닫지 못하고 오직 하나님께서 깨닫게 해 주셔야만 알 수 있다는 것이다.

　어떤 사람은 하나님이 어디 계시느냐고 반문하기도 하고 또 어떤 사람은 아예 하나님이 계시지 않는다고 단정 짓고 마음대로 살기도 하는데 그들도 모두 하나님의 은혜 가운데 살고 있다는 사실을 잊지 말아야 한다. 여기에서 우리는 사람들이 어떻게 살든 하나님을 떠나 살 수 없다는 것을 알아야 한다.

　사랑하는 성도 여러분, 왜 세상이 갈수록 혼탁해 지는가. 하나님이 통치하신다면 갈수록 세상이 깨끗해 져야 하지 않겠는가. 하나님이 무능해서 인가. 여기에 하나님의 비밀이 있다는 사실을 알아야 한다. 하나님은 人生을 다스리실 때 사람의 의지를 꺾지 않으시고 스스로 정도를 찾아 가도록 맡기신다. 따라서 우리는 하나님의 말씀에 순종하여 생명길로 나가야 한다. 여러분 모두 겸손한 마음으로 하나님의 인도하심을 따르시기 바란다.

49. 베데스다 못가의 병자

요 5:1-9

하나님은 신자들에게 "환난 날에 나를 부르라 내가 너를 건지리니 네가 나를 영화롭게 하리로다"라고 명령하셨다. 어려움을 당할 때 당황하지 말고 하나님께 은혜를 구하면 은혜를 베푸시겠다는 것이다. 어떤 사람은 왜 하나님이 신자들에게 환난이 임하지 않게 하실 것이지 환난이 임하도록 내버려 두셨다가 부르짖으면 은혜를 베풀어 주시겠다는 것인지 알 수 없다고 고개를 갸우뚱한다. 아무도 하나님의 이러한 섭리를 깨닫지는 못하지만 한 가지 우리가 알 수 있는 것은 이 세상에 어려움 없이 살 수 있다면 아무도 하나님을 찾지 않을 것이라는 것이다. 그래서 하나님은 사람들에게 하나님을 찾도록 걸음을 인도하실 때 어려움을 당하게 내버려 두시기도 하신다는 것이다.

그럼에도 불구하고 그 어려움이 무엇을 의미하는지 깨닫지 못하고 여전히 방황하는 사람들이 많다. 물론 잘 나갈 때 하나님을 찾는 자들도 있다. 이로 보건데 지혜로운 자도 있고 우매한 자들도 있다고 할 것이다. 아무튼 어떻게 하나님을 찾게 되었든 하나님 앞에 나온 자는 복과 영생 구원을 얻게 되었다는 것이다. 왜 어떤 사람은 잘 나갈 때 하나님을 찾게 하시고 어떤 사람은 어려움을 당한 후 하나님을 찾게 하시는지 알 수 없다. 그러나 이렇게 추정해 볼 수는 있다. 어느 시점에서 하나님을 만나느냐에 따라서 하나님이 어떤 분이신지 달리 깨닫게 될 수 있다는 것이다.

하나님은 신자들에게 자신을 보여 주실 때 각기 달리 보여 주신다는 사실을 알아야 한다. 그래서 신자들은 한 분 하나님을 섬기지만 하나님을 아는 지식은 각기 다를 수 있다. 만일 하나님을 아는 지식이 똑같다면 믿음도 같아야 되고 행함도 같아야 된다는 논리가 나올 수 있다. 그런데 하나님은 다양한 영광을 받으시기 위해 하나님을 아는 지식이 각기 다르게 하신다는 것을 알아야 한다. 하나님은 너무도 크신 분이시기 때문에 피조물인 인간으로서는 하나님을 아는데 한계가 있다는 사실을 알아야 한다. 지금 사람들이 하나님을 안다고 하지만 빙산의 일각도 못 된다는 것을 잊지 말아야 한다.

하나님은 우주 만물을 통치하심에 있어서 사람들이 일부 쓰임을 받도록 은혜를 베푸시지만 어느 누가 하나님의 뜻을 온전히 헤아려 받을 수가 있겠는가. 우리는 하나님 앞에 겸손하지 않으면 안된다. 물론 신자들이 어떤 마음으로 헌신하느냐에 따라 겸손 여부가 좌우된다고 할 수도 있다. 그러나 엄밀하게 따져 보면 겸손은 하나님께서 주시는 마음이라고 해야 할 것이다. 왜냐하면 인간을 겸손하게 만드시는 분은 하나님이시기 때문이다. 그런데 성경을 보면 끊임없이 하나님은 사람들에게 겸손하라고 하신다. 하나님이 겸손케 하시면 그만이지 왜 겸손하라고 하시느냐고 할 것이다. 쉽게 말하면 하나님의 말씀을 듣고 겸손하면 좋은데 이를 따르지 않을 경우 만부득이 겸손하도록 만드신다는 것이다.

본문 2-5을 보면 "예루살렘에 있는 양문 곁에 히브리 말로 베데스다라 하는 못이 있는데 거기 행각 다섯이 있고 그 안에 많은 병자 소경 절뚝발이 혈기 마른 자들이 누워 물의 동함을 기다리니 이는 천사가 가끔 못에 내려와 물을 동하게 하는데 동한 후에 먼저 들어가는 자는 어떤 병에 걸렸든지 낫게 됨이러라 거기 삼십팔 년 된 병자가 있더라" 하였다. 예수님은 그 병자에게 "네가 낫고자 하느냐"고 질문하신 후 "일어나 네 자리를 들고 걸어가라"고 하셨다. 어떻게 삼십팔 년 된 병자가 일어나 걸어갈 수 있는지 상상조차 할 수 없는 일이 벌어졌다.   예수님은 병자를 고치시고 아무 일도 없었다는 듯이 자리를 뜨셨다. 어떻게 보면 너무 냉정하지 않느냐고 할 수 있을 것이다. 그러나 예수님은 사람들이 오해 할까봐 경계를 게을리 하지 않았던 것이다. 오늘날 많은 사람들은 신앙생활을 하면서 병을 고쳐 달라고 기도하는 것을 볼 수 있다. 물론 잘못 되었다고 할 수는 없다. 그런데 한 가지 중요한 것은 아무나 병 고침을 받는 것은 아니라는 사실이다. 왜 누구는 병 고침을 받고 누구는 병 고침을 받지 못하는지 생각해 볼 필요가 있다.

하나님은 인간들이 행복하게 살기를 원하신다. 물론 건강해야 행복하다고 할 수 있다. 그런데 성경을 자세히 살펴보면 건강하고 돈 많은 사람들이 구원을 받지 못하고 살다가 가는 것을 알 수 있다. 그들은 건강하고 부유하기 때문에 하나님을 믿고 의지하지 않는다. 반면에 병들고 가난한 사람들은 대부분 하나님께로 돌아온다. 어떤 사람들이 더 행복한 삶을 살고 있는가. 진정한 행복은 하나님과 동행 하는 삶이라는 것을 잊지 말아야 한다.

하나님이 이따금 암이나 어떤 병을 고치시는 경우가 있다. 우리가 하나님의 뜻을 다 알 수는 없지만 꼭 하나님을 만나게 해 주어야 할 필요가 있거나 하나님의 존재를 보여 주어야 할 필요가 있을 때 그렇게 하신다는 사실을 알아야 한다. 누가 불치병에서 고침을 받았다고 간증을 하면 하나님은 기도만

하면 모든 병을 고쳐주시는 줄로 오해를 하고 심지어 금식기도까지 해가면서 은혜를 구하는 경우가 있는데 이는 신중히 생각해 볼 문제이다. 어떻든 사람들은 기도만 하면 무슨 일이든 다 이루어 주실 것이라고 생각하고 매달리지만 하나님의 뜻을 거스르는 기도는 응답되지 않는다.

신자들은 하나님을 섬길 때 하나님께서 최선의 길로 인도하신다는 사실을 결코 잊어서는 안된다. 아무도 신자들을 해롭게 할 자가 없다. 하나님은 우리의 머리털을 세실 정도로 우리들을 감찰하신다. 따라서 신자들은 담대해야 한다. 열심을 품고 하나님을 섬기는 자들은 반드시 보응을 받는다.

하나님은 신자들에게 복을 주실 때 형편과 처지를 따라 복을 주신다. 신자들의 가장 큰 복은 하나님을 아는 것이다. 하나님을 모르면 왜 사는지 알 수 없고 또 어떻게 살아야 되는지 알 수 없기 때문에 생의 보람을 찾을 수가 없다. 많은 사람들이 방황하는 이유는 하나님을 알지 못하기 때문이다. 하나님을 아는 사람들은 자신을 위하여 살지 않고 하나님을 위하여 산다는 믿음을 가지고 있기 때문에 자살을 하거나 하지 않는다. 아무리 열심을 내어도 그 열심이 하나님을 위한 열심이 아니고 자신을 위한 열심일 경우 아무 의미도 없다는 사실을 알아야 한다.

오늘날 많은 사람들이 교회를 찾는다. 그러나 그 중에는 하나님을 만나지 못하는 자들도 있다는 사실을 잊지 말아야 한다. 교회는 하나님과 사람이 만나는 곳이다. 교회에 나와서 하나님을 만나지 못했다면 반드시 사유가 있을 것이다. 먼저 하나님을 향해 마음 문을 열지 않은 사람을 들 수 있다. 또 중심으로 하나님을 섬길 자세가 되어 있지 않은 사람은 하나님이 만나 주시지 않는다. 그러므로 교회를 찾을 때는 겸손한 마음으로 찾아야 한다.

베데스다 못가의 병자는 비록 몸은 불구였으나 하나님을 간절히 찾는 사람이었다. 예수님은 이를 보시고 그의 병을 고쳐 주셨던 것이다.

사랑하는 성도 여러분, 왜 내가 이 세상에 태어났는지 생각해 보았는가. 뜻이 있음을 알아야 한다. 하나님은 여러분들을 사랑하신다. 부족하고 가난하고 약해도 개의치 않으신다. 여러분들이 곁을 떠나지만 않으면 변함없이 사랑하시고 은혜를 베푸신다. 베데스다 못가의 병자도 삼십팔 년 동안 얼마나 불편했겠는가. 그러나 때가 이르매 예수님이 찾아 주시고 병을 고쳐 주시지 않았는가.

성도들은 비록 어려운 가운데 있을지라도 낙심하지 말고 주님을 바라보면 때가 이르매 은혜를 베푸시고 영광을 받으실 것이다. 여러분 모두 예수 그리스도를 믿고 의지하여 승리하는 삶 사시기를 바란다.

50. 신하의 아들을 고치시다

요 4:46-54

세상에 병든 자가 참 많다. 어떤 사람은 병만 없어도 세상이 살만 할 텐데 하기도 하고 또 어떤 사람은 병 때문에 고생을 하게 된다고 불만을 토로하기도 한다. 그러나 인류 역사는 병을 빼놓고는 이야기 할 수 없을 만큼 불가불리의 관계에 있다. 왜 하나님께서 이 세상에 병이 존재하도록 섭리하실까. 전지전능하신 하나님이시니까 병을 아주 없에 버리면 간단하지 않을까. 생각할 수도 있을 것이다. 여기에서 우리는 세상에 존재하는 모든 것이 하나님 편에서 보면 다 필요하다는 사실을 알아야 한다. 한마디로 말하면 병을 통해 하시는 일이 있다는 말씀이다.

예를 들면 병을 통해 데려 가시기도 하고 겸손하게도 만드시고 하던 일을 멈추게도 하시고 돈이 순환되게도 하시고 복음이 전파되게도 하신다. 그 밖에도 병을 통해 하시는 일이 많다. 하나님은 인류역사를 주관하심에 있어 지혜와 능력으로 행하신다. 사람들은 하나님의 깊은 뜻을 헤아리지 못하고 단순하게 생각하면서 하나님을 원망한다. 왜 하나님이 병을 주시고 또 약과 의사들을 내시는지 궁금하다. 아마 병만 없어도 인간들의 삶은 훨씬 더 행복해지고 상당히 수명도 늘어나게 될 것이다. 그러나 하나님은 그렇게 생각 하시지 않는다. 오히려 병이 있음으로 말미암아 행복을 누리고 있다는 것이다.

다시 말하면 어려움이 있어야 행복을 알지 평범하면 행복이 무엇인지 느낄 수 없다는 것이다. 또 장수하는 문제도 곰곰이 생각해 보아야 한다. 계속 태어나는데 적당한 때에 떠나 주지 않는다면 심각한 문제가 발생할 것이다. 의식주 문제뿐만 아니라 인구문제로 아우성을 칠 것이다. 하나님은 우주만물을 다스리실 때 모든 것을 감안하시고 최선의 길로 걸음을 인도하신다는 사실을 알아야 한다.

사람들은 각기 자기 입장에서 이야기를 하지만 전체를 내다 볼 수 있는 안목이 있어야 한다. 하나님은 인간들이 제한된 삶을 살도록 하시고 그 안에서 최선을 다 하도록 역사하신다. 물론 사람에 따라 만족한 삶을 살았다고도 하고 서운한 삶을 살았다고 아쉬워하는 사람도 있다. 하나님은 공평한 분이시다. 그래서 내세를 만드시고 현세에서 이루지 못한 것들이 이루어 지도록 하신다는 것이다. 만약 내세가 없다면 이 세상은 몹시 불공평한 세상이 되고 말 것이다.   어떤 사람은 내세를 모르고 이 세상에서 모든 것이 끝난다고 생각을 하고 수단 방법을 가리지 않고 몸부림을 친다. 그러나 하나님은 묵묵히 걸음을 인도하신다. 특히 신자들의 경우 내세를 확신하는 믿음을 주시고 겸손히 따르도록 은혜를 베푸신다.

아무도 하나님께서 왜 이렇게 세상을 다스려 나가시는지 깨닫지 못한다. 오직 신자들만 하나님의 뜻을 어느 정도 헤아릴 수 있을 뿐이다. 따라서 신자들은 겸손히 하나님의 뜻 가운데로 나가야 한다. 만일 신자들이 하나님의 뜻을 따르지 않으면 문제가 심각해 질 것이다.

하나님은 신자들을 통하여 세상을 다스려 나가신다. 그런데 신자들이 따라 주지 않으면 하나님은 다른 대책을 세우지 않으면 안될 것이다. 물론 하나님은 신자들이 따르도록 성령으로 역사하시기 때문에 문제가 되지 않지만 설사 불순종 한다 하더라도 대책이 있다는 말씀이다. 여기에서 우리는 하나님의 오묘한 섭리를 발견할 수 있어야 한다.

하나님은 인간들이 어떻게 나오느냐에 따라서 적절히 대응하신다. 따라서 하나님이 인도하실 때 순종하는 것 이상 좋은 방법이 없다. 그 이유는 무슨 일이든지 하나님의 뜻이 어디 계신지 먼저 헤아린 다음 인도하심을 받아야 되기 때문이다. 경우에 따라서는 하나님의 뜻을 헤아리지 못할 때도 있을 것이다. 그런 경우에도 하나님께 순종하면 문제가 간단히 해결될 수 있을 것이다. 사람들은 하나님의 일을 할 때 당황하거나 서둘기 쉽다. 침착하게 일을 추진하면 어려움 없이 처리 할 수 있을 것이다.

본문을 보면 왕의 신하가 예수님에게 나아와 죽게 된 아들의 병을 고쳐 달라고 요청하는 것을 알 수 있다. 그런데 예수님은 "가라 네 아들이 살았다"고 하실 뿐 달리 어떤 조치를 취하거나 하지 않으셨다. 여기에서 우리는 예수님의 능력을 엿볼 수 있다.

성경을 보면 기적이 많이 소개되고 있다. 특히 기적으로 병 고친 기사를 많이 접할 수 있는데 그만큼 병은 인류에게 있어서는 치명적인 것임이 틀림없다. 아무리 출세를 하고 부자라 해도 병에 걸리면 별 도리가 없다.

본문의 왕의 신하도 부러울 것이 없었을 것이다. 그러나 사랑 하는 아들이 죽을병에 걸리자 어쩔 줄 몰라 했을 것이다. 오죽하면 예수님을 찾아 병을 고쳐 달라고 애원을 했겠는가. 그는 예수님의 소문을 들었을 것이다. 사람이 죽게 되면 지푸라기라도 잡는다는데 예수님의 소문을 듣고 가만히 있을 수 있었겠는가. 체면이고 뭐고 없이 예수님에게 달려와 아들의 병을 고쳐 달라고 호소했다. 예수님은 왕의 신하에게 은혜를 베푸셨다. "예수께서 가라사대 가라 네 아들이 살았다 하신데 그 사람이 예수의 하신 말씀을 믿고 가더니 내려가는 길에서 그 종들이 오다가 만나서 아이가 살았다 하거늘 그 낫기 시작한 때를 물은즉 어제 제칠 시에 열기가 떨어졌나이다 하는지라 아비가 예수께서 네 아들이 살았다 말씀하신 그때인 줄 알고 자기와 그 온 집이 다 믿으니라"(50-53절).

왕의 신하의 가정은 병도 고침 받고 구원도 받았다. 지금도 많은 사람들이 병고침과 함께 구원받는 사례가 있다. 다만 신자들이 무심코 병고침을 통해 구원을 받지만 구체적으로 깨닫지 못하는 경우가 상당히 있다는 것이다. 병은 필요악이라고나 할까. 하나님은 병을 통해서 하시는 일이 많다.

사람들은 병이 없는 세상을 원한다. 그러나 하나님은 병을 없에시지 않고 약과 의사들을 내신다. 그래서 고칠 자는 고치시고 데려갈 사람은 데려 가신다. 얼마나 지혜롭게 세상을 이끌어 가시는가. 따라서 신자들은 하나님의 섭리를 겸손히 받아들여야 한다. 하나님은 온 우주 만물을 다스리시지만 그렇다고 해서 개개인의 사정을 무시하시는 분이 아니시다. 지금도 잊지 말아야 할 것은 하나님은 우리들의 작은 일까지도 모두 챙기신다는 사실을 알아야 한다.

눅12:7에 "너희에게는 오히려 머리털까지도 다 세신바 되었나니 두려워하지 말라 너희는 많은 참새보다 귀하니라"고 했다. 하나님을 깊이 알면 염려할 것이 없다.

사랑하는 성도 여러분! 왕의 신하는 예수님을 만나 아들의 병을 고침 받았다. 그뿐만 아니라 그와 온 집이 다 예수 그리스도를 믿고 구원까지 받게 되었다. 왕의 신하 아들이 병에 걸리지 않았더라면 이런 축복을 받지 못했을 것이다. 병 때문에 은혜 받은 사람이 상당히 많다. 따라서 우리는 세상을 긍정적으로 보아야 한다. 여러분 모두 세상을 아름답게 보고 승리하는 삶을 사시기 바란다.

51. 영을 따르는 자
롬 8:1-11

"하나님이 세상을 이처럼 사랑하사 독생자를 주셨으니 이는 그를 믿는 자마다 멸망하지 않고 영생을 얻게 하려 하심이라" 누구든지 예수 그리스도만 믿으면 구원을 받는다는 말씀인데 아직도 이 진리를 깨닫지 못하고 방황하는 사람들이 많다. 예수 그리스도를 믿으면 구원받는다는 진리는 간단한 것 같으면서도 어려운 말씀이다.

하나님이 이 진리를 깨닫게 하시려고 성경 66권을 주셨는데 이는 그만큼 예수 그리스도를 믿으면 구원 받는다는 진리가 간단하지 않다는 사실을 말해 주고 있다는 것이다. 요3:16은 함축적인 구원의 진리이다. 구원 받는데 이 한 절의 말씀만 필요하다면 굳이 다른 말씀들을 주시지 않았을 것이다. 성경 전체를 통해서 구원의 진리를 확실히 깨닫도록 은혜를 베푸시고 계시다는 사실을 깨달아야 한다. 그러므로 신자들은 성경을 부단히 읽고 깊히 연구해서 구원의 진리를 분명히 깨닫도록 하여야 한다. 성경을 부분적으로 아는데 그치게 되면 자칫 오해 할 수 있다.

여기에서 신자들이 주목해야 할 것은 성경을 아무리 많이 읽어도 성령님의 깨닫게 하시는 은혜가 함께 하지 않으면 아무 소용도 없다는 사실을 알아야 한다. 오늘 본문을 보면 "만일 너희 속에 하나님의 영이 거하시면 너희가 육신에 있지 아니하고 영에 있나니 누구든지 그리스도의 영이 없으면 그리스도의 사람이 아니라"고 증거하고 있다. 예수 그리스도를 믿는 믿음은 아무나 가질 수 없고 성령의 역사로 믿어지는 것을 의미한다.

그러므로 믿는 자들은 어떻게 살아야 하느냐, 말씀대로 살도록 역사 하시는 성령님의 인도하심을 따라 살아야 한다. 그런데 신자들이 모두 성령님의 인도하심을 따라 사는가. 그렇지 못하다는 것이 성경의 가르치심이다. 성령의 충만함을 받도록 노력하고 성령의 인도하심을 따라 산다고 하여도 온전히 죄를 떠나 살 수는 없다는 것이다.

신자들은 이 점을 각별히 유의해야 한다. 그래서 신자들이 실수 할 수 있고 죄가운데 떨어질 수도 있다. 하나님이 이것을 모르실리 없다. 신자들의 노력만으로 죄를 멀리하며 살 수 있다면 예수님의 십자가는 필요 없었을 것이다. 아무리 열심히 노력을 해도 죄를 전혀 않짓고 살 수 없다는 사실을 잊지 말아야 한다. 신자들이 겸손해야 할 이유가 여기에 있다. 지금 많은 사람들이 죄 문제를 해결 받지 못하고 죽음의 길로 달려가고 있지만 언제고 돌이키기만 하면 우리처럼 영생 구원을 얻을 수가 있다. 따라서 예수 그리스도를 영접하지 못한 자들이라 해도 업신여겨서는 안된다.

본문 5-6절을 보면 "육신을 따르는 자는 육신의 일을 영을 따르는 자는 영의 일을 생각하나니 육신의 생각은 사망이요 영의 생각은 생명과 평안이니라"고 하였다. 영을 따르는 자는 영원한 생명을 얻는다는 말이다.

왜 사람들이 천국에 가려고 하느냐 여기에는 두가지 의미가 있다고 할 것이다. 어차피 이 세상을 떠나가야 할 것이기 때문이라고 해야 할 것이다. 두 번째는 천국이 이 세상보다 더 좋다고 생각되기 때문이다. 그럼에도 불구하고 세상이 조용히 유지되는 것은 사람들이 본능적으로 살고 싶어 하도록 섭리하시기 때문이다. 하나님은 이 세상을 아무도 이해할 수 없는 방법으로 다스리신다. 너무나도 오묘하고 신비하기 때문에 아무도 측량할 수 없다. 이는 모든 사람들로 하여금 겸손케 하시려는 하나님의 은혜이다.

하나님은 사람들에게 은혜 베푸시기를 원하신다. 다만 겸손한 자에게 은혜가 주어지는데 이는 은혜를 사모하는 삶을 살도록 하시려는 뜻이 계시기 때문이다. 사람마다 특색이 있는데 겸손한 자가 있는가 하면 교만한 자도 있고 부드러운 자가 있는가 하면 강퍅한 자도 있다. 그런데 예수 그리스도를 믿으면 모두가 겸손해 지고 부드러워 진다. 성령님께서 그렇게 만드신다. 그래야 하나님께서 영광을 받으실 수 있기 때문이다. 성령의 열매를 맺지 아니하는 사람은 문제가 있다고 할 수 있다. 나무는 열매를 보면 알 수 있다. 스스로를 돌이켜 보시기 바란다. 신앙생활을 열심히 하면 누구나 성령의 열매를 맺을 수 있다.

최근들어 교회에 안타까운 현상들이 나타나고 있는데 기도는 뒷전이고 인간적인 방법으로 교회 부흥을 도모하려는 자들이 상당히 있다는 것이다. 교회가 사람의 노력과 희생을 필요로 하지만 근본적으로는 성령의 충만한 역사가 있어야 부흥된다. 하나님은 신자들이 흔들리지 않는 믿음을 가지고 하나님을 따르기를 바라신다. 인내하는 믿음 없이는 교회 부흥을 기대할 수 없다.

많은 사람들이 신앙생활을 하면서 하나님의 기적을 꿈꾸지만 아무나 기적을 체험하게 하시지는 않는다. 사람들이 성경을 볼 때 어떤 부분은 이해가 가고 어떤 부분은 전혀 이해가 가지 않는다고 한숨을 쉰다. 그런데 이상한 것은 성경을 100% 다 아는 사람은 없다는 사실이다. 끊임없이 연구하고 노력해서 진리를 더욱 깊이 깨닫도록 해야 할 의무가 신자들에게 있다는 사실을 알아야 한다.

하나님은 성경을 주실 때 깨닫는 만큼 은혜를 받도록 하셨다는 것을 잊지 말아야 한다. 성경을 100% 깨닫게 된다면 매우 교만해 질 것이다. 하나님은 인간들을 다 아시기 때문에 언제 어떻게 성경을 주어야 되는지 감안 하시고 걸음을 인도하셨다는 것이다. 오늘날 수많은 신자들이 천국을 向해 달려가고 있지만 하나님이 어떻게 인도하시는지를 알고 가는 사람은 하나도 없다. 다만 성령님께서 확신을 주시기 때문에 믿고 따른다고 할 수 있다. 지나치게 신앙생활에 민감한 반응을 보이지 않아도 구원에서 떨어 지거나 하나님의 책망을 받거나 하지 않는다는 것이다.

왜 하나님이 신자들에게 믿음을 요구하시는지 생각해 볼 필요가 있다. 믿음이 있어야 하나님을 의지하기 때문이다. 하나님을 의지하는 사람은 사람을 의지하지 않는다. 사람이 사람을 의지하면 하나님께 영광을 돌리지 않는다. 그러나 하나님을 의지하는 사람은 비록 사람을 통해서 도움을 받거나 해도 하나님께서 하신 일인 줄 믿고 하나님께 영광을 돌린다는 것이다.

오늘날 많은 사람들이 하나님께 영광을 돌리려고 애를 쓰고 있다. 문제는 참된 믿음을 소유하고 있느냐는 것이다. 하나님을 부분적으로 알게 되면 상충되는 경우가 발생되기 때문에 성경을 전체적으로 알 수 있도록 노력해야 한다. 성령을 따르는 자들은 한결같이 성경을 믿고 따른다. 이것이 믿음이다.

누구든지 성경을 모르고 예수 그리스도를 믿는다고 말한다면 모순이라고 할 수 있다. 물론 문맹 신자도 있다. 글을 모르는데 성경을 어떻게 알 수 있느냐고 하겠지만 그렇지 않다. 문맹자도 교회에 나오면 설교를 듣고 구원의 진리를 깨달을 수 있다. 하나님은 중심을 보시기 때문에 진심으로 구원을 사모하기만 하면 구원에 필요한 말씀을 듣게 하시고 인도 하신다.

사랑하는 성도 여러분! 영을 따르는 자들은 세상을 자기 뜻대로 살지 않는다. 성령님께서 오묘하게 역사하셔서 하나님의 뜻을 따라 살게 하신다. 그럼에도 불구하고 사람들은 그렇게 생각하지 않는다는 것이다. 그래서 세상이 신비하다는 것이다. 아무도 세상을 내다 볼 수 없지만 한 가지 잊지 말아야 할 것은 미래를 염려 할 필요가 없다는 것이다. 하나님의 철저한 계획 속에 진행되고 있기 때문이다. 겸손한 마음으로 하나님께 순종하기만 하면 극상품의 열매를 맺게 하신다.

여러분 모두 최후 승리자들이 되시기를 기원한다.

52. 복음 전도
롬 10:8-15

하나님은 인생들이 어둠 속을 방황하면서 멸망 길로 치닫는 것을 보시고 몹시 안타깝게 여기신다. 아무도 구원 받을 자가 누구인지 알지 못하지만 사람들은 구원이 있다는 사실을 의심하지 않고 하나씩 둘씩 모여든다. 여기에서 우리는 교회가 왜 존재해야 하는지 그 이유를 알아야 한다. 문제는 과연 하나님이 계시는지 그 존재 여부에 따라 결론을 내릴 수 있다고 할 수 있다.

하나님의 존재를 믿는 자들은 구원을 믿는다. 반대로 하나님의 존재를 부인하는 자들은 구원도 믿지 않는다. 그래서 교회는 하나님의 존재를 믿는 자들이 모인 공동체이다. 어떤 사람은 하나님이 있다면 세상이 왜 이렇게 어수선 하냐고 질문을 던진다. 어수선 하니까 하나님이 필요하지 모든 것이 아무 문제가 없다면 하나님도 필요 없다고 할 것이다. 신자들은 이 사실을 담대히 전할 수 있어야 한다.

성경을 보면 "너희는 온 천하에 다니며 만민에게 복음을 전파하라"(막 16:15)고 기록되어 있다. 왜 하나님이 신자들에게 복음을 전하라고 강조하시는지 깨달아야 한다. 그만큼 중요하기 때문이다. 사람들은 모두 가치관을 가지고 산다. 무엇에 가치를 두느냐에 따라 그 사람이 달라진다. 냉정히 분석해 보면 복음보다 더 가치 있는 것이 없다고 할 것이다. 영생보다 더 중요한 것이 어디 있겠는가.

많은 사람들은 눈에 보이는 현실을 중요시 한다. 그러나 이 현실은 누구에게나 한계가 있다. 다 죽지 않는가. 우리가 예수 그리스도를 믿게 되면 전혀 새로운 세계가 있음을 체험하지 않는가. 믿음만 가지면 세상을 이겨 나갈 수 있고 천국에도 들어갈 수 있다. 그런데 사람들은 현실을 앞세운다. 현실만 추구하게 되면 현실에 초점을 맞출 수 밖에 없다.

역사이래 수많은 사람들이 두 갈래의 삶을 살았다. 현세와 내세의 삶 중 어느편이 중요한지 단적으로 말할 수 없다. 다만 어느 한 편에 치우치지 말고 성실히 살아야 할 것이다. 아무리 구원 받은 신자라 해도 그 구원이 현세에서 결정된다는 사실을 깨닫는다면 현세를 소홀히 생각할 수 없을 것이다. 뿐만 아니라 현세의 행위에 따라 내세의 상급이 결정된다는 것이다.

마6:20-21을 보면 "오직 너희를 위하여 보물을 하늘에 쌓아 두라 거기는 좀이나 동록이 해하지 못하며 도적이 구멍을 뚫지도 못하고 도적질도 못하느니라 네 보물 있는 그곳에는 네 마음도 있느니라" 하였다. 신자들이 해야 할 일이 많지만 그 중 가장 우선해야 할 일이 있다면 복음 전도일 것이다. 복음 전도는 우리의 사명이다. 구원 받은 신자는 누구나 복음 전도의 사명을 가지고 있다는 사실을 알아야 한다.

본문을 보면 "네가 만일 네 입으로 예수를 주로 시인하며 또 하나님께서 그를 죽은 자 가운데서 살리신 것을 네 마음에 믿으면 구원을 얻으리니 사람이 마음으로 믿어 의에 이르고 입으로 시인하여 구원에 이르느니라" 하였다.

예수님의 공생애 시작 첫 일성은 "회개하라 천국이 가까웠느니라" 이다.

왜 복 받으라고 하시지 않고 회개하라고 하셨을까. 회개하고 예수 그리스도를 믿는 것이 복이기 때문이다. 신자들이 복 받기를 원한다. 하나님이 모르실 리 없다. 모든 일에는 순서가 있다. 회개 없이 복 받으려는 사람은 더러운 그릇에 밥을 달라고 하는 것이나 다름없다. 아무도 자신을 깨끗게 하지 않고서는 하나님의 은혜를 입을 수가 없다.

하나님은 신자들이 은혜를 구하면 먼저 은혜를 받을 만한 사람이 되도록 역사하신다. 그리고 복을 주신다. 사람들은 자신이 어떤 상태에 있는지 잘 모른다. 그래서 하나님은 은혜를 구하는 자녀들에게 자신이 지금 무슨 문제가 있는지 돌아 보도록 인도하신다. 어떤 사람은 이러한 진리를 모르고 조급하게 복을 달라고 조르는데 그런 사람은 복을 주어도 유지하지 못한다는 사실을 알아야 한다.

잠16:7을 보면 "사람의 행위가 여호와를 기쁘시게 하면 그 사람의 원수라도 그로 더불어 화목하게 하시느니라"고 했다. 그만큼 사람의 행위가 중요하다는 것이다. 행위가 바르지 못한 사람에게 복을 주시면 그 복이 복되지 못할 것이다. 따라서 하나님은 따르는 자녀들이 먼저 변화되게 하시고 복을 주신다는 사실을 알아야 한다.

구하면 받는다. 다만 때가 되어야 한다는 것이다. 인내하는 믿음을 가져야 한다. 요셉은 억울한 일을 많이 당했지만 꾹 참고 때를 기다렸다. 하나님을 바라보면서 기다릴 줄 아는 자세가 필요하다. 복음 전도도 마찬가지이다. 왜 간절히 기도하는데 응답이 없느냐고 안타까워 할 필요가 없다. 하나님은 우리의 기도를 들으시고 걸음을 인도하신다.

많은 사람들이 기도하고 있다. 그러나 복음 전도를 위한 기도는 많을수록 좋다고 할 수 있다. 예수님의 제자들은 기도의 필요성을 깊이 인식하고 기도에 힘썼다. 복음 전도는 기도 없이는 불가능하다. 기도로 성령의 도우심을 받아야 한다. 문제는 이웃을 불쌍히 여기는 마음이 있어야 한다는 것이다.

초대 교회 성도들은 모두 간절히 기도하면서 복음을 전했다. 마치 복음을 위해 태어난 것처럼 힘썼다. 신자들이 기도할 때 잊지 말아야 할 것은 복음을 전할 수 있도록 은혜를 구해야 한다는 것이다. 하나님은 한 영혼이 회개하고 돌아오는 것을 귀히 여기신다.

사랑하는 성도 여러분, 이 세상에 태어나서 가장하고 싶은 일이 무엇인가. 제각기 답이 다를 것이다. 인류 역사를 살펴보면 각양각색의 사람들이 등장했다 사라졌다. 그런데 한 가지 이상한 것은 세월이 흐름에 따라 다 잊혀 진다는 것이다. 아마 기록으로 남겨 둔다면 좀 오래 갈 것이다. 그래서 역사에 남는 삶을 살려고 한다. 그러나 그 기록도 오래 가지는 못한다.

한 가지 추천하고 싶은데 복음을 전하라는 것이다. 복음 전도는 하늘나라 생명책에 기록된다. 영구히 지워지지 않고 여러분들이 천국에 가면 상급을 받는 근거가 된다. 여러분 모두 복음 전도로 승리하는 삶 사시기를 바란다.

53. 그리스도 예수 안에 있는 자

롬 8:1-11

우리들은 때로 하나님을 깜박 잊고 지낼 때가 있다. 아무리 하나님이 함께 계셔도 본인이 느끼지 못한다면 별 의미가 없을 것이다. 왜냐하면 하나님은 함께 하신다는 확신을 가질 때에 역사하시기 때문이다.

본문을 보면 "그러므로 이제 그리스도 예수 안에 있는 자에게는 결코 정죄함이 없나니 이는 그리스도 예수 안에 있는 생명의 성령의 법이 죄와 사망의 법에서 너를 해방하였음이라"고 증거 하고 있다. 죄와 사망의 법은 죽음을 가리키는데 한마디로 말하면 성령님께서 죽음에서 해방시키셨다는 것이다. 사람은 누구를 막론하고 죽음을 면치 못하게 되어 있다. 그런데 예수 그리스도를 믿게 되면 그 죽음에서 해방이 된다는 것이다. 여기에서 신자들은 죽음을 두려워 하지 않고 살 수 있다는 결론을 얻게 된다. 만일 신자들이 죽음을 초월하여 살지 못하면 아무도 예수 그리스도를 믿고 따르지 않을 것이다.

기독교는 순교를 최고의 헌신으로 여기고 있는데 영생이 없다면 누가 자기 목숨을 내어 놓겠는가. 간혹 신자들 중에는 순교까지는 아니라 할지라도 세상 사람들이 이해하지 못할 정도로 헌신하는 사람들이 상당히 있다. 물론 다른 종교에서도 그런 현상은 간혹 있다. 그러면 그들도 영생을 얻었단 말인

가. 그렇지 않다. 아무리 헌신을 하고 심지어 목숨을 내어 놓기까지 해도 영생은 주어지지 않는다. 예수 그리스도를 믿는 믿음이 없이는 그 누구도 영생을 얻을 수 없다고 이미 말하였다. 사도 바울이 이 진리를 깨닫고 외치기를 "오직 믿음" 이었다

성도들은 왜 하나님께서 구원을 주셨으면 구원 받은 자로써 하나님께 영광을 돌리도록 하시지 않고 일일히 간섭하셔서 제약된 삶을 살게 하시는지 알 수 없다고 불평도 한다. 그러나 주 안에서의 제약은 제약이라기보다 삶의 방법을 가르쳐 주신다고 해야 할 것이다. 기독교인은 자유인이다. 말씀에 순종하라고 하는 것은 그 말씀에 순종할 때 복을 받고 하나님께 영광을 돌리게 된다는 것이다. 지금 세상 사람들이 제 멋대로 살고 있는데 이는 저주받은 인간들이 사랑을 모르고 자기중심적으로 살고 있기 때문에 하나님께 영광을 돌리지도 못하고 또 복도 받지 못하는 것이다.

세상 사람들과 신자들은 가는 길이 다르기 때문에 상호 비교할 수 없다. 따라서 신자들은 겸손히 하나님께서 인도하시는 대로 좇아서 영광을 돌려야 한다. 물론 하나님께 큰 영광을 돌리는 사람이 있고 그렇지 못하는 사람도 있다. 하나님은 두 달란트 받은 자에게 왜 두 달란트만 남겼느냐고 묻지 않으셨다. 미루어 보건대 하나님은 공평한 하나님이심이 분명하다. 그럼에도 불구하고 사람들은 하나님이 공평하지 못하다고 섭섭하게 생각할 때가 있다.

하나님은 종합적으로 보실 뿐만 아니라 미래까지도 내다보시기 때문에 어느 한 시점만 보면 하나님이 불공평하게 보일 수도 있다. 어떤 사람은 하나님을 섬길 때 겸손히 섬기기도 하고 또 어떤 사람은 다소 불평하면서 섬기기

도 한다. 물론 모두가 겸손히 하나님을 섬겨야 마땅하지만 그러나 하나님은 모두를 받아 주시면서 변화되기를 원하신다. 하나님께서 신자들에게 요구하시는 것이 있다면 참고 기다리면 때가 이르매 깨닫게 되고 열매도 맺게 될 것이라는 것이다.

요셉이 젊은 나이에 죽을 고비를 넘기고 감옥 생활까지 했지만 하나님께서 붙드셔서 애굽의 총리까지 되지 않았는가. 누가 요셉의 앞날을 내다 볼 수 있었는가. 하나님은 묵묵히 이끌어 가시지만 사람들은 조급함을 참지 못하고 이러 쿵 저러 쿵 근심이 많다. 누구든지 마음의 평안을 얻으려면 굳건한 믿음이 있어야 한다. 전지전능하신 하나님 지혜와 능력과 사랑의 하나님을 믿는다면 무엇이 두려울 것이 있고 염려할 것이 있단 말인가. 하나님은 믿음이 약한 자를 보시고 안타까워하신다.

사41:10을 보면 "두려워 말라 내가 너와 함께 함이니라 놀라지 말라 나는 네 하나님이 됨이니라 내가 너를 굳세게 하리라 참으로 너를 도와주리라 참으로 나의 의로운 오른 손으로 너를 붙들리라"고 하셨다.

본문 9절을 보면 "만일 너희 속에 하나님의 영이 거하시면 너희가 육신에 있지 아니하고 영에 있나니 누구든지 그리스도의 영이 없으면 그리스도의 사람이 아니라"고 하셨다. 성령이 내주하시는 사람은 그리스도인이라는 말이다. 사람들은 영의 세계를 잘 모르기 때문에 어떻게 성령님께서 내 안에 들어와 계신다는 말인가 하고 고개를 갸우뚱 하기도 한다. 물론 눈에 보이지 않기 때문에 설명하기가 다소 어렵다고 할 수도 있겠지만 그러나 나타나는 증상을 보아 얼마든지 판별할 수 있다.

성령이 내주하시는 사람은 우선 교회에 나온다. 또 주일을 지키고 헌금을 하며 복음을 전하기에 힘쓴다. 성경 말씀에 순종하려고 노력한다. 예수 그리스도를 믿고 따른다. 주를 위해 헌신하고 희생한다. 그밖에도 사랑의 사람으로 변해 간다든지 증상은 많다. 뿐만 아니라 기도의 응답 성령 체험 등이 있는데 성령이 내주하시는 사람은 스스로 성령이 내주하심을 확신하고 의심하지 않는다는 사실이다.

하나님께서 신자들에게 은혜를 베푸실 때 각기 형편과 처지를 좇아 베푸시기 때문에 아무도 은혜를 더 받았다 덜 받았다 할 수 없을 것이다. 만약에 하나님이 은혜를 베푸실 때 차별을 두신다면 불공평하다고 원망을 들을 것이다.

사람들은 저 사람은 기도를 많이 하니까 은혜를 많이 받을 것 이라고 하기도 한다. 왜 그런 소리가 나오는지 한 번 생각해 볼 필요가 있다. 하나님은 기도를 들으실 때 응답하시는 것은 사실이지만 그렇다고 기도를 못하는 사람에게 아무 것도 주시지 않는 것은 아니다. 다만 기도하고 받는 사람은 기도를 했기 때문에 주신 것이라고 믿기 때문에 더욱 기도에 힘쓰게 되고 믿음도 성장하게 되고 하나님께 영광도 돌린다. 그러나 기도 없이 받은 사람은 기도의 필요성을 느끼지 못하기 때문에 점점 기도를 멀리 하게 되고 그만큼 믿음이 약해지고 하나님께 영광도 돌리지 못하게 된다.

사랑하는 성도 여러분, 왜 성령님께서 신자들 속에 계시면서 걸음을 인도하시는지 깨달아야 한다. 첫째, 신자들이 성령의 내주하심을 알아야 구원의 확신을 가질 수 있기 때문이다. 둘째, 아무리 성령께서 내주하셔도 눈에 뜨이게 성령의 역사가 나타나지 않으면 내주 효과가 없기 때문이다. 그래서 성령님께서 내주하셔서 걸음걸음 인도하시지 않으면 안된다는 것이다.

만일 아무런 외적 증거가 나타나지 않으면 아무도 성령의 내주하심을 믿으려 들지 않을 것이다. 신자들은 성령의 역사와 성령의 내주하심을 같은 것으로 여기기 때문에 성령의 내주는 반드시 외적으로 나타나야 한다. 여러분 모두 성령의 내주하심을 믿고 인도하실 때 순종하시기 바란다.

54. 셋째 하늘에 이끌려 간 사람

고후 12:1-9

사람은 자기중심적으로 살기 때문에 여러 사람이 모여 의견을 수렴 하기란 그리 쉽지 않다는 사실을 알아야 한다. 그래서 나온 것이 다수결의 원칙이다. 그러나 이 원칙도 모순이 많다. 다수보다 한 사람의 의견이 나을 때가 많다. 더 이상 의견 수렴의 방법이 없기 때문에 다수결의 원칙을 적용하고 있기는 하지만 다수의 의견이라고 해서 최선이라고 할 수는 없다. 어떤 사람은 교회에서도 다수결의 원리를 따라야 한다고 목청을 높인다.

민수기 13장을 보면 이스라엘 지파 열두 명이 가나안 땅을 정탐케 하는 사건이 기록되어 있다. 그런데 여호수아와 갈렙 두 명만 가나안 땅을 칠 수 있다고 주장하고 나머지 열 명은 이에 반대했다. 이때 하나님은 열 명의 의견을 반대하고 여호수아와 갈렙의 의견을 받아들여 가나안 땅을 치게 하셨다. 성경은 다수의 의견을 따르지 않고 두 사람의 의견을 좇아 가나안 땅을 취했다.

오늘은 왜 하나님께서 인간들에게 성경을 주셨는지 생각해 보는 시간을 갖고자 한다. 성경은 기록된 하나님의 말씀이다. 성경을 자세히 살펴보면 인간의 깊은 내면을 들여다 볼 수 있다. 거기에는 사랑이 있고 눈물이 있고 고

난도 있고 축복도 있고 저주도 있다. 그러나 하나님은 모든 것이 합력하여 선을 이루도록 역사를 이끌어 가신다는 것이다.

많은 사람들이 등장했다가 사라지는데 아무도 인생의 근본 문제를 해결하지 못하고 역사의 뒤안 길로 자취를 감춘다. 여기에서 우리는 인간 문제 해결의 열쇠가 인간에게 주어져 있지 않다는 사실을 알아야 한다. 성경을 보면 인간 문제 해결의 열쇠가 하나님에게 있다고 가르쳐 준다. 이 말씀을 믿고 자기 문제를 하나님께 맡기고 사는 자들이 신자들이다. 하나님께서는 신자들이 어떤 문제든 가지고 나오면 기쁘게 받으시고 해결해 주신다.

마11:28을 보면 "수고하고 무거운 짐 진 자들아 다 내게로 오라 내가 너희를 쉬게 하리라"고 증거하고 있다. 그런데 이상한 것은 사람들이 성경 말씀을 믿지 않는다는 것이다.

오늘 본문 말씀은 사도 바울이 셋째 하늘에 이끌려 간 경험을 이야기 하고 있다. 낙원에 이끌려 가서 상상조차 할 수 없는 말을 듣고 보았다는 것이다. 하늘나라는 감추어져 있다고 할 수 있다. 그렇다면 왜 사도 바울에게는 보여 주셨을까. 거기에는 그만한 뜻이 계시다고 할 수 있다. 사도 바울은 선교 사역을 위하여 부르심을 받은 사명자 이다. 하나님께서 그에게 주신 사명을 잘 감당토록 필요한 은사들을 주셨다는 사실을 잊지 말아야 한다. 심지어 삼층 천까지 보여 주셨는데 이는 확신을 가지고 사명을 감당케 하시려는 하나님의 배려라고 할 수 있다.

하나님은 사명에 걸맞는 은사들을 주신다는 사실을 알아야 한다. 따라서 다른 사람이 은사를 받았으니 내게도 주시옵소서 해서는 안된다는 것이다. 먼저 주신 사명을 깨닫고 그 사명을 감당할 수 있도록 필요한 은사를 달라고 구하는 것이 마땅하다. 한 가지 잊지 말아야 할 것은 사명자들에게는 반드시 은사가 주어진다는 사실을 알아야 한다.

지금 많은 사람들이 사명을 감당하려고 애를 쓰고 있다. 그런데 이상한 것은 수고한 만큼 비례해서 효과가 나타나지 않는 다는 것이다. 또 어떤 때는 오히려 역효과를 내기도 한다. 다시 말하면 하나님의 일은 인간의 노력에 의해 좌지우지 되지 않는다는 것이다. 물론 인간의 노력이 필요하다. 그러나 성령의 인도하심에 따른 노력이어야지 성령의 역사 없는 노력은 헛수고라는 것이다.

역사상 구원의 노력은 그치지 않고 있다. 그렇지만 계속해서 신자가 불어나는 것은 아니다. 일진일퇴를 거듭하면서 구원의 역사는 진행되어 나간다. 이 점을 명심하고 낙심하지 말고 인내하면서 사명을 감당해 나가야 한다. 하나님의 역사하심은 깊고 오묘하기 때문에 아무나 측량할 수 없다.

하루는 신앙생활을 열심히 하는 한 형제가 하나님께 여쭈었다. 하나님, 하나님은 능치 못한 일이 없으신데 왜 세상에 불구자가 태어나도록 섭리하십니까? 하나님이 정색을 하시면서 건강한 사람이 도와주고 서로 사랑하며 같이 하나님께 감사와 영광을 돌리게 하려는 것이지. 그가 다시 여쭈었다. 왜 어떤 사람은 장수하고 어떤 사람은 일찍 죽습니까? 거기에는 그만한 뜻이 있다네. 모두가 장수하거나 모두가 단명하면 삶의 애착이 사라지고 죽음을 맞는 자세 또한 악해질 것이기 때문에 죽음을 비밀로 하여 끝까지 최선을 다하는 삶을 살게 하려는 것이라네.   지금 많은 사람들이 경주하듯 세상을 살고 있지만 한 가지 잊지 말아야 할 것은 모두에게 죽음이 주어져 있다는 사실이다. 그런데 이상한 것은 아무도 죽음을 피하려고 하지 않는다는 것이다. 생명을 연장하려고 애는 쓰지만 죽음을 부인하지는 않는다. 여기에서 우리는 죽음을 뛰어 넘는 발상을 갖지 않으면 신앙생활을 할 수 없다.

하나님은 성경을 통해 영생을 가르쳐 주고 있다. 믿는 자는 영생을 얻을 것이요 믿지 않는 자는 멸망할 것이다. 역사상 수많은 사람들이 영생을 갈망 했지만 구원의 길을 발견한 사람은 그리 많지 않다. 하늘나라는 이 세상과 비교할 수 없다. 왜냐하면 영의 세계와 육의 세계는 반대되는 속성을 가지고 있어서 상호 비교가 쉽지 않다.

사람이 장수하는 것도 반드시 복이라고 할 수는 없다. 고통이 수반되지 않 는 장수라야 복이지 고통 중에 장수한다면 진정한 복이라고 할 수 없을 것이 다. 한 가지 알아야 할 것은 나를 위한 삶보다 하나님을 위한 삶을 살 때 참된 행복을 느낄 수 있다는 것이다. 따라서 최고의 행복은 순교라는 사실을 알아야 한다. 사도 바울은 순교를 각오하고 복음을 전한 사람이다. 행 20:24을 보면 "내가 달려갈 길과 주 예수께 받은 사명 곧 하나님의 은혜의 복음을 증언 하는 일을 마치려 함에는 나의 생명조차 조금도 귀한 것으로 여기지 아니하노라"고 고백하고 있다. 복음 전도를 생명보다 더 귀히 여길 때 복음의 능력이 나타난다는 사실을 알아야 한다. 하늘나라를 가고 싶어 하는 사람은 많지만 믿음으로 준비하는 사람은 적다. 그만큼 믿음이 깊은 사람 이 드물다는 것이다. 하나님을 만난 사람은 믿음이 깊어지고 흔들리지 않는 다. 하나님을 성실히 믿고 따르는 자들을 하나님은 만나주신다. 하나님을 일 부러 만나려고 신경 쓸 필요가 없다. 열심을 품고 하나님을 섬기면 먼저 찾 아 주신다.

사랑하는 성도 여러분, 삼층 천에 다녀온 사도 바울이 왜 뒤늦게 이 사실을 간증 했을까요. 고린도 교회 성도들이 확신을 가지고 신앙생활을 하도록 강조하려는 의미가 있다. 사도 바울의 간증은 매우 충격적인 것이었다. 천국을 보고 왔다는 사실은 머뭇머뭇하던 신자들의 마음을 돌려놓기에 충분했다.

복음을 전하는 사람은 듣는 자들이 확신을 가지도록 담대히 복음을 전하도록 해야 한다. 그런데 사람들은 하나님의 말씀을 들을 때 하나님께서 내게 주시는 말씀으로 들어야 하는데 특별히 감동되는 말씀만 하나님께서 주시고 다른 말씀은 하나님께서 주시는 말씀으로 여기지 않는 경향이 있다. 그리고 삶 가운데 하나님의 말씀을 비추어 보는 자세를 가지게 되면 설교 말씀을 들을 때 과연 하나님께서 인도하셨는지 깨달을 수 있다는 사실을 알아야 한다. 그래서 신자들의 삶은 말씀으로 인도하심을 따르는 삶이 될 때 복을 받게 되고 하나님은 영광을 받으신다는 것이다.

여러분 모두 말씀에 순종 하여 복 받는 삶 사시기를 기원한다.

55. 사도 바울이 구하는 것

엡 3:14-21

사도 바울은 은혜를 구할 때 하나님께서 반드시 응답 주시리라는 확신을 가지고 구했다는 사실을 알 수 있다. 아무리 유창하게 기도를 해도 응답을 받지 못한다면 헛수고에 불과할 것이다. 우리의 기도는 눈에 띄게 응답되기도 하고 은밀한 중에 응답되기도 한다. 다만 잊지 말아야 할 것은 믿음으로 드리는 기도는 모두 응답된다는 사실이다.

기도자는 하나님 앞에서 기도하고 있다는 사실을 잊지 말아야 한다. 따라서 중언부언 하거나 형식적인 기도를 드려서는 안된다. 하나님은 신자들을 향해 쉬지 말고 기도하라고 가르치신다. 그만큼 기도가 필요하기 때문이다. 기도 없는 신자는 아무 능력도 나타낼 수 없다. 하나님을 사랑하는 자는 기도에 힘쓰는 자이다. 기도로 승리한 예가 성경에 많이 나와 있다.

출17:8절 이하를 보면 이스라엘과 아말렉이 르비딤에서 싸운 기록이 나와 있다. 여호수아는 아말렉과 싸우고 모세는 산에 올라가 기도를 했는데 "모세가 손을 들면 이스라엘이 이기고 손을 내리면 아말렉이 이기더니"(11절)라고 말씀하고 있다. 모세가 기도 하는대로 전쟁의 승패가 좌우 되었다는 것이다.

또 왕하19:14-19을 보면 앗수르 왕이 보낸 랍사게가 유다 왕 히스기야에게 하나님을 조롱하는 편지를 보낸 것을 알 수 있다. 히스기야는 그 편지를 여호와 앞에 펴 놓고 기도 하기를 "여호와여 귀를 기울여 들으소서 여호와여 눈을 떠서 보시옵소서 산헤립이 살아 계신 하나님을 비방하러 보낸 말을 들으시옵소서... 우리 하나님 여호와여 원하건대 이제 우리를 그의 손에서 구원하옵소서 그리하시면 천하 만국이 주 여호와가 홀로 하나님이신 줄 알리이다" 했다. 이에 하나님은 선지자 이사야를 통해 "앗수르 왕을 가리켜 이르시기를 그가 이 성에 이르지 못하며 이리로 화살을 쏘지 못하며 방패를 성을 향하여 세우지 못하며 치려고 토성을 쌓지도 못하고 오던 길로 돌아가고 이 성에 이르지 못하리라" 하셨다.

하나님은 히스기야의 기도를 들으시고 여호와의 사자를 보내어 앗수르 군사 십팔만 오천 명이 전멸되게 하셨다. 하나님을 의지한 히스기야는 화살 하나 쏘지 않고 전쟁에서 승리할 수 있었다. 여기에서 우리는 하나님을 전적으로 믿는 믿음을 갖게 되면 엄청난 능력을 나타낼 수 있다는 사실을 알 수 있다. 또한 어떤 문제에 부딪힐 때 먼저 하나님과 상의하는 자세를 가져야 한다는 것이다.

사도 바울은 에베소 교회에 보내는 편지에서 자신이 어떻게 기도를 하고 있는지 보여 주고 있다. 다시 말하면 에베소 교회의 성도들이 무엇이 필요한지 지적하고 있다는 것이다. 먼저 하나님께 무릎을 꿇고 기도 한다고 했다. 겸손한 마음으로 간절히 기도하라는 것이다. 에베소 교회가 예수 그리스도 안에서 측량할 수 없을 만큼 부요한 삶을 누리면서도 그것을 깨닫지 못하고 영적인 가난뱅이로 살고 있다는 것이다.

두 번째는 성령의 역사로 말미암아 성도들의 속사람이 강건해 지도록 기도

하고 있다. 성도들은 속사람 다시 말하면 영혼이 강건하여야 한다는 것이다. 요한3서 2장을 보면 "사랑하는 자여 네 영혼이 잘됨 같이 네가 범사에 잘되고 강건하기를 내가 간구하노라"고 말씀하고 있다. 교회는 성도들의 영혼이 잘 되도록 이끌어 주는 기관이다. 영혼이 잘 된다는 말은 은혜를 받고 하나님과 교통하는 것을 가리킨다. 찬송과 기도와 말씀으로 하나님과 교통하는 신자는 성령의 열매를 맺게 된다. 그러므로 신자들은 부단히 하나님과 교통하여 영혼과 육체가 강건케 되는 은혜를 받아야 할 것이다.

세 번째는 믿음을 강조 하고 있다. 믿음이 있어야 예수 그리스도께서 우리 마음에 계신다는 것이다. 믿음의 유무를 보려면 내 안에 예수 그리스도께서 계신지 확인 해 보아야 한다. 다시 말하면 예수 그리스도가 나의 주인인지 아닌지 여부를 보아 알 수 있다는 것이다. 그런데 한 가지 주의할 것은 예수 그리스도를 믿는다고 하면서 내 마음대로 사는 사람이 있다는 것이다. 이런 사람은 주인이 나라는 것이다. 물론 믿음이 약하고 하나님을 잘 모를 때 그럴 수도 있을 것이다. 그런데 하나님은 작은 믿음의 소유자라도 하나님을 따르게 하신다는 것이다.

예를 들면 주일을 성수하도록 이끄신다는 것이다. 주일 성수로부터 시작해서 점점 더 예수 그리스도를 깊히 알도록 인도하신다는 것이다. 사도 바울은 에베소 교인들이 그리스도의 사랑을 알도록 기도 한다. 신자들은 그리스도께서 나를 얼마나 사랑하시는지 깨달아야 한다. 예수 그리스도의 십자가 사랑을 깨닫지 못하면 예수 그리스도를 따라 갈 수 없다. 예수 그리스를 따라 갈 수 있는 힘은 예수 그리스도의 십자가 사랑에서 나온다. 어떠한 고난도 그리스도의 십자가 사랑을 생각하면서 극복해 나갈 수 있는 것이다.

그래서 사도 바울은 에베소 교인들이 그리스도의 사랑을 알도록 기도했던 것이다.

본문 19절을 보면 "그 너비와 길이와 높이와 깊이가 어떠함을 깨달아 하나님의 모든 충만하신 것으로 너희에게 충만하게 하시기를 구하노라"고 했다. 하나님의 사랑은 인간의 언어로는 표현하기가 어렵다. 왜냐하면 인류가 지은 모든 죄를 대속하는 차원이기 때문에 형용할 수 없기 때문이다. 그럼에도 불구하고 사도 바울은 그리스도의 사랑을 너비와 길이와 높이와 깊이 측면에서 생각했다. 너비는 모든 인류를 감싸 안는 사랑이라고 할 수 있고 길이는 종말 때 까지 변함 없는 사랑 이라고 할 수 있고 높이는 하나님께 연결되는 사랑이라고 할 수 있고 깊이는 지옥에까지 닿는 사랑이라고 할 수 있다. 이렇게 사도 바울은 하나님의 사랑에 대해 구체적으로 깨닫고 있었다. 우리가 하나님의 사랑을 구체적으로 깨닫기만 하면 엄청난 힘이 나온다는 사실을 알아야 한다.

수많은 사람들이 예수 그리스도의 사랑 때문에 순교까지 했던 것이다. 그래서 교회는 신자 들에게 예수 그리스도의 사랑을 깨닫게 해 주어야 한다. 어떤 교회에서는 예수 잘 믿으면 출세한다고 열을 올리기도 하지만 이는 복음의 본질은 아니다. 예수 믿는 것이 출세의 비결이라 한다면 세상에 예수 믿지 않을 사람이 없을 것이다. 물론 성경을 보면 하나님의 사람들이 출세한 기록이 적지 않고 또 출세를 약속한 말씀도 더러 있다.

마28:18을 보면 예수 그리스도에게 하늘과 땅의 모든 권세가 주어졌다고 증거하고 있다. 따라서 신자들의 출세 길은 활짝 열려 있다고 해야 할 것이다. 그럼에도 불구하고 마7:13-14을 보면 "좁은 문으로 들어가라 멸망으로 인도하는 문은 크고 그 길이 넓어 그리로 들어가는 자가 많고 생명으로 인도하는 문은 좁고 길이 협착하여 찾는 자가 적음이라"고 하였다. 왜 신자들에게 문을 활짝 열어 주시지 않고 좁은 문으로 들어가라고 하셨는지 생각해 볼 필요가 있다. 그 이유는 간단한데 부자는 천국에 들어가기가 어렵기 때문이라는 것이다.

사랑하는 성도 여러분, 치열한 영적 전쟁에서 승리하려면 기도 밖에 없다. 사도 바울은 이 진리를 깨닫고 에베소 교회 신자들에게 힘써 기도하라고 각성시켜 주었다. 자신이 어떻게 기도하고 있는지 들려 주면서 신자들이 기도하도록 요구하고 있는 것이다. 특히 그리스도의 사랑을 알도록 기도하라고 강조하고 있다. 사도 바울의 기도처럼 그리스도의 사랑을 알게 하여 주시기를 기도하는 성도들 되시기를 기원한다.

56. 너희 구원을 이루라
빌 2:12-14

아무도 이 세상을 살면서 하나님을 생각해 보지 않은 사람은 그리 많지 않을 것이다. 특히 신자들은 하나님을 전적으로 믿고 의지하는데 이는 성령님께서 그렇게 인도하시기 때문이라는 사실을 잊지 말아야 한다. 믿음은 하나님이 주신 선물인데 이 믿음이 없이는 아무도 구원을 받지 못한다. 성경은 누구든지 믿음으로 구원 받는다고 증거하고 있다.

오늘 말씀을 보면 "항상 복종하여 두렵고 떨림으로 너희 구원을 이루라"고 하셨다. 구원은 신자들이 끝까지 믿음을 지킬 때 이루어진다는 사실을 알아야 한다. 어떤 사람은 왜 하나님이 믿음을 지키는 자만 구원하느냐고 불평한다. 그러나 하나님은 믿음이 없이는 아무도 구원을 받지 못한다고 강조한다. 그러면 어떻게 해야 믿음을 얻을 수 있는지 살펴보지 않을 수 없다. 왜냐 하면 구원보다 더 좋은 것이 없는데 그 구원을 얻는데 믿음이 필수라니 어떻게든 믿음을 소유해야 하지 않겠는가!

엡2:8을 보면 "너희는 그 은혜에 의하여 믿음으로 말미암아 구원을 받았으니 이것은 너희에게서 난 것이 아니요 하나님의 선물이라"고 증거하고 있다. 믿음은 하나님의 선물이라는 것이다. 결국 구원을 얻게 하는 믿음이 하나님의 선물이라면 구원은 하나님께로 말미암는다는 말씀이다.

사람들은 선행이나 어떤 공로로 구원을 받는다고 잘못 생각하고 있는 경우가 많다. 그렇게 구원이 주어진다면 아무나 노력만 하면 구원을 받을 수 있다는 논리인데 사람의 노력으로 받는 구원이 어떻게 하늘나라와 연결될 수 있겠는가. 구원에 대해 깊이 생각해 보지 않고 막연하게 이렇게 하면 구원 받겠지 하다가 지옥에 떨어지면 어떻게 하겠는가. 여러분들은 오늘 말씀을 통하여 구원에 대한 확신을 가지시기 바란다. 세상에 태어나서 해야 할 일이 많겠지만 무엇보다도 믿음을 소유할 수 있도록 힘쓰지 않으면 안된다.

어떤 사람은 출세에 눈이 어두워 교회를 뒷전으로 돌리는 경우가 있는데 이는 매우 어리석은 일이다. 교회는 인류를 구원하시려고 하나님이 세우신 특별한 기관이다. 교회의 특징은 하나님의 말씀이 선포되는 곳이라는 점이다.

롬10:17을 보면 "그러므로 믿음은 들음에서 나며 들음은 그리스도의 말씀으로 말미암았느니라"고 하였다. 하나님의 말씀을 듣지 않고 믿음이 생길 수는 없다. 그래서 하나님의 말씀을 들어야 하는데 어디에서 하나님의 말씀을 듣겠는가, 교회에 와야 하나님의 말씀을 들을 수 있다. 그런데 사람들은 하나님의 말씀보다 세상 이야기에 더 귀를 기울이고 있기 때문에 문제가 된다는 것이다.

하나님의 말씀은 죄를 떠나 살면 복받고 천국에 들어간다는 말씀이고 세상 이야기는 어떻게 살든 부귀영화를 누리는게 상책이라고 하는 것이다. 그러면 어느편이 성공적인 삶을 사는 것인가. 대답은 간단하다. 천국에 가고 싶으면 하나님의 말씀을 따라 살 것이고 지옥에 가고 싶으면 마음대로 살라는 것이다. 아무도 이 법칙에서 벗어날 수 없다.

혹자는 내 마음대로 살면서 천국을 기대하고 있는데 어림없는 말씀이다. 왜 이 세상이 이렇게 어지러운지 생각해 보아야 한다. 하나님의 말씀을 어기고 제 멋대로 살기 때문이다. 이제 우리가 앞장서서 질서 있는 세상을 만들어 나가야 한다.

하나님은 우리들에게 이런 사명을 맡기셨다. 겸손한 마음으로 하나님의 뜻을 이루어 가야 하겠다. 그래서 신자들은 하나님께 헌신하는 삶을 살아야 한다. 하나님은 신자들이 헌신할 때 가만히 계시지 않는다. 도와주시고 복주시고 열매 맺게 하신다. 심는대로 거두게 하시는 하나님께서 각양 은혜를 베푸신다.

성도들은 하나님의 뜻을 이루어 가는 자들이다. 자기 욕심을 채우거나 세상의 어떤 단체를 위해 존재하는 자들이 아니다. 어느 위치에 있든지 하나님의 뜻을 이루어 가야 한다.

본문 12절을 보면 "그러므로 나의 사랑하는 자들아 너희가 나 있을 때뿐 아니라 더욱 지금 나 없을 때에도 항상 복종하여 두렵고 떨림으로 너희 구원을 이루라"고 말씀하고 있다. 이 말씀은 하나님의 말씀에 순종하여 구원을 받으라는 경고이다.

우리들은 하나님의 말씀에 순종 하면 복 받는다는 사실을 잘 안다. 그럼에도 불구하고 때로는 거역하여 하나님의 마음을 아프게 하고 어려움을 당하기도 한다. 물론 하나님의 말씀을 온전히 받들기는 쉽지 않을 것이다. 그러나 하나님의 말씀은 순종할수록 은혜가 된다는 사실을 잊지 말아야 한다. 왜 하나님이 사람들에게 은혜를 받으라고 하시는지 생각해 볼 필요가 있다.

은혜를 받으면 신자들은 하나님을 가까이 하게 되고 열심을 품고 하나님을 섬기며 헌신도 하게 된다. 그래서 하나님께서는 신자들이 은혜를 받도록 여러 모양으로 배려하신다. 한 가지 잊지 말아야 할 것은 누구든지 하나님의 은혜를 받으려면 겸손해야 한다는 것이다. 겸손은 존귀의 앞잡이라고 성경은 증거하고 있다.

많은 사람들이 복받기를 원하면서도 겸손할 줄은 모른다. 한마디로 말해서 겸손은 복의 통로라고 할 수 있다. 문제는 아무나 겸손해지지 않는다는 것이다. 하나님의 은혜가 없이는 누구도 겸손할 수 없다. 결국 하나님께서 겸손하게도 하시고 은혜도 주신다는 것이다. 많은 사람들이 이 진리를 깨닫지 못하고 노력만하면 복을 받을 것이라고 쉽게 생각하는데 깊이 생각해 보아야 할 문제이다. 많은 노력에도 불구하고 어렵게 사는 자가 있고 노력에 비해 잘 사는 자도 있다.

하나님은 신비하게 인생을 이끌어 가신다. 아무도 하나님의 하시는 일을 측량할 수 없지만 한가지 분명한 것은 말씀대로 순종하면 복을 받는다는 것이다. 하나님이 신자들을 대할 때 일률적으로 대하지 아니 하시고 믿음과 하나님을 아는 지식에 따라 달리 대하신다는 사실을 알아야 한다. 어떤 사람은 하나님을 인자한 분으로 알고 어떤 사람은 하나님이 엄위하신 분이라고 생각한다. 물론 사람마다 자기가 만난 하나님을 이야기 할 것이다. 그러나 성경은 하나님이 사랑이시라고 증거하고 있다. 따라서 엄위하시거나 책망하실 때에도 하나님의 사랑을 내다 볼 수 있는 안목이 있어야 한다.

왜 사람들이 어려움을 당할 때 그 어려움만 바라보고 배후에 계신 사랑의 하나님을 보지 못하는지 안타깝다. 아무리 열심을 내어도 사랑의 하나님을 알지 못하면 아무 소용도 없다. 하나님을 모르는 열심 인본주의 신앙의 범주를 벗어나지 못한다는 것을 알아야 한다.

최근 들어 세속 종교가 기독교 종교와 화해를 이루자고 손짓을 하는데 이는 저들이 하나님을 모르기 때문에 그러는 것이다. 얼핏 보면 그럴듯해 보이지만 이는 사탄의 간교한 수작이라는 것을 잊지 말아야 한다. 교계 지도자들이 응하는 척 하면서 중심을 잃지 않고 있는데 그만큼 기독교 종교가 지혜롭게 대처하고 있는 것이다.

하나님은 신자들이 "너희는 뱀 같이 지혜롭고 비둘기 같이 순결하라"(마 10:16) 하신 말씀을 잘 받들어 하나님께 영광을 돌리기를 원하신다. 신자들은 지금 격렬한 영적 싸움에 참여하고 있다는 사실을 알아야 한다. 이 싸움을 이끄시는 분은 예수 그리스도이시다. 따라서 우리들은 주님의 명령에 순종하여 싸움을 승리로 이끌 수 있어야 한다. 하나님은 신자들이 패배하지 않도록 연단도 하시고 기도도 하게 하신다. 무엇보다도 신자들이 잊지 말아야 할 것은 사랑으로 승리해야 한다는 것이다.

사랑은 신자들의 유일한 무기이다. 예수 그리스도로 승리한다는 말은 사랑으로 승리한다는 말이다. 전쟁에서 승자만이 살아남을 수 있듯이 영적인 싸움에서도 사랑으로 승리하는 자만이 하나님께 영광을 올릴 수 있다.

사랑하는 성도 여러분, 신자들은 한결같이 기도하면서 사랑의 삶을 살아야 한다. 구원받은 자는 사랑으로 사는 자라고 하여도 과언이 아니다. 세상 사람들은 약육강식의 원리로 산다. 그러나 신자들은 "네 이웃을 네 자신과 같이 사랑하라" 하신 말씀을 받들어 산다. "너희 구원을 이루라" 이 말씀은 사랑의 끝은 구원이라는 말씀이다. 여러분 모두 사랑으로 승리하는 삶을 사시기를 바란다.

57. 일만 악의 뿌리
딤전 6:3-10

사람이 사는 동안 먹고 마시며 살도록 하나님께서 은혜를 베푸셨는데 이러한 사실을 깨닫는 사람은 많지 않다. 물론 하나님이 계신지 조차 모르는 마당에 어떻게 그런 것을 알 수 있겠느냐고 할 것이다. 그래서 人生이 신비하다는 것이다.

하나님은 사람들이 어떻게 생각하든지 개의치 않으시고 묵묵히 인류 역사를 이끌어 가신다. 그런데 한 가지 신비한 것은 하나님이 계시지 않는다고 하는 사람들이 많지만 그들도 모두 극한 상황에 이르게 되면 하나님의 존재를 인정한다는 것이다. 무엇보다도 하나님을 인정하는 자들은 자기 마음대로 행동하지 않는다는 사실을 알아야 한다. 다시 말하면 하나님이 어떻게 걸음을 인도하시든지 따르고자 한다는 것이다.

우리들은 신앙생활을 하면서 궁금한 것이 있을 수 있다. 그리고 모르는 것도 있다. 그럼에도 불구하고 하나님은 우리를 포기하지 않으신다. 끝까지 붙드시고 이기게 하신다. 신자들은 하나님의 도우심 없이는 아무 것도 할 수 없다. 왜냐하면 신자들의 마음과 생각을 주장하시는 분은 하나님이시기 때문이다.

사람들은 하나님께서 걸음을 인도하실 때 믿고 따르지를 못하고 망설이거나 의심을 품기도 한다. 그래서 하나님은 신자들이 안심하고 따를 수 있도록 확신을 갖게 하신다. 만일 하나님의 인도하심을 잘못 헤아리거나 확신을 갖지 못하게 되면 잠시 멈출 수밖에 없다. 문제는 하나님의 뜻을 제대로 헤아려 따르는 것이기 때문에 조급한 마음을 품어서는 안 된다는 것이다.

하나님과 사람 사이의 교통은 완전하지 못할 수도 있다. 물론 어떤 때는 정확하게 헤아리고 또 어떤 때는 그렇지 못하기도 하다. 그러나 하나님은 신자들이 하나님의 뜻을 온전히 헤아릴 수 있도록 걸음을 인도하신다. 그럼에도 불구하고 때로는 잘못 헤아릴 때가 있다. 신자들은 어떻게든 하나님의 뜻을 받들고 싶어 한다. 그래서 과연 하나님의 뜻이 어디 계신지 헤아리려고 무척 애를 쓴다.

지금 신자들 중에는 하나님의 뜻을 잘못 헤아려 타격을 받은 사람이 더러 있을 것이다. 하나님이 가르쳐 주시기도 전에 오판하여 행동에 옮기게 되면 많은 손실을 초래할 수 있다. 따라서 신자들은 신중히 움직여야 한다. 물론 하나님께서 큰 손실을 입지 않도록 막아 주시기도 하지만 어떤 때는 모르시는 척 하시기도 한다. 그 이유는 다 알 수 없지만 어쨌든 합력하여 선을 이루게 하시는 것만큼은 확실하다.

어떤 사람은 돈을 잃고 겸손을 얻기도 하며 어떤 사람은 돈을 잃고 건강을 얻기도 한다. 무엇을 얻고 무엇을 잃느냐는 전적으로 하나님 손에 달려있다. 따라서 믿음으로 하나님께 맡기면 하나님께서 가장 좋은 길로 인도하실 것이다.

세상 사람들은 진리를 모르기 때문에 마음 내키는 대로 산다. 그들은 하나님을 의식하지 않기 때문에 아무런 제약 없이 행동한다. 어떻게 보면 하나님 없이 사는 것이 좋다고 할지 모른다. 그러나 인간은 그렇게 살 수 없다는 사실을 알아야 한다. 하나님은 우주만물을 창조하시고 친히 다스려 나가신다. 지금 우주만물이 이렇게 질서 있게 움직이는 것은 하나님께서 그렇게 이끌어 나가시기 때문이다. 특히 염두에 두어야 할 것은 하나님이 세상을 다스리실 때 직접 다스리시지 않고 사람들을 앞세워 다스리신다는 것이다. 따라서 하나님과 인간과의 교통은 필수적이다.

하나님은 인간의 마음을 얼마든지 주장 하실 수 있다. 오묘한 방법으로 주장하시기 때문에 사람들은 이것을 알아차리지 못할 뿐이다. 한 가지 잊지 말아야 할 것은 하나님이 어떤 사람에게는 자신의 뜻을 깨닫게 하시어 받들게 하신다는 것이다. 바로 신자들이 이 부류에 속하는데 각양 은사와 능력 등을 받아 하나님과 교통하면서 하나님의 뜻을 헤아려 받든다.

본문 7-10절을 보면 "우리가 세상에 아무것도 가지고 온 것이 없으매 또한 아무것도 가지고 가지 못하리니 우리가 먹을 것과 입을 것이 있은즉 족한 줄로 알 것이니라 부 하려 하는 자들은 시험과 올무와 여러 가지 어리석고 해로운 정욕에 떨어지나니 곧 사람으로 침륜과 멸망에 빠지게 하는 것이라 돈을 사랑함이 일만 악의 뿌리가 되나니 이것을 사모하는 자들이 미혹을 받아 믿음에서 떠나 많은 근심으로써 자기를 찔렀도다"라고 증거하고 있다.

"돈을 사랑함이 일만 악의 뿌리가 되나니" 참 귀한 말씀이다. 돈은 인간 생활을 편리하게 하는데 필수적인 것이다. 이 세상의 모든 것이 돈으로 환산될 수 있을 정도로 돈은 매우 중요한 위치를 차지하고 있다. 그런데 돈이 아무리 좋아도 돈이 통하지 못하는 영역이 있다. 예를 들면 암에 걸려 회생이 불가능한 경우 수명을 연장시키고 싶은 경우 등은 돈으로 안된다. 그럼에도 불구하고 사람들은 돈이면 다 되는 줄로 착각하고 있다.

사도 바울은 제자 디모데에게 편지하면서 돈을 경계하라고 가르친다. 얼마나 돈을 가져야 하느냐. 먹을 것과 입을 것이 있은즉 족한 줄로 알라는 것이다. 부자가 될려고 하면 여러가지 폐단이 나타나게 되는데 "시험과 올무와 여러 가지 어리석고 해로운 정욕에 떨어지나니 곧 사람으로 침륜과 멸망에 빠지게 하는 것이라"는 것이다. 그리고 "돈을 사랑함이 일만 악의 뿌리가" 된다고 한다.

돈은 살아가는데 꼭 필요한 것이다. 그러나 돈이 우상이 되어서는 안된다. 돈을 사랑한다는 말은 돈을 우상처럼 믿고 의지한다는 말이다. 돈을 믿고 의지하면 하나님을 섬길 수 없다. 하나님은 돈은 필요한 것이지 믿고 의지할 대상이 아니라고 말씀하신다. 신자들은 돈을 주시는 하나님을 바라보아야 한다. 하나님은 신자들이 부하게도 하시고 가난하게도 하신다. 다시 말하면 하나님께 영광을 돌릴 수 있도록 하신다는 것이다.

아무리 돈이 많아도 하나님께 영광 돌리지 못하는 자가 있고 가난해도 하나님께 영광을 돌리는 자가 있다. 다시 한 번 생각해 보자. "돈을 사랑함이 일만 악의 뿌리가 되나니" 10절 말씀이다. 돈을 믿고 의지하는 자는 교만해지고 하나님을 믿고 의지하는 자는 겸손해 진다.

돈은 상당한 영향력을 가지고 있다. 그러나 하나님은 돈을 의지하지 말라고 경고 하신다. 사람들은 보이지 않는 하나님보다 돈을 더 내세운다. 돈은 염라대왕도 움직인다는 속담이 있다. 그런데 돈이 돈 되게 하시는 분은 하나님이시다. 아무리 많은 돈을 소유하고 있어도 제대로 쓰지 못하면 화를 불러

들인다는 사실을 알아야 한다. 돈 때문에 얼마나 많은 문제가 발생 되고 있는지 깨달아야 한다. 오죽하면 하나님께서 "돈을 사랑함이 일단 악의 뿌리가" 된다고 하셨겠는가! 이와 같이 돈은 어떻게 쓰이느냐에 따라 약이 될 수도 있고 독이 될 수도 있다.

사랑하는 성도 여러분, 본문에서 우리는 돈이 위험한 것이라는 사실을 배운다. 아무리 직위가 높고 권력이 있고 배운 것이 많아도 돈 앞에서 흔들리지 않는 사람은 거의 없다. 물론 하나님께서 돈의 흐름을 주장하시기 때문에 아무나 돈을 만질 수 있는 것은 아니지만 어쨌든 돈이 아무에게나 주어지는 것이 아님은 분명하다. 따라서 겸손한 마음으로 하나님께서 얻게 하시는 돈을 효과적으로 사용할 줄 알아야 한다.

여러분 모두 돈을 지혜롭게 사용하여 하나님께 영광 돌리는 삶을 사시기 바란다.

58. 재림의 때
살전 5:1-11

왜 사람들이 예수 그리스도를 기다리고 있는지 언뜻 생각해 보면 이해가 잘 가지 않는다. 예수 그리스도께서 천천히 오셔야 하던 일도 마무리 짓고 또 천국에 보화도 많이 쌓고 할 텐데 하는 사람들이 적지 않다. 반면에 힘든 세상 그만 살고 빨리 천국에 갔으면… 하는 사람도 상당히 많다. 그러면 여러분들은 어느 편에 속하는가. 이에 대답할 수 있는 사람이라야 확신을 가지고 신앙생활을 한다고 할 수 있을 것이다.

어느 편에 속하든 신앙과 처한 환경에 따라 다를 것이다. 그러나 엄밀하게 말하면 예수님의 재림이 빠를수록 신자들에게는 좋고 불신자들에게는 안 좋다고 할 수 있다. 그 이유는 천국이 이세상보다 좋기 때문에 구원받은 자들은 더 이상 이 세상에 머물 아무 필요가 없기 때문이다. 그러나 불신자들은 지옥이 이 세상보다 훨씬 못하기 때문에 하루라도 더 이 세상에 머물고 싶어 할 것이다.

여기에서 우리는 장수가 복이라고 할 수 있는지 생각해 볼 필요가 있다. 성경을 보면 장수 가 복이라고 대체적으로 말하고 있다. 그러나 어떤 사람에게는 장수가 복이고 또 어떤 사람에게는 장수가 복이 아닐 수도 있다는 사실을 알아야 한다. 보람 있는 삶을 사는 사람들은 장수가 복일 것이다. 복음을 전하고 선행을 하면서 천국에 많은 보화를 쌓는 사람들은 장수가 분명 복일 것이다. 그러나 죄가운데 방황하는 사람들은 장수하면 할수록 더 많은 죄를 짓기 때문에 장수를 복이라고 할 수 없다는 것이다. 문제는 죄와 복이 상호 어떤 관계에 있는지 관찰해 보아야 한다는 것이다.

세상 사람들은 죄를 염두에 두지 않고 복을 생각하기 때문에 복의 개념이 신자들과 다르다. 따라서 신자들은 그들과 복을 비교할 때 기준을 달리 해야 한다는 사실을 알아야 한다. 그리스도 안에서 복받은 자들은 의를 겸한 소득을 의미하지만 불신자들은 어떻게 얻든지 많이 얻으면 그것을 복이라고 생각한다. 그러나 하나님께서는 소유의 다 소 보다 어떻게 얻었느냐 하는 것과 과연 하나님께서 은혜를 베풀어 주신 것인지 여부에 따라 판단하신다는 것이다.

사람들은 돈이 많으면 일할 필요를 느끼지 못하기 때문에 나태해지고 또 돈을 효과적으로 사용하지 못한다는 단점이 있다. 그렇기 때문에 누가 복을 받았는지의 여부는 하나님만이 아시는 비밀이다. 다만 자타가 복을 받았다고 한다 해도 하나님이 보시는 복은 다를 수 있다는 사실을 알아야 한다.

예를 들면 건강의 복을 받았다고 할 때 그 건강으로 범죄할 수 있기 때문에 무조건 건강이 복이 될 수는 없다. 그래서 어떤 사람은 건강이 복이고 어떤 사람은 건강이 화일 수 있다는 것이다. 그런데 한 가지 잊지 말아야 할 것은 그리스도 안에 있어야 복을 논할 수 있다는 사실이다. 이 세상에서의 삶이 아무리 형통해도 천국에 들어가지 못하고 지옥에 떨어진다면 무슨 소용이 있겠는가. 과연 그것을 복이라고 할 수 있겠는가.

인생은 매우 신비하다. 하나님은 사람들이 태어나서 세상을 떠나기까지 이해할 수 없는 한 토막의 삶을 살게 하시고 다음 단계로 들어가게 하신다. 아무리 몸부림을 쳐도 인간은 하나님이 정하신 궤도를 벗어날 수 없다. 그런데 한 가지 잊지 말아야 할 것은 아무도 자신의 종말에 대해서 알지 못하고 있다는 것이다. 여기에서 우리는 성경에서 우리의 종말에 대해 뭐라고 하시는지 살펴볼 필요가 있다.

예수님의 제자들은 자신들의 종말에 대해 비상한 관심을 가지고 있었다. 그러나 성경은 개인 종말에 대해 함구하고 있다. 다만 개인 종말이 있다는 사실만을 기록하고 있을 뿐이다. 그런데 본문을 보면 세상 종말에 대해 언급하고 있다. 1-2절을 보면 "형제들아 때와 시기에 관하여는 너희에게 쓸 것이 없음은 주의 날이 밤에 도둑 같이 이를 줄을 너희 자신이 자세히 알기 때문이라"고 기록하고 있다. 정확하게 년 월 일시를 가르치고 있지는 않지만 종말에 대한 정황을 구체적으로 언급하고 있다. "그들이 평안하다 안전하다 할 그 때에 임신한 여자에게 해산의 고통이 이름과 같이 멸망이 갑자기 그들에게 이르리니 결코 피하지 못하리라"(3절) 했다. 또 종말은 예수님의 재림으로 알 수 있다고 말한다. 다시 말하면 종말 때 예수님이 다시 오신다는 것이다.

어떤 사람은 살아서 종말을 맞았으면 좋겠다고 하기도 하지만 어떤 경우건 마찬가지라고 성경은 증거하고 있다. 오늘날 신자들은 종말에 대한 관심이 크지 않은 것 같다. 목전의 복이 우선이어서 그런지 몰라도 종말 이야기는 뒷전으로 밀려나 있다. 그러나 종말을 염두에 두지 않고 살게 되면 자칫 해이해져서 효과적인 삶을 영위할 수 없을지도 모른다. 더욱이 신자들은 하나님의 뜻을 따라 사는 자들이기 때문에 아무렇게나 살 수 없다는 것이다. 여기에서 우리는 과연 천국과 지옥이 있음을 믿어 의심치 않는 믿음이 있어야 한다는 것이다.

어떤 신자는 예수 그리스도를 믿는 것은 바르게살기 위함이라고 그럴듯한 논리를 펴지만 기독교 신앙은 거기에 머무르지 않고 신자의 궁극적인 종점은 천국이라는 사실을 못박고 있다. 천국이 없는 신앙은 사람들이 고안해 낸 인본주의 신앙이다. 한마디로 말하면 이 세상에 태어나서 살다가 죽으면 그뿐이라는 것이다. 얼마나 그럴듯한 이야기인가. 이 함정에 수많은 사람들이 빠져서 허덕이고 있는데 이제 더 이상 속지 말고 겸손한 마음으로 하나님 앞에 나와야 한다.

아무도 인간의 사후를 알 수 없다. 다만 성경을 통하여 하나님이 가르쳐 주시고 계실 뿐이다. 왜 하나님이 나타나셔서 속 시원히 가르쳐 주시지 않고 성경을 통해서 슬그머니 가르쳐 주시는지 생각해 볼 필요가 있다. 과연 하나님이 나타나셔서 속 시원히 가르쳐 주셨다. 2,000년 전에 이 땅에 오신 예수 그리스도 그분이 바로 하나님이시다. 문제는 예수 그리스도가 하나님이라는 사실을 믿지 않기 때문에 문제인 것이다. 예수 그리스도께서 자신이 하나님이시라고 성경을 통해 밝히셨다.

우리는 성경을 믿는다. 따라서 예수 그리스도가 하나님이심도 믿는다. 그분이 세상 종말때 다시 오신다고 하신 약속도 믿는다. 비록 세상적으로 인정을 받지 못한다 해도 이상하게 생각하지 않고 하나님의 약속을 믿고 따르면 반드시 성취될 것이다.

하나님이 왜 인간들에게 종말이 있다고 가르쳐 주시는지 깊히 생각해 보아야 한다. 특히 사람들이 전혀 예기치 않을 때 종말이 올 것이라고 예언하고 계신다. 다만 종말의 징조만 말씀하시고 정확한 년 월 일 시는 언급치 않으셨는데 여기에 하나님의 신비가 있다는 사실을 알아야 한다. 만일 정확한 년 월 일 시를 가르쳐 주시면 상상치 못할 문제가 발생 할 것이다. 아마 세상이 마비가 된다고 해도 과언이 아닐 것이다. 그래서 하나님은 인류를 사랑하시는 마음으로 종말의 징조만 가르쳐 주실 뿐이다.

사랑하는 성도 여러분! 우리는 하나님을 믿고 따를 때 한 가지 주의해야 할 점이 있다. 하나님은 우리 모든 인류를 다 아신다. 그래서 유익이 되는 것과 해로운 것을 가려서 주신다는 것이다. 종말의 징조를 보여 주시는 것은 유익하지만 정확한 년 월 일 시를 보여 주시는 것은 해롭다는 것이다. 하나님의 사랑을 믿고 따르는 지혜가 있어야 하겠다.

여러분 모두 재림의 때에 대한 지식을 가지고 승리하는 신앙생활 하시기 바란다.